Hinter dem Sachregister befindet sich ein ausführliches Verzeichnis der

Guttentagschen Sammlung

Deutscher Reichs- und Preußischer Gesetze,

— **Textausgaben mit Anmerkungen; Taschenformat,** —

die alle wichtigeren Gesetze in unbedingt zuverlässigem Abdruck und mit mustergültiger Erläuterung wiedergibt.

Guttentagsche Sammlung
Nr. 43. Deutscher Reichsgesetze. Nr. 43.
Textausgaben mit Anmerkungen.

Die Gesetzgebung, betreffend die

Zwangsvollstreckung in das unbewegliche Vermögen

im Reiche und in Preußen.

Textausgabe mit Einleitung, Anmerkungen, Kosten- und Gebührentabellen und Sachregister

von

Dr. J. Krech und Dr. O. Fischer.

Achte Auflage,

bearbeitet von

Dr. O. Fischer,
ord. Professor der Rechte.

Berlin 1916.
J. Guttentag, Verlagsbuchhandlung,
G. m. b. H.

Vorwort zur siebenten Auflage.

Die siebente Auflage der Textausgabe des Reichsgesetzes über die Zwangsversteigerung und die Zwangsverwaltung und des Einführungsgesetzes enthält wie die vorhergehenden Auflagen auch den zweiten Titel des zweiten Abschnittes im achten Buche der Zivilprozeßordnung. Sie bringt also die Reichsgesetzgebung, betreffend die Zwangsvollstreckung in das unbewegliche Vermögen, vollständig. Von den Ausführungsgesetzen der Bundesstaaten zum Reichsgesetze über die Zwangsversteigerung und die Zwangsverwaltung ist nur das preußische Ausführungsgesetz aufgenommen worden. Diesem sind hinzugefügt: die auf die Zwangsversteigerung und die Zwangsverwaltung sich beziehenden Vorschriften des preußischen Gerichtskostengesetzes und des Gesetzes vom 27. September 1899, enthaltend die landesgesetzlichen Vorschriften über die Gebühren der Rechtsanwälte, sowie in einem Anhange die in Betracht kommenden Bestimmungen über das Verwaltungszwangsverfahren und die allgemeinen Verfügungen des Justizministers zum Reichsgesetz über die Zwangsversteigerung, namentlich über die Geschäftsführung der Verwalter im Verfahren der Zwangsverwaltung und die denselben zu gewährende Vergütung. Diesem Inhalte entspricht der Titel des Buches.

Der Abdruck des Gesetzes über die Bahneinheiten hat sich als entbehrlich erwiesen; es ist aber in den Anmerkungen berücksichtigt worden.

Der bisherige Mitherausgeber Geheimer Regierungsrat Dr. J. Krech hat sich wegen vorgerückten Alters von der weiteren Mitarbeit zurückgezogen. An dessen Stelle ist sein Sohn getreten, der bereits bei der Bearbeitung der beiden letzten Auflagen mitgewirkt hat.

Breslau u. Naumburg a. S., im Febr. 1914.

O. Fischer. F. Krech.

Vorwort zur achten Auflage.

Die baldige Veranstaltung einer neuen Auflage war schon bei der Bearbeitung der siebenten Auflage vorgesehen, weil damals bereits die Änderungen in Aussicht standen, welche durch das Gesetz vom 8. Juni 1915 verwirklicht worden sind. Die achte Auflage berücksichtigt diese Novelle und die Rechtsprechung der Zwischenzeit. Sie hält sich, wie ihre Vorgängerinnen, im Rahmen einer Textausgabe. Für ein tieferes Eindringen in den behandelten Rechtsstoff wird verwiesen auf das Werk: „Die Gesetzgebung, betreffend die Zwangsvollstreckung in das unbewegliche Vermögen im Reiche und in Preußen, auf der Grundlage des Kommentars zur preußischen Gesetzgebung, betreffend die Zwangsvollstreckung in das unbewegliche Vermögen, von Dr. J. Krech und Dr. O. Fischer bearbeitet, von Dr. O. Fischer und Dr. L. Schaefer. 2. Auflage. Berlin 1910. J. Guttentag."

Diese Auflage mußte von dem Unterzeichneten allein bearbeitet werden. Landrichter Dr. Fritz Krech ist am 15. Oktober 1914 im Alter von 36 Jahren vor Iwangorod den Heldentod für das Vaterland gestorben. Geheimer Regierungsrat Dr. Johannes Krech ist seinem Sohne am 20. Januar 1915 gefolgt. Er stand im 81. Lebensjahre. Ein Unglücksfall hat den Tod des rüstigen Greises herbeigeführt.

Mit dem Verlage betrauert der Unterzeichnete den Verlust seines treuen Mitarbeiters in mehr als 30jähriger gemeinsamer Arbeit an Kommentar und Textausgabe, nicht minder aber den Heimgang seines hoffnungsvollen Helfers bei dieser Textausgabe. Ersterem sichert seine reiche und gesegnete wissenschaftliche, politische, kirchliche und amtliche Wirksamkeit in seinem langen Leben, letzterem das Opfer seines jungen Lebens ein unvergängliches Andenken.

Breslau, im Dezember 1915.

O. Fischer.

Inhaltsverzeichnis.

---

*) Das Preußische Gesetz, betr. die Zwangsvollstreckung aus Forderungen landwirtschaftlicher (ritterschaftlicher) Kreditanstalten, v. 3. Aug. 1897 und das Pr. Gesetz über die Bahneinheiten v. 19. Aug. 1895/11. Juni 1902 sind in den Anmerkungen berücksichtigt.

Abkürzungen.

A. = Anmerkung.

a. = Artikel.

Abs. = Absatz (regelmäßig nur mit dem Exponenten zitiert).

AG. = Ausführungsgesetz.

ALR. = preußisches Allgemeines Landrecht.

A. M. = Anderer Meinung.

AnfG. = Anfechtungsgesetz v. 21. 7. 79 in der Fassung v. 20. 5. 98.

AVf. = Allgemeine Verfügung des preußischen Justizministers.

BahnG. = Preußisches Gesetz über die Bahneinheiten v. 19. 8. 95 (abgeändert durch Gesetz v. 11. 6. 02).

Bek. = Bekanntmachung.

BergG. = preußisches Allgemeines Berggesetz v. 24. 6. 65 in der Fassung des Gesetzes v. 18. 6. 07.

BGB. = Bürgerliches Gesetzbuch für das Deutsche Reich.

BSchG. = Reichsgesetz betr. die privatrechtlichen Verhältnisse der Binnenschiffahrt v. 15. 7. 95 in der Fassung des Gesetzes v. 20. 5. 98.

D. = Denkschrift, ohne Zusatz = Denkschrift zu Reichstagsvorlage des ZVG.

E. = Entscheidungen (die Ziffern geben Band und Seite der Sammlungen an) mit folgenden Zusätzen:

Bay. = Sammlung von Entscheidungen des Bayerischen Obersten Landesgerichts in Zivilsachen.

FG. = Entscheidungen in Angelegenheiten der freiwilligen Gerichtsbarkeit, zusammengestellt im Reichsjustizamt.

Gr. = Entscheidungen des Reichsgerichts aus Gruchots Beiträgen zur Erläuterung des deutschen Rechts.

JW. = Entscheidungen des Reichsgerichts aus der Juristischen Wochenschrift.

K. = Entscheidungen aus dem Jahrbuch des Kammergerichts.

R. = Entscheidungen des Reichsgerichts in Zivilsachen, herausgegeben von den Mitgliedern des Gerichtshofes.

EG. = Einführungsgesetz.

EntG. = preußisches Gesetz über die Enteignung von Grundeigentum v. 11. 6. 74.

FG. = Reichsgesetz über die freiwillige Gerichtsbarkeit.

G. = Gesetz, wo sich nichts anderes ergibt, Reichsgesetz.

GB. = Grundbuch.

GBA. = Grundbuchamt.

GBBl. = Grundbuchblatt.

GBO. = Grundbuchordnung.

gG. = geringstes Gebot.

GKG. = Deutsches Gerichtskostengesetz.

GS. = preußische Gesetzsammlung.

GVG. = Gerichtsverfassungsgesetz.

HO. = preußische Hinterlegungsordnung v. 21. 4. 13.

JMBl. = preußisches Justizministerialblatt.

JustM. = preußischer Justizminister.

KO. = Konkursordnung.

KB. = Kommissionsbericht.

Pr. pr. = Preußen, preußisch.

Prot. = Protokoll.

Pr. StempG. = preußisches Stempelsteuergesetz v. 31. 7. 95 in der Fassung v. 30. 6. 09.

RAO. = Rechtsanwaltsordnung.

RGBl. = Reichsgesetzblatt.

RStempG. = Reichsstempelgesetz v. 3. 7. 13.

S. = Seite, Ziffern ohne Zusatz bezeichnen regelmäßig die Seite.

SchiedsmO. = preußische Schiedsmannsordnung v. 29. 3. 79.

SchR. = Schiffsregister.

StGB. = Strafgesetzbuch.

StPO. = Strafprozeßordnung.

V. = Verordnung.

Verst. = Versteigerung.

Verst.A. = Versteigerungsantrag.

VerstB. = Versteigerungsbeschluß.

VerstBed. = Versteigerungsbedingung.

VerstE. = Versteigerungserlös.

VerstT. = Versteigerungstermin.

VertT. = Verteilungstermin.

Vf. = Verfügung.

Vollstr. = Vollstreckung.

ZPO. = Zivilprozeßordnung.

Zuschl. = Zuschlag.

ZuschlB. = Zuschlagsbeschluß.

ZVG. = Gesetz über die Zwangsversteigerung und die Zwangsverwaltung.

ZwVerst. = Zwangsversteigerung.

ZwVerw. = Zwangsverwaltung.

ZwVollstr. = Zwangsvollstreckung.

Wo §§ ohne Zusatz angeführt sind, handelt es sich um §§ desselben Gesetzes.

Einleitung.

Die Zivilprozeßordnung für das Deutsche Reich vom 30. Januar 1877 hatte die Zwangsvollstreckung insofern systematisch in sich aufgenommen, als die allgemeinen Bestimmungen des 1. Abschnitts des 8. Buches sich auf Zwangsvollstreckungen aller Art bezogen. Dagegen hatte sie von den einzelnen Arten die Zwangsvollstreckung wegen einer Geldforderung, nur insoweit geordnet, als Befriedigung aus dem beweglichen Vermögen des Schuldners gesucht wurde.

Für die Zwangsvollstreckung in das unbewegliche Vermögen waren nur drei Spezialpunkte in den §§ 755—757 geregelt, während im übrigen auf die Landesgesetze verwiesen wurde. Der Grund lag in dem engen Zusammenhange mit dem zurzeit ebenfalls nur landesrechtlich geordneten materiellen Grundstücksrechte.

Das Inkrafttreten der ZPO. machte es notwendig, daß fast alle Gliedstaaten des Reiches das Landesrecht einer Revision unterzogen, welche in den meisten Staaten zu einer vollständigen Neuordnung der Materie führte.

In Preußen hatte man sich zunächst mit dem novellenartigen Gesetze vom 4. März 1879 begnügt. Man ging dann aber in dem Gesetze, betreffend die Zwangsvollstreckung in das unbewegliche Vermögen vom 13. Juli 1883, dazu über, eine umfassende Kodifikation der Zwangsvollstreckung in das unbewegliche Vermögen zu geben, welche schließlich in der ganzen Monarchie mit Ausnahme der ehemals nassauischen Gebietsteile und der Insel Helgoland Geltung hatte. Dieses Gesetz stellte sich aber auch materiell als eine wirtschaftlich bedeutsame Reform des Subhastationsrechts dar, indem es das sog. Deckungs- und Übernahmeprinzip zum Ausgangspunkte nahm, nach welchem die Zwangsversteigerung nur dann erfolgen darf, wenn die dem Antragsteller vorgehenden Berechtigten durch Übernahme seitens des Erstehers bzw. durch Anweisung auf den Preis vollständig gedeckt werden.

Diese Reform wirkte insofern bahnbrechend, als das Königlich sächsische Gesetz vom 15. August 1884 und das bayerische Gesetz vom 29. Mai 1886 ihr gefolgt sind.

Das am 1. Januar 1900 in Kraft getretene Bürgerliche Gesetzbuch für das Deutsche Reich vom 18. August 1896 hat, allerdings mit weitgehenden Vorbehalten für das Landesrecht, ein einheitliches Sachenrecht auch für Grundstücke und andere Immobilien geschaffen.

Nunmehr war die Möglichkeit gegeben, auch die Zwangsvollstreckung in diese Gegenstände reichsrechtlich einheitlich zu regeln, und es fehlte auch für die Zukunft an jedem Anlaß, diese Regelung einem besonderen Gesetze vorzubehalten und nicht vielmehr der ZPO. einzuverleiben.

Art. 1 des EGBGB. hatte nun zwar diese einheitliche Regelung vorgesehen; er hatte sie aber gleichwohl nicht in die ZPO. gewiesen, sondern ein besonderes Gesetz über die Zwangsversteigerung und die Zwangsverwaltung in Aussicht gestellt, welches gleichzeitig mit dem BGB. in Kraft treten sollte.

Den ersten Entwurf eines derartigen Gesetzes hatte die von dem Bundesrate berufene Kommission zur Ausarbeitung des Entwurfes eines Bürgerlichen Gesetzbuchs in erster Lesung auf Beschluß des Bundesrats vom 14. Juni 1888 aufgestellt und bereits im Jahre 1889 veröffentlicht (Amtliche Ausgabe im Verlag von J. Guttentag, Berlin 1889). Die Vorarbeiten, insbesondere die Beratungsprotokolle sind ebensowenig veröffentlicht, wie bei dem BGB. selbst. Dagegen sind die von Hilfsarbeitern der Kommission auf Grund der Vorarbeiten ausgearbeiteten Motive dem veröffentlichten Entwurf beigegeben. Auch dieser Entwurf hatte seine Vorbilder in dem preußischen Gesetz vom 13. Juli 1883 und den ihm folgenden Kodifikationen, so daß er also namentlich an dem Deckungsprinzip und der freilich etwas anders geregelten Übernahme festhielt.

Die an dem Sachenrecht des Entwurfs des BGB. nach der ersten Lesung vorgenommene durchgreifende Umgestaltung machte auch eine Umarbeitung des Subhastationsgesetzes erforderlich. Diese ist erst nach dem Zustandekommen des BGB. erfolgt. Sie enthält zahlreiche Abweichungen, bei welchen die Wünsche der Kritik berücksichtigt sind, auch eine Vereinfachung des Verfahrens erstrebt ist. Dahin gehören die Zulassung von Zahlungsfristen sowie einer außergerichtlichen Kaufgelderverteilung, und die Bestimmung des geringsten Gebots bei Gesamthypotheken. Das grundlegende Prinzip wurde aber beibehalten.

Dieser zweite Entwurf, welcher den Titel trägt: „Entwurf eines Gesetzes über die Zwangsversteigerung und die Zwangsverwaltung" wurde sodann vom Bundesrat als Reichstagsvorlage angenommen und nebst dem dazugehörigen Entwurf eines Einführungsgesetzes am 12. Dezember 1896 dem Reichstage vorgelegt. Ihm ist statt der Motive eine kürzere Denkschrift beigegeben (Nr. 607 der Drucksachen des Reichstags — Ausgabe von J. Guttentag, Berlin 1897). Im Reichstage wurde die erste Lesung (StenBer. S. 3941 bis 3953) am 16. Dezember 1896 vorgenommen. Sie endete mit der Verweisung des Entwurfs an die 16. Kommission, welche die Beratung am 22. Februar 1897 beendete (Nr. 685 der Drucksachen des Reichstags). Die von der Kommission beschlossenen Änderungen sind nur von untergeordneter Bedeutung. Die Paragraphennummern des Gesetzes und des zweiten Entwurfes sind dieselben.

Der Reichstag hat am 26. Februar 1897 in zweiter Lesung und am 8. März 1897 in dritter Lesung den unveränderten Kommissionsentwurf im ganzen einstimmig angenommen.

Vom Bundesrat wurde die unveränderte Annahme beschlossen. Das Gesetz ist am 24. März 1897 vom Kaiser vollzogen und unter Nr. 2372 (nebst Einführungsgesetz Nr. 2373) in der am 3. April 1897 in Berlin ausgegebenen Nummer des RGBl. veröffentlicht worden.

Das in Abschnitt II dieses Buches wiedergegebene Gesetz behandelt die Zwangsversteigerung und Zwangsverwaltung nur in bezug auf Grundstücke und andere Grundbuchobjekte, sowie in bezug auf Schiffe. In erster Linie handelt es sich um die Vornahme dieser Maßregeln zum Zwecke der Zwangsvollstreckung wegen einer Geldforderung oder einer dinglichen auf Geld gerichteten Verhaftung. Daneben treten aber im weiteren Zwangsversteigerung und Zwangsverwaltung im Konkurse und die Zwangsversteigerung von Nachlaßgrundstücken auf Antrag eines Erben sowie die Zwangsversteigerung zum Zwecke der Aufhebung einer Gemeinschaft

Das Gesetz dient in seinem ersten Abschnitt (§§ 1—161) zunächst der Zwangsvollstreckung in Grundstücke und andere Immobilien. Für Grundstückspfandrechte ist gesetzlich bestimmt, daß die Befriedigung aus dem verhafteten Grundstück nur im Wege der Zwangsvollstreckung erfolgt (§§ 1147, 1192, 1199 BGB.). Für persönliche Forderungen ergibt sich dieses ohne weiteres aus der ZPO. In beiden Richtungen ergänzt also das Gesetz die ZPO. und ist so anzuwenden, als ob es Bestandteil der ZPO. selbst wäre. Es finden deshalb auf die Zwangsvollstreckung in das unbewegliche Vermögen aus der ZPO. nicht nur die allgemeinen Bestimmungen über Zwangsvollstreckung, sondern auch die sonstigen allgemeinen Bestimmungen so weit Anwendung, als sie nicht durch das Gesetz oder die Natur der Sache ausgeschlossen sind.

Außerdem findet aber auch neben diesem Gesetze der spezielle Abschnitt der ZPO. Anwendung, welcher von der Zwangsvollstreckung in das unbewegliche Vermögen handelt (Abschnitt I dieses Buches). Dieser Abschnitt der ZPO. ist aus Anlaß dieses Gesetzes einer vollständigen Umgestaltung unterzogen worden. Vier Paragraphen (§§ 864, 865, 870, 871) regeln den Gegenstand, in welchen die Zwangsvollstreckung erfolgt. Eine weitere Bestimmung (§ 866) nennt als Mittel der Zwangsvollstreckung in ein Grundstück: die Eintragung einer Sicherungshypothek für die Forderung, die Zwangsversteigerung und die Zwangsverwaltung.

Von diesen drei Mitteln ist die Sicherungshypothek in der ZPO. selbst geregelt worden (§§ 866_3, 867, 868). Dagegen verweist § 869 bezüglich der Zwangsversteigerung und der Zwangsverwaltung auf dieses besondere Gesetz, dessen Vorschriften über die Zwangsvollstreckung in Grundstücke auf die Zwangsvollstreckung in eine Berechtigung, für welche die sich auf Grundstücke beziehenden Vorschriften gelten, entsprechende Anwendung finden (§ 870). Hinsichtlich des den Betrieb einer Eisenbahn betreffenden Nutzungsrechts gestattet § 871 eine von den Vorschriften der Reichsgesetze abweichende Regelung durch Landesrecht*).

Der die Zwangsvollstreckung in Grundstücke behandelnd erste Abschnitt des Gesetzes vom 24. März 1897 zerfällt in drei Titel, von denen der erste (§§ 1—14) Bestimmungen enthält, welche sich auf Zwangsversteigerung und Zwangsverwaltung gemeinsam beziehen, während der zweite (§§ 15 bis 145) von der Zwangsversteigerung und der dritte (§§ 146 bis 161) von der Zwangsverwaltung handelt.

In zweiter Linie rechnet die ZPO. auch Schiffe, soweit sie in das Schiffsregister eingetragen sind, zum unbeweglichen

---

*) Für Preußen: Gesetz über die Bahneinheiten vom 19. 8. 95, abgeändert durch Ges. v. 11. 6. 02.

Vermögen (§ 864), bestimmt aber, daß hier die Zwangsvollstreckung nur durch Zwangsversteigerung erfolgt (§ 870_2). Das BGB. verordnet auch bezüglich der Schiffe, daß die Befriedigung der Pfandgläubiger nur im Wege der Zwangsvollstreckung erfolgt (§ 1268 BGB.).

Die Zwangsversteigerung von Schiffen im Wege der Zwangsvollstreckung wird im zweiten Abschnitte dieses Gesetzes (§§ 162—171) näher geregelt. Dagegen bleibt die Zwangsvollstreckung in Schiffsparten der ZPO. selbst (§ 858) vorbehalten.

Für die Vollziehung eines Arrestes in das unbewegliche Vermögen soll künftig lediglich die ZPO. maßgebend sein (§ 932).

Dagegen ordnet wiederum das Gesetz vom 24. März 1897 die Zwangsversteigerung und Zwangsverwaltung des unbeweglichen Vermögens auf Antrag des Konkursverwalters (§§ 172—174) Es dient insofern zur Ausführung der Vorschriften der Konkursordnung, welche formell dem Verwalter die Befugnis geben, die Zwangsverwaltung und die Zwangsversteigerung der zur Masse gehörenden unbeweglichen Gegenstände bei der zuständigen Behörde zu betreiben (§ 126 KO.) und materiell die Gegenstände, welche der Zwangsvollstreckung in das unbewegliche Vermögen unterliegen, zur abgesonderten Befriedigung für diejenigen bestimmen, welchen ein Recht auf Befriedigung aus diesen Gegenständen zusteht (§ 47 KO.).

Die im Anschluß an diesen letzteren Fall geordneten Fälle der Zwangsversteigerung zum Zwecke der Nachlaßregulierung (§§ 175—179) und der Aufhebung einer Gemeinschaft (§§ 180—184) liegen außerhalb der streitigen Gerichtsbarkeit.

Das beigegebene Einführungsgesetz enthält hauptsächlich Vorbehalte zugunsten des Landesrechts. Es regelt außerdem das Inkrafttreten und den Übergang (siehe unter III).

Der durch das Gesetz vom 17. Mai 1898 (RGBl. S. 342) gegebenen Ermächtigung gemäß ist der Text des Gesetzes vom 24. März 1897 und des Einführungsgesetzes unter dem 20. Mai 1898 von dem Reichskanzler im Reichsgesetzblatt von 1898 S. 713—753 anderweit bekanntgemacht worden*). Eine Abänderung erfuhr das Gesetz vom 24. März 1897 durch Art. 1 des Gesetzes zur Einschränkung der Verfügungen über Miet- und Pachtzinsforderungen vom 8. Juni 1915 (RGBl. S. 327), welches im Interesse des Realkredits den Vorverfügungen des Eigentümers über Miet- und Pachtzinsforderungen und dem Zugriff der Personalgläubiger in diese Forderungen Schranken setzt**).

*) Das Gesetz über die Sicherung von Bauforderungen vom 1. Juni 1909 (RGBl. S. 449) ist bisher nur in seinem ersten, allgemeine Sicherungsmaßregeln der Baugläubiger (§ 18) behandelnden Abschnitte in Kraft getreten, während der zweite Abschnitt, der die dingliche Sicherung der Bauforderungen betrifft, den Erlaß landesherrlicher Verordnungen voraussetzt, durch welche nach Anhörung der Gemeinden, der amtlichen Handelsvertretungen, der Handwerkskammer des Bezirks und der gesetzlichen Arbeitervertretung diejenigen Gemeinden bestimmt werden, in denen im Fall eines Neubaues eine Sicherung der Bauforderungen nach den Vorschriften dieses Abschnittes stattfindet (§ 9). — In Preußen sind solche landesherrlichen Verordnungen bisher nicht ergangen. Die auf die Eintragung des Bauvermerks, einer Bauhypothek für den Baugläubiger, auf den Rang derselben, sowie auch die Eintragung einer Baugeldhypothek für den Geldgeber und deren Rangverhältnis gegenüber der Bauhypothek usw. bezüglichen Vorschriften sind daher noch nicht in Wirksamkeit getreten, ebensowenig die auf die Zwangsversteigerung und Zwangsverwaltung bezüglichen §§ 37—40.

**) Das Gesetz, welches in a. 2 u. 3 auch die §§ 573, 574, 1123, 1124 BGB. u. d. § 21 KO. abändert, ist nach a. 6 am 20. 6. 15 in Kraft getreten. Den Übergang regeln folgende Bestimmungen:

Außerdem sind aus Anlaß des Kriegszustandes eine Reihe vorübergehender Maßnahmen getroffen worden*).

Vorbehalte zugunsten des Landrechts bestehen einerseits gegenüber einzelnen Vorschriften des Reichsgesetzes selbst, anderseits allgemein für die Gebiete, auf welche sich die im EGBGB. gemachten Vorbehalte erstrecken.

Zu ihrer Erledigung sind in sämtlichen Bundesstaaten Ausführungsgesetze ergangen, in Preußen das Gesetz vom 23. September 1899 (GS. S. 249). Der Entwurf dieses Gesetzes ist zunächst dem Abgeordnetenhause zugegangen (Drucksache 19, Legislaturperiode I. Session 1899 Nr. 118), und von diesem einer Kommission überwiesen worden. Der Bericht dieser Kommission (Drucksachen Nr. 251) hat nur wenige Abänderungen in Vorschlag gebracht. Diese sind von dem Plenum des Abgeordnetenhauses gutgeheißen. Im Herrenhause ist der Gesetzentwurf in der vom Hause der Abgeordneten

---

Art. 4. Für die Wirkung von Verfügungen und Rechtsgeschäften, die vor dem Inkrafttreten dieses Gesetzes in Ansehung der Miet- oder Pachtzinsforderung vorgenommen sind, bleiben die im Art. 2 und im Art. 3 unter I bezeichneten Vorschriften bis zum Ablauf des dem Inkrafttreten dieses Gesetzes folgenden Kalendervierteljahrs in der bisherigen Fassung maßgebend.

Art. 5. Ist das Miet- oder Pachtverhältnis vor dem Inkrafttreten dieses Gesetzes begründet worden, so bleiben für die Wirksamkeit von Rechtsgeschäften, die zwischen dem Mieter oder Pächter und dem Vermieter oder Verpächter in Ansehung der Miet- oder Pachtzinsforderung vorgenommen werden, die im Art. 2 und im Art. 3 unter I bezeichneten Vorschriften in der bisherigen Fassung maßgebend, soweit es sich um den Miet- oder Pachtzins für die Zeit bis zu dem ersten Termine handelt, für den die Kündigung des Miet- oder Pachtverhältnisses zulässig ist.

*) §§ 5, 7, 9 G. v. 4. 8. 14, Bek. des Reichskanzlers v. 10. 12., 14. 12., 22. 12. 14, V. des Bundesrats v. 22. 4. 15. Die V. v. 9. 9. 15 berührt die Zwangsvollstreckung nicht unmittelbar.

beschlossenen Fassung auf schriftlichen Bericht der bestellten Kommission angenommen worden (Drucksachen des Herrenhauses Nr. 121, 139).

Die Einteilung schließt sich an die Gliederung des Reichsgesetzes an. Der erste Abschnitt (Art. 1—14) enthält ergänzende Bestimmungen über die Zwangsversteigerung und die Zwangsverwaltung von Grundstücken im Wege der Zwangsvollstreckung. Sie sind zu den betreffenden Paragraphen des Reichsgesetzes abgedruckt worden.

Der zweite Abschnitt (Art. 15—21) behandelt die Zwangsversteigerung und die Zwangsverwaltung von Bergwerkseigentum, unbeweglichen Bergwerksanteilen und selbständigen Kohlenabbaugerechtigkeiten im Wege der Zwangsvollstreckung und bringt die neben § 870 ZPO. erforderlichen besonderen Vorschriften.

Im dritten Abschnitte folgen Vorschriften über die Zwangsversteigerung und die Zwangsverwaltung in besonderen Fällen, nämlich in den im dritten Abschnitte des Reichsgesetzes behandelten Fällen, soweit sich das Verfahren auf Bergwerkseigentum, unbewegliche Bergwerksanteile oder selbständige Gerechtigkeiten bezieht (Art. 22), ferner in den besonderen bergrechtlichen Fällen der Zwangsversteigerung (Art. 23—27), endlich in den Fällen des ALR. I 8 §§ 40, 58, 60 (Art. 28—32).

Der vierte Abschnitt (Art. 33—48) enthält Schluß- und Übergangsbestimmungen, insbesondere über das Verteilungsverfahren in Enteignungssachen (Art. 35—41) und über die Änderung der Kostenvorschriften (Art. 44—46).

Die letzteren drei Abschnitte sind unter IV wiedergegeben worden.

Durch Art. 44 des Gesetzes vom 23. September 1899 sind die Vorschriften des Gesetzes, betr. die Gerichtskosten bei Zwangsversteigerungen und Zwangsverwaltungen vom 18. Juli 1883 abgeändert worden. Durch Art. 46 aaO. ist der Justizminister ermächtigt worden, bei der Bekanntmachung des neuen Textes des preußischen Gerichtskostengesetzes vom 25. Juni 1895 (vgl. Art. 86 § 2 des preußischen Ausführungsgesetzes zum Bürgerlichen Gesetzbuch vom 20. September 1899) die noch in Betracht kommenden §§ 1—11 des Gesetzes vom 18. Juli 1883 und die §§ 121b und 122 des preußischen Gerichtskostengesetzes in den zweiten Teil des letzteren Gesetzes als zweiten Abschnitt aufzunehmen. Zu dem Gerichtskostengesetze vom 25. Juni 1895 ist das Abänderungsgesetz vom 25. Juli 1910 (GS. S. 157) ergangen, dessen Art. II lautet:

> Der Justizminister wird ermächtigt, den Text des Preußischen Gerichtskostengesetzes, wie er sich aus den in Artikel I dieses Gesetzes, im § 1 Abs. 4 des Gesetzes vom 12. Mai 1902 (GS. S. 139) und den in dem Gesetz, betr. Abänderung des Gesetzes über das Staatsschuldbuch vom 20. Juli 1883 in der Fassung des Gesetzes vom 24. Juli 1904 (GS. S. 120) bestimmten Änderungen ergibt, unter fortlaufender Nummerfolge der Paragraphen mit dem Datum des vorliegenden Gesetzes durch die Gesetzsammlung bekanntzumachen. Dabei ist in den §§ 87, 94, 96, 98, 101, 102, 103, 104, 106, 122 an Stelle des § 8 des Deutschen Gerichtskostengesetzes der in Artikel I enthaltene § 123a anzuführen. Die Ermächtigung erstreckt sich auch auf die Vereinigung mehrerer oder die Zerlegung eines Paragraphen und auf die Ersetzung von Verweisungen, die sich infolge der Abänderung des ursprünglichen Textes als notwendig erweisen.

Der Text dieses Gesetzes ist auszugsweise unter V abgedruckt worden. Unter VI folgen diejenigen Vorschriften des preußischen Gesetzes vom 21. März 1910, enthaltend die landesgesetzlichen Vorschriften über die Gebühren der Rechtsanwälte und Gerichtsvollzieher, welche sich auf die Zwangsvollstreckung in das unbewegliche Vermögen beziehen.

I.
Zivilprozeßordnung.

Achtes Buch. Zwangsvollstreckung.

Erster Abschnitt. Allgemeine Bestimmungen. §§ 704—802.

Zweiter Abschnitt. Zwangsvollstreckung wegen Geldforderungen.

Erster Titel. Zwangsvollstreckung in das bewegliche Vermögen. §§ 803—863.

Zweiter Titel. Zwangsvollstreckung in das unbewegliche Vermögen.

§ 864. Der Zwangsvollstreckung in das unbewegliche Vermögen [1] unterliegen außer den Grundstücken die Berechtigungen, für welche die sich auf Grundstücke beziehenden Vorschriften gelten, und die im Schiffsregister eingetragenen Schiffe.

Die Zwangsvollstreckung in den Bruchteil eines Grundstücks oder einer Berechtigung ist nur zulässig, wenn der Bruchteil in dem Anteil eines Miteigentümers besteht oder wenn sich der Anspruch des Gläubigers auf ein Recht gründet, mit welchem der Bruchteil als solcher belastet ist. [2]

1 Sie findet nur wegen Geldforderungen statt (Überschrift zu Buch VIII Abschn. II), und zwar sowohl wegen persönlicher Forderungsrechte als wegen binglicher, auf eine Geldsumme gerichteter Ansprüche (BGB. §§ 1147 bis 1149, 1192, 1200, Hypotheken, Grundschulden, Rentenschulden, — §§ 1105, 1107 [a. 30 Abs. 1 Br. AGBGB.], Reallasten — §§ 1001, 1003 Verwendungen des Drittbesitzers auf das Grundstück, des Erb-

schaftsbesitzers § 2022). Die allgemeinen Bestimmungen über Zwangsvollstreckung (Buch VIII Abschn. I) finden Anwendung.

§ 864 behandelt den Hauptgegenstand, § 865 die diesem hinzutretenden Gegenstände.

2 Hauptgegenstand der Zwangsvollstreckung in das unbewegliche Vermögen können nur sein:

a) Grundstücke mit ihren wesentlichen und unwesentlichen Bestandteilen (§§ 94ff., 890 BGB.), nicht aber Gebäude auf den Schuldner nicht gehörigen Grundstücken — § 866 ZPO. sowie unter II §§ 1—161.

b) Berechtigungen, für welche die sich auf Grundstücke beziehenden Vorschriften gelten. Als solche kommt reichsgesetzlich nur in Betracht: das Erbbaurecht (§ 1017 BGB.) und nach Maßgabe des Landesrechts: Bergwerkseigentum (a. 67 EGBGB.) und andere Rechte zur Gewinnung von Mineralien (a. 68), Erbpacht, Büdner- und Häuslerrecht (a. 63), Jagd- und Fischereiberechtigungen (a. 69). andere vererbliche und übertragbare Nutzungsrechte (a. 196), auch bestehenbleibendes Stockwerkseigentum (a. 182). — § 84 GBO., § 870, aber auch § 871 ZPO.

Für Preußen wegen Bergwerkseigentum: § 50 BergG., a. 22ff. Pr. AGGBO. (wegen der Erbstollengerechtigkeit des älteren Rechts § 223 BergG. wegen selbständiger Kohlenabbau-Gerechtigkeiten: G. v. 22. 2. 69, und a. 38 Pr. AGBGB., a. 27 Pr. AGGBO.) wegen der Salzabbaugerechtigkeiten in Hannover: G. v. 4. 8. 04. Die Übertragung des in § 2 Abs. 2 BergG. erwähnten Gewinnungsrechts für Steinsalz usw. an Dritte als vererbliches und veräußerliches Recht ist an und für sich eine dingliche Belastung des Bergwerkseigentums des Staates (§ 38b), wird aber nach § 38c² im wesentlichen dem Bergwerkseigentum gleichgestellt. — Auf Grund § 2 EGZVG. sind in Pr. AGZVG. a. 16 bis 21 einige Sondervorschriften getroffen (unten IV).

Für andere Gerechtigkeiten gelten die sich auf Grundstücke beziehenden Vorschriften des BGB., wenn sie nach den bisherigen Gesetzen in Ansehung der Eintragung in die gerichtlichen Bücher und der Verpfändung den Grundstücken gleichstehen (selbständige Gerechtigkeiten) und wenn die Gerechtigkeit ein Grundbuchblatt erhalten hat (a. 40 Pr. AGBGB.), dessen Anlegung auf Antrag des Berechtigten geschieht (a. 27[2] Pr. AGGBO.). Für Preußen kommen namentlich in Betracht: vererbliche und veräußerliche Apothekerprivilegien, Fähr- und Fischereigerechtigkeiten (E.Gr. 54[958]) in der Provinz Westfalen gewisse Realberechtigungen (V. v. 10. 4. 41), in Frankfurt a. M. Schirnen- und Meßbudengerechtigkeit.

c) Ideelle Anteile am Grundstückseigentum (Bruchteile des Grundstücks im Sinne des BGB.) oder an den zu b erwähnten Berechtigungen (§§ 1008 ff. BGB.), im Gegensatz zu Mitberechtigungen zur gesamten Hand (Gesellschaft, Gütergemeinschaft, Erbengemeinschaft) E.R. 54[103], 57[435]. Hier müssen aber die besonderen Voraussetzungen d. Abs. 2 erfüllt sein. Als Anteil eines Miteigentümers kann nur der ganze gegenwärtig einem Miteigentümer gehörige Anteil in Betracht kommen. Wenn Miteigentümer den Anteil eines anderen Miteigentümers anteilmäßig erworben haben, so ist dieser Zuwachs für sich allein nicht mehr als Anteil eines Miteigentümers anzusehen, E.K. 26 A[157], FG. 3[92]. Für Preußen wegen unbeweglicher Bergwerksanteile (Kuxe der Gewerkschaften älteren Rechts) §§ 228, 231 BergG., a. 37 XII, XIII Pr. AGBGB., a. 28 Pr. AGGBO.; — die Kuxe der Gewerkschaften neueren Rechts gehören zum beweglichen Vermögen (§§ 101, 235a BergG., a. 37 IX, XVI Pr. AGBGB.).

d) Die im Schiffsregister eingetragenen Schiffe; unter Umständen auch ausländische Schiffe, nicht aber Schiffsparten (§ 870[2] ZPO.; §§ 162—171 ZVG., E.FG. 4[222]). — Nicht Kriegsschiffe E.R. 72[352], aber auch 79[178].

e) Dazu kommt in Preußen die Bahneinheit und das Bahnbetriebsbenutzungsrecht (zu § 871).

§ 865. Die Zwangsvollstreckung in das unbewegliche Vermögen umfaßt auch die Gegenstände, auf welche sich bei Grundstücken und Berechtigungen die Hypothek, bei Schiffen das eingetragene Pfandrecht erstreckt. [1]

Diese Gegenstände können, soweit sie Zubehör sind, nicht gepfändet werden. [2] Im übrigen [3] unterliegen sie der Zwangsvollstreckung in das bewegliche Vermögen, solange nicht ihre Beschlagnahme im Wege der Zwangsvollstreckung in das unbewegliche Vermögen [4] erfolgt ist. [5]

1 Den Hauptgegenständen (§ 864 ZPO.) treten die in Abs. 1 bezeichneten Gegenstände hinzu, gleichviel ob eine Hypothek besteht oder nicht. Sie ergeben sich für Grundstücke aus §§ 1120—1130 BGB., jedoch auch a. 52, 53, 67², 109 EGBGB.: Erstreckung der Hypothek auf den Entschädigungsanspruch wegen Enteignung und Bergschäden. E.R. 69²⁴⁷; — bei Berechtigungen aus dem Landesrecht (für Pr. über Hilfsbaue als Bestandteile (nicht Zubehör) des berechtigten Bergwerks a. 37 III Pr. AGBGB. zu § 60³ BergG.), bei Schiffen § 1265 BGB., § 478 HGB.

2 Absolute Nichtigkeit der Pfändung, auch wenn das Zubehör zur Bewirtschaftung nicht nötig (E.R. 59⁶¹, 60⁷³, Gr. 49¹⁰⁶⁶, JW. 04⁵⁷⁵, 05⁸⁹), von Amts wegen vom Gerichtsvollzieher zu prüfen (E.R. 82⁹⁴), Geltendmachung durch Eigentümer und dinglich Berechtigte nach § 766, durch letztere auch nach § 771 ZPO. E.R. 55²⁰⁸, 63³⁷¹, JW. 08⁵⁶¹. Schadensersatzpflicht des betreibenden Gläubigers nur bei eigenem Verschulden, E.Gr. 50³⁷⁶. Über Zubehör bei Grundstücken §§ 97, 98, 1120 BGB., aber auch II § 37 Nr. 5, § 55², § 90² ZVG., bei Schiffen § 1265 BGB., § 478 HGB. (auch II zu § 162 ZVG.). Der Pfändung von Zubehör steht dessen Veräußerung durch den Konkursverwalter gleich, soweit diese nicht innerhalb der Grenzen einer ordnungsmäßigen Fortführung der bisherigen Wirtschaft erfolgt. E.R. 69⁸⁵. — Pfändung von Bestandteilen der Hauptsache ist ebenfalls nichtig; Ausnahme für ungetrennte Früchte § 810 ZPO.

3 d. h. soweit die Nebengegenstände nicht Zubehör sind (wie z. B. die Miets- und Pachtzinsforderungen §§ 1123—1125 BGB.), auch getrennte Erzeugnisse, soweit sie nicht Zubehör sind.

4 §§ 20ff., 148, 162 ZVG., § 21 ZVG. A. 3, 4, 8. — Ältere Realgläubiger haben Anspruch auf vorzugsweise Befriedigung aus dem sich bei der Mobiliarvollstreckung ergebenden Erlöse (§ 805 ZPO.).

5 Die nach der Beschlagnahme vorgenommene Pfändung von Gegenständen, auf die sich die Hypothek erstreckt, ist absolut — nicht nur dem betreibenden Gläubiger gegenüber — nichtig. E.Gr. 49[1066].

§ 866. Die Zwangsvollstreckung in ein Grundstück erfolgt durch Eintragung einer Sicherungshypothek für die Forderung, durch Zwangsversteigerung und durch Zwangsverwaltung. [1]

Der Gläubiger kann verlangen, daß eine dieser Maßregeln allein oder neben den übrigen ausgeführt werde.

Auf Grund eines vollstreckbaren Schuldtitels darf eine Sicherungshypothek nur für eine den Betrag von dreihundert Mark übersteigende Forderung eingetragen werden. Die Vorschriften der §§ 4 und 5 finden entsprechende Anwendung. [2]

1 § 869 und unten II. 2 §§ 4, 5 ZPO. hinsichtlich der Berechnung des Betrages. — Zusammenfassung mehrerer Ansprüche (§ 5 ZPO.) auf den Betrag von über 300 Mark nur Einheitlichkeit des Schuldtitels, E.FG. 11[141]. Anwendung auf in mehreren Heberollen festgesetzte Unfall-Berufsgenossenschaftsbeiträge E.K. 39 A[258], [261], 41[253], R. 84[274]. Im übrigen muß die fällige Hauptforderung, die übrigens aus Zinsrückständen bestehen kann, jedes von mehreren Gläubigern für sich 300 Mark übersteigen. E.K. 20 A[297], [315], 28 A[318], FG. 3[245], 4[245]. Keine Eintragung auf einen Restbetrag unter 300 Mark,

wenn auch ein Teilbetrag über 300 Mark aus demselben Schuldtitel eingetragen war, E.K. 40 A[301]. Unzulässig auch die Eintragung einer einheitlichen Forderung aus mehreren über Teile unter 300 Mark lautenden Schuldtiteln, E.K. 43[310]. Nebenforderungen (Kosten auf Grund Festsetzungsbeschlusses aber § 867 A. 3) werden mit eingetragen, E.FG. 43[134], K. 22 A[309]. Unzulässig aber besondere Hypothek für eine später festgesetzte Kostenersatzforderung unter 300 Mark, E.R. 61[423], unzulässig in Pr. Zusammenrechnung mehrerer Gerichtskostenforderungen bei Anwendung der §§ 16[1], 118 Pr. GKG. und § 5 Pr. AGZPO., E.K. 25 A[176], 33 A[301]. Unzulässig auch Zusammfassung der Kosten bzw. Stempelforderungen des Reichsfiskus und des Landesfiskus, E.K. 40 A[301]. Keine nachträgliche Erhöhung des eingetragenen Kapitalbetrages, E.K. 40[282]. Im Bereiche der landesrechtlichen Zwangsvollstreckung Abweichung von dieser Grenze möglich.

§ 867. Die Sicherungshypothek wird auf Antrag des Gläubigers in das Grundbuch eingetragen[1]; die Eintragung ist auf dem vollstreckbaren Titel zu vermerken. Mit der Eintragung entsteht die Hypothek[2]. Das Grundstück haftet auch für die dem Schuldner zur Last fallenden Kosten der Eintragung[3].

Sollen mehrer Grundstücke des Schuldners[4] mit der Hypothek belastet werden, so ist der Betrag der Forderung auf die einzelnen Grundstücke zu verteilen; die Größe der Teile bestimmt der Gläubiger[5–8].

1 Die allgemeinen Voraussetzungen einer Zwangsvollstreckung (§§ 750ff. ZPO.) müssen vorliegen, E.Bay. 15[536]. Bei Verurteilung zur Zahlung Zug um Zug ist die eingetragene Hypothek nichtig, wenn nicht der Annahmeverzug des Verurteilten eingetreten war, E.FG. 11[243]. Bescheinigungen der Hinterlegungsstelle sollen in Pr. dem a. 9 AGGBO. genügen, doch schadet die Verletzung des AGG. nicht, wenn trotzdem

dem § 751[2] ZPO. genügt ist, E.K. 41[143]. Heilbar der Verstoß gegen § 750 ZPO., nicht aber gegen § 798 ZPO., E.K. 43[243]. Für nicht fällige Forderungen oder Forderungsteile nur Arresthypothek, E.FG. 4[45] Wegen der zu einer Vorerbschaft gehörigen Grundstücke E.FG. 4[59]. Das Verfahren richtet sich von der Einbringung des Antrags an nach der GBO., E.R. 48[249]; die Rechtswirkungen nach dem BGB. und § 868. Zwischenverfügungen nach § 18 Abs. 2 GBO. aber nur bei Hindernissen, die sich aus den grundbuchrechtlichen Erfordernissen ergeben, also nicht bei Mängeln in den Voraussetzungen der ZwVollstr., E.R. 85[167]. Zuvorige Eintragung des Schuldners als Eigentümer ist nach § 14 GBO. zu erwirken. Hier ist die Grenze von 300 Mark (§ 866 Abs. 3) nicht hinderlich. E.FG. 4[114]. Der Eintragungsantrag bedarf auch dann nicht der Form des § 29 GBO. wenn er auf einen geringeren Betrag als der vollstreckbare Titel lautet, E.FG. 10[60]. — Wegen der Gebühr des Prozeßbevollmächtigten für den Antrag auf Eintragung zu a. 1 A. 2 Pr.G. v. 27. 9. 99 unter VI. — Auch § 13 GBO. Der vollstreckbare Titel ersetzt die nach § 19 GBO. erforderliche Eintragungsbewilligung. Ein Recht auf Bewilligung oder Hypothekenbestellung besteht aber nicht. Daher auch keine Vormerkung zur Sicherung des Rechts auf Eintragung einer Zwangshypothek, E.R. 60[426]. — Wegen der Beschwerde §§ 71 ff. GBO. Anwendbar §§ 91 ff. ZPO. auf die Kosten des Beschwerdeverfahrens. In Pr. kommt a. 9 ff. Pr. AGFGG. zur Anwendung. E.K. 43[243], R. 48[243], K. 43[243]. Die weitere Beschwerde (§§ 78 ff.) geht in Pr. an das Kammergericht (a. 7, 8 Pr. AGFGG.). — Benachrichtigung der vorgesetzten Dienstbehörde des Schuldners bei ZwVerst. in ein zum öffentlichen Dienst oder Gebrauch bestimmtes Grundstück, Anh. VII Nr. 4. — Wegen noch nicht im BahnGB. eingetragener pr. Bahneinheiten § 21 BahnG.

2 Wenn die Eintragung nicht im Widerspruch mit § 866 Abs. 3 erfolgt ist; denn dann ist die Hypothek nichtig. — Eine zwischen Antrag und Eintragung erfolgte Beschlagnahme geht nach §§ 22, 27 ZVG. der Hypothek vor, E.R. 84[279].

3 Ohne Eintragung dieser Kosten (§ 788 ZPO.), E.Bay. 14[689]; Kosten früherer Zwangsvollstreckungen bedürfen auch keines besonderen Schuldtitels. Das Grundbuchamt hat sie einzutragen, wenn Entstehung und Notwendigkeit auf Grund öffentlicher Urkunden festgestellt werden kann, E.FG. 6[58].

4 Gleichzeitig oder nacheinander. Jedes auf einem gemeinschaftlichen Grundbuchblatt unter besonderer Nummer verzeichnete Grundstück gilt dabei als selbständiges Grundstück. E.FG. 11[233], R. 84[270]. Keine Teilung, wenn es sich um verschiedene Schuldner handelt. Für das eheliche Gesamtgut ist Schuldneridentität anzunehmen in bezug auf den Mann, nicht aber in bezug auf die Frau.

5 Abweichend von § 6[2] Pr. ZwVerstG. aber entsprechend §§ 22. 23 der pr. V. v. 4. 3. 34. — Übergang E.R. 52[41]. Es entsteht also keine Gesamthypothek. Eintragungsgebühren für jede Eintragung besonders, E.K. 25 B[36]. Die Teile können auch unter 300 Mark sein, E.R. 84[277]. Eine unter Verletzung des Abs. 2 eingetragene Gesamthypothek ist von Amts wegen zu löschen, E.K. 40[310]. — Unzulässig Verbindung einer Vertragshypothek und einer Zwangshypothek zu einem Gesamtrecht, E.FG. 12[269]. A. M. E.Bay. 15[530]. 6 Die Bestimmung bedarf nicht der Form des § 29 GBO. E.R. 71[312] gegen K. 33 A[301]. 7 Über die Sicherungshypothek zur Vollziehung eines *Arrestes* § 932 ZPO. Auch hier Grenze des § 866 Abs. 3, E.R. 60[279], JW. 05[296], FG. 5[256], Bay. 13[753]. Die Arresthypothek, welche Höchstbetragshypothek ist, muß auf Antrag in eine Zwangshypothek welche eine gewöhnliche Sicherungshypothek darstellt, umgeschrieben werden. Es bedarf dazu außer des vollstreckbaren Schuldtitels einer neuen, aber auch hier der Form des § 29 GBO. nicht bedürfenden Verteilungserklärung nach § 867 Abs. 2, E.FG. 11[54].

8 Besonderheiten für die Eintragung von Zwangshypotheken gelten in Pr., wenn für das Grundstück eine *Verschuldungsgrenze* besteht. §§ 3, 1, 5[4] G. v. 20. 8. 06, III. § 2 EGZVG. a. 1. — Da § 803 ZPO. nur für die Vollstreckung in das be-

wegliche Vermögen gilt, steht der Umstand, daß eine Befriedigung aus einer über das bewegliche Vermögen vorgenommene Vollstreckung zu erwarten ist, der Zwangseintragung ebensowenig entgegen wie der Zwangsversteigerung und Zwangsverwaltung, E.FG. 11[136].

§ 868. Wird durch eine vollstreckbare Entscheidung die zu vollstreckende Entscheidung oder ihre vorläufige Vollstreckbarkeit aufgehoben oder die Zwangsvollstreckung für unzulässig erklärt oder deren Einstellung angeordnet[1], so erwirbt der Eigentümer des Grundstücks die Hypothek[2].

Das Gleiche gilt, wenn durch eine gerichtliche Entscheidung die einstweilige Einstellung der Vollstreckung und zugleich die Aufhebung der erfolgten Vollstreckungsmaßregeln angeordnet wird[3] oder wenn die zur Abwendung der Vollstreckung nachgelassene Sicherheitsleistung oder Hinterlegung erfolgt[4].

1 § 775 Nr. 1 ZPO. – Das bloße Erlöschen der Forderung genügt dazu nicht. Der Grundstückseigentümer, welcher die Unzulässigkeit der Zwangseintragung geltend macht, kann nach §§ 54, 71 GBO. Eintragung eines Widerspruchs verlangen, E.K. 27 A[138].

2 § 1177 BGB., § 22 GBO. Es ist der Eigentümer zur Zeit der Unzulässigkeitserklärung oder Einstellung, E.FG. 10[160]. Die Bestimmung setzt voraus, daß die Hypothek gültig entstanden ist, E.Gr. 57[1093] – Daneben besteht der Erwerb der Eigentümerhypothek nach §§ 1163, 1164, 1168 BGB., vor allem, wenn die Forderung nicht zur Entstehung gelangt ist. Hier erwirbt der Eigentümer zur Zeit der Eintragung die Hypothek, E.K. 78[398]. – Pfändung und Überweisung einer solchen Eigentümerhypothek ist trotz § 866[3] auch für 300 M. nicht übersteigende Forderungen zulässig, E.K. 26 A[300].

3 §§ 775 Nr. 2, 776 ZPO. 4 § 775 Nr. 3 ZPO.

§ 869. Die Zwangsversteigerung und die Zwangsverwaltung werden durch ein besonderes Gesetz[1] geregelt.

1 Unten II. Die ZPO. findet in gleicher Weise Anwendung, als wenn dieses G. ihr Bestandteil wäre, E.R. 54[308], 70[402], 73[195].

§ 870. Auf die Zwangsvollstreckung in eine Berechtigung, für welche die sich auf Grundstücke beziehenden Vorschriften gelten,[1] finden die Vorschriften über die Zwangsvollstreckung in Grundstücke entsprechende Anwendung[2].

Die Zwangsvollstreckung in ein eingetragenes Schiff erfolgt nur durch Zwangsversteigerung.

1 § 864 A. 2. E.FG. 5[203]. 2 Die landesgesetzlichen Sondervorschriften für Pr. in Abschn. II Pr. AGZVG. (unter IV).

§ 871. Unberührt bleiben die landesgesetzlichen Vorschriften, nach welchen, wenn ein anderer als der Eigentümer einer Eisenbahn oder Kleinbahn den Betrieb der Bahn kraft eigenen Nutzungsrechts ausübt, das Nutzungsrecht und gewisse dem Betriebe gewidmete Gegenstände in Ansehung der Zwangsvollstreckung zum unbeweglichen Vermögen gehören und die Zwangsvollstreckung abweichend von den Vorschriften der Reichsgesetze geregelt ist[1].

1 Pr. G. v. 19. 8. 95 (abgeändert durch G. v. 11. 6. 02) über die Bahneinheiten §§ 1ff., 16, 20ff. Über Bahnnutzungsrecht insbesondere § 54 aaO. Die Bahneinheit entsteht mit der Genehmigung bzw. dem Eintrag ins Bahngrundbuch, E.R. 28 A[158]. Allg. Bestimmungen über die Bahneinheit §§ 1—7 BahnG. Zu ihr gehören nur die dem Unternehmer gehörigen Grundstücke, E.R. 40 A[102], daher bei fremden, dem Unternehmer gewidmeten Grundstücken die Einzelzwangsvollstreckung nicht ausgeschlossen, E.R. 72[314].

II.

Gesetz über die Zwangsversteigerung und die Zwangsverwaltung.

Vom 24. März 1897.

Wir Wilhelm, von Gottes Gnaden Deutscher Kaiser, König von Preußen ꝛc.

verordnen im Namen des Reichs, nach erfolgter Zustimmung des Bundesrats und des Reichstags, was folgt:

Erster Abschnitt. Zwangsversteigerung und Zwangsverwaltung von Grundstücken im Wege der Zwangsvollstreckung.

Erster Titel. Allgemeine Vorschriften.

Zuständigkeit.

§ 1. Für die Zwangsversteigerung[1] und die Zwangsverwaltung[2] eines Grundstücks[3] ist als Vollstreckungsgericht[4] das Amtsgericht zuständig[5], in dessen Bezirke das Grundstück belegen ist.[6] [7]

1 §§ 15—145. 2 §§ 146—161. 3 oder einer mit GBBl. versehenen Berechtigung, sowie der ideellen Anteile („Bruchteile"). Unter I § 864 ZPO. A. 2, auch unten A. 7. — Entsprechende Anwendung auf pr. Bahneinheiten, § 20 BahnG. (RG. 51^{100}, K. 28 A^{159}), inländische Teile § 55 BahnG.

4 Im Sinne des § 764 ZPO. Damit finden alle reichsrechtlichen Bestimmungen bezüglich dieses Gerichts, insbesondere über Organisation und Verfassung, Ausschließung und Ablehnung der Gerichtspersonen usw. Anwendung. — Vgl. aber unter III § 13 EG.

5 Ausschließlich. § 802 ZPO. Bei Einleitung trotz Unzuständigkeit: Aufhebung des Verfahrens (§ 32); nach Schluß der Verst. Versagung des Zuschl. (§§ 33, 83 Nr. 6), ev. Beschwerde (§ 100[1], [3]). 6 § 24 ZPO.

7 Zuständiges VollstrGericht für Schiffe § 163. — Das zuständige Gericht bei der ZwVollstr. in eine Berechtigung, für welche die sich auf Grundstücke beziehenden Vorschriften gelten (unter I § 864 ZPO. A. 2), ergibt sich aus der entsprechenden Anwendung der §§ 1, 2 (§ 870[1] ZPO.). Unter IV a. 15 Pr. AGZVG. Wegen der Zuständigkeit in den besonderen Fällen des Abschnitts III §§ 172, 176, 180, sowie unter IV a. 22 Pr. AGZVG. — Bahneinheiten § 22 BahnG. Nach Erlöschen der Genehmigung nur noch Zwangsliquidation § 23, 40—53 BahnG., welche aber auf den Bestand der Aktiengesellschaft, welcher das Unternehmen gehört, ohne Einfluß ist, E.R. 81[412].

§ 2. Ist das Grundstück in den Bezirken verschiedener Amtsgerichte belegen, oder ist es mit Rücksicht auf die Grenzen der Bezirke ungewiß, welches Gericht zuständig ist[1], so hat das zunächst höhere Gericht[2] eines der Amtsgerichte zum Vollstreckungsgerichte zu bestellen; die Vorschriften des § 37 der Zivilprozeßordnung finden entsprechende Anwendung[3].

Die gleiche Anordnung kann getroffen werden, wenn die Zwangsversteigerung oder die Zwangsverwaltung mehrerer Grundstücke in demselben Verfahren zulässig ist[5] und die Grundstücke in den Bezirken verschiedener Amtsgerichte belegen sind[6]. Von der Anordnung soll das zum Vollstreckungsgerichte bestellte Gericht die übrigen Gerichte in Kenntnis setzen[6, 7].

1 §§ 36 Nr. 2 ZPO. 2 Die Herbeiführung der Entscheidung setzt ein Gesuch (des Gläubigers oder Schuldners) voraus (§ 37 ZPO.). Gegen die Bestellung des zuständigen Gerichts keine (§ 37²), gegen die Ablehnung des Gesuchs einfache Beschwerde (§ 567 ZPO.). — An die Stelle des Reichsgerichts tritt das Kammergericht, AVf. v. 18. 6. 10. 3 Zustellung nur an den Antragsteller. 4 D. h. wenn die Voraussetzungen des § 18 vorliegen, nicht aber, wenn ein Grundstück einer Kommanditgesellschaft ein anderes deren Komplementär persönlich gehört, — auch nicht, wenn auf eines der Grundstücke nach § 1 EG. das ZVG keine Anwendung findet. 5 § 36 Nr. 4 ZPO. 6 § 40². 7 Auch in den Fällen des § 36 Nr. 1 ZPO. und der entsprechend anzuwendenden Nr. 5 und 6 kann die Bestimmung des VollstrGerichts durch das zunächst höhere Gericht in Frage kommen.

Zustellungen.

§ 3. Die Zustellungen erfolgen von Amtswegen[1].

1 nach der ZPO. (§§ 208ff., 166ff.), soweit nicht dieses Gesetz, insbesondere §§ 3—8, Abweichungen enthalten.

Die Ausführung der Zustellung hat der Gerichtsschreiber zu besorgen (§ 209 ZPO.); dem Richter liegt es aber ob, zum mindesten in allen Fällen, in denen eine Zustellung an die „Beteiligten" vorgeschrieben ist (z. B. §§ 41, 88, 105, 146, 156), dem Gerichtsschreiber die Beteiligten zu bezeichnen. — So auch: AVf. v. 28. 11. 02.

§ 4. Wohnt derjenige, welchem zugestellt werden soll, weder am Orte noch im Bezirke des Vollstreckungsgerichts,[1] so kann[2] die Zustellung durch Aufgabe zur Post[3] erfolgen, solange nicht die Bestellung eines daselbst wohnhaften Prozeßbevollmächtigten[4] oder Zustellungsbevollmächtigten[5] dem Gericht[6] angezeigt ist. Die Postsendung muß[7] mit der Bezeichnung „Einschreiben" versehen werden.

1 § 174 ZPO. — § 4 ist also nicht anwendbar auf Personen, die zwar am Orte, aber nicht im Bezirke des Vollstr-Gerichts wohnen, wie z. B. in dem in mehrere Gerichtsbezirke geteilten Berlin (pr. G. betr. die Gerichtsorganisation von Berlin und Umgebung, v. 16. 9. 99, in Kraft getreten am 1. 6. 06 [V. v. 7. 11. 04]).

2 Ohne weiteres, insbesondere ohne die in den §§ 174, 175 ZPO. aufgestellten Voraussetzungen. — § 77 KO. — Ausnahme in § 8. 3 § 175 ZPO. 4 § 81 ZPO. 5 § 174 ZPO. 6 Anders wie nach § 175 ZPO. 7 In jedem Falle. Abweichung von § 175² ZPO.

§ 5. Die Bestellung eines Zustellungsbevollmächtigten bei dem Grundbuchamte gilt auch für das Verfahren des Vollstreckungsgerichts, sofern sie diesem bekannt geworden ist[1].

1 Durch die Mitteilung des GBA. (§ 19²), des Beteiligten selbst oder auf andere Weise, z. B. durch Einsicht der Grundakten.

§ 6. Ist der Wohnort desjenigen, welchem zugestellt werden soll, dem Vollstreckungsgerichte nicht bekannt[1], so hat das Gericht einen Zustellungsvertreter zu bestellen[2].

Das Gleiche gilt, wenn im Falle der Zustellung durch Aufgabe zur Post[3] die Postsendung als unbestellbar zurückkommt. Die zurückgekommene Sendung soll dem Zustellungsvertreter ausgehändigt werden[4].

Statt der Bestellung eines Vertreters genügt es[5], wenn die Zustellung für nicht prozeßfähige[6] Personen an die Vormundschaftsbehörde[7], für juristische Personen[8] oder für Vereine, die als solche klagen und verklagt werden können[9], an die Aufsichtsbehörde[10] angeordnet wird.

1 Auch wenn Erben unbestimmt sind. 2 Ausnahme in § 8. 3 § 4. 4 Ohne besondere Form. Die Zustellung ist bereits bewirkt (§ 4). 5 Fakultativ. 6 §§ 51 ff. ZPO. 7 D. h. des Vormundschaftsgerichts, soweit nicht a. 147 EGBGB. Platz greift. 8 §§ 21—89 BGB. 9 Also Rechtsfähigkeit und damit juristische Persönlichkeit besitzen. Daß sie bloß verklagt werden können, wie in § 50 ZPO. für nicht rechtsfähige Vereine (§ 54 BGB.) bestimmt ist, genügt aber nicht. 10 Sofern eine staatliche Aufsichtsbehörde vorhanden ist.

§ 7. An den Zustellungsvertreter erfolgen die Zustellungen, solange derjenige, welchem zugestellt werden soll, nicht ermittelt ist.

Der Zustellungsvertreter ist zur Ermittelung und Benachrichtigung des Vertretenen[1] verpflichtet. Er kann von diesem eine Vergütung für seine Tätigkeit und Ersatz seiner Auslagen fordern. Über die Vergütung und die Erstattung der Auslagen entscheidet das Vollstreckungsgericht[2].

Für die Erstattung der Auslagen haftet der Gläubiger, soweit der Zustellungsvertreter von dem Vertretenen Ersatz nicht zu erlangen vermag; die dem Gläubiger zur Last fallenden Auslagen gehören zu den Kosten der die Befriedigung aus dem Grundstücke bezweckenden Rechtsverfolgung[3, 4].

1 Nicht aber zur sonstigen Wahrnehmung seiner Rechte. 2 In Pr. nach freiem Ermessen. Vollstreckbar nach § 794 Nr. 3 ZPO. 3 § 10², § 12 Nr. 1. 4 Abs. 3 ist Zusatz der Reichstagskommission (KB. 6, 7).

§ 8. Die Vorschriften der §§ 4 bis 7 finden auf die an den Schuldner[1] zu bewirkende Zustellung des Beschlusses, durch welchen die Zwangsvollstreckung angeordnet[2] oder der Beitritt eines Gläubigers zugelassen wird[3], keine Anwendung[4, 5].

1 Die an andere Personen, insbesondere der Antragsteller, zu bewirkende Zustellung des Beschlusses sowie sonstige Zustellungen an den Schuldner stehen unter den §§ 4—7. 2 §§ 15, 146. 3 §§ 27, 146. 4 Hier sind also lediglich § 3 und die Vorschriften der ZPO. zu § 3 A. 1 maßgebend. Vgl. insbesondere §§ 779ff. ZPO. 5 Schadensersatzpflicht des VollstrRichters und des Gerichtsschreibers, wenn wegen Nichtbeachtung des § 8 demnächst der Zuschl. versagt wird. (§ 83 Nr. 6) E.JW. 07[828].

Beteiligte.

§ 9. In dem Verfahren gelten als Beteiligte, außer dem Gläubiger[1] und dem Schuldner[2]:

1. diejenigen, für welche zur Zeit der Eintragung des Vollstreckungsvermerkes[3] ein Recht im Grundbuch eingetragen[4] oder durch Eintragung gesichert ist[5];
2. diejenigen, welche ein der Zwangsvollstreckung entgegenstehendes Recht[6], ein Recht an dem Grundstück[7] oder an einem das Grundstück belastenden[8] Rechte, einen Anspruch mit dem Rechte auf Befriedigung aus dem Grundstück[9] oder ein Miet- oder Pachtrecht, auf Grund dessen ihnen das Grundstück überlassen ist[10], bei dem Vollstreckungsgericht anmelden und auf Verlangen des Gerichts oder eines Beteiligten glaubhaft[11] machen.

1 d. h. dem Antragsteller (§ 15) und den beitretenden Gläubigern (§ 27). 2 Derjenige, gegen den der Antrag gerichtet ist, nicht der etwa von diesem verschiedene materiell rechtliche Schuldner (§§ 16, 17). — § 1166 BGB. — Wegen

des neueingetretenen Eigentümers als Beteiligten § 26 A. 3. 3 § 19. 4 Vorkaufsberechtigte nur, wenn das Vorkaufsrecht auch für spätere Verkaufsfälle besteht (§§ 512, 1098, 1097 BGB.). Anders im Falle der §§ 180ff.

5 insbesondere der durch Veräußerungsverbot (§ 888[2] BGB.), Widerspruch (§§ 894, 899 BGB.), Vormerkung (§§ 883ff. BGB.) Gesicherte; auch der gemäß § 1189 BGB. für den Gläubiger einer Inhaberhypothek bestellte und eingetragene Vertreter. — Diese Personen ergeben sich aus der gemäß § 19[2] erfolgenden Mitteilung des GBA., § 26 A. 8. Die nach dem VollstrVerm. Eingetragenen müssen gemäß Nr. 2 anmelden, auch wenn sie aus der Mitteilung des GBBl. ersichtlich sind; ebenso muß anmelden der überhaupt nicht Eingetragene (z. B. der etwaige neue Briefhypothekar § 1154 BGB.).

6 §§ 28, 37 Nr. 5 z. B. Eigentum eines Dritten am Grundstück oder Zubehör (§ 55[2]), Veräußerungsverbote, Recht des Nacherben, Ehemannes. Fideikommißinhaber als Dritter E.JW. 07[522].

7 dingliches Recht: § 873 BGB. (a. 127, 128, 184, 187 bis 189 EGBGB.). Anspruch des Besitzers auf Erstattung von Verwendungen (§ 1001 BGB.) kein Recht am Grundstück oder auf Befriedigung aus dem Grundstücke E.R. 71[424].

8 wenngleich nicht eingetragenen (z. B. zu Unrecht gelöschten, § 894 BGB.) Rechte. 9 §§ 10—14. § 37 G. v. 1. 6. 09, betr. Bauforderungen, Einl. 19. 10 Also der besitzende Mieter oder Pächter. §§ 57, 59, 152[2], 183.

11 § 294 ZPO. § 97[2]. Das Verlangen kann auch nach der Zuziehung des Betreffenden gestellt werden. Dieser gilt dann, bis die Glaubhaftmachung erfolgt ist, nicht als Beteiligter.

Recht auf Befriedigung — Rangordnung.

§ 10. Ein Recht auf Befriedigung aus dem Grundstücke[1] gewähren nach folgender Rangordnung, bei gleichem Range nach dem Verhältnis ihrer Beträge:

1. der Anspruch eines die Zwangsverwaltung betreibenden Gläubigers[2] auf Ersatz seiner Ausgaben zur Erhaltung[3] oder nötigen Verbesserung des Grundstücks[4], im Falle der Zwangsversteigerung jedoch nur, wenn die Verwaltung bis zum Zuschlage fortdauert und die Ausgaben nicht aus den Nutzungen des Grundstücks erstattet werden können[5];
2. bei einem land- oder forstwirtschaftlichen Grundstücke die Ansprüche der zur Bewirtschaftung des Grundstücks oder zum Betrieb eines mit dem Grundstücke verbundenen land- oder forstwirtschaftlichen Nebengewerbes angenommenen, in einem Dienst- oder Arbeitsverhältnisse[6] stehenden Personen, insbesondere des Gesindes, der Wirtschafts- und Forstbeamten, auf Lohn, Kostgeld und andere Bezüge wegen der laufenden und der aus dem letzten Jahre rückständigen Beträge;
3. die Ansprüche auf Entrichtung der öffentlichen Lasten[7] des Grundstücks wegen der laufenden und der aus den letzten zwei Jahren rückständigen[8] Beträge;
4. die Ansprüche aus Rechten an dem Grundstücke[9], soweit sie nicht infolge der Beschlagnahme dem Gläubiger gegenüber unwirksam sind[10], die Ansprüche auf wiederkehrende Leistungen jedoch, mit Einschluß derjenigen, welche als Zuschlag zu den Zinsen behufs allmählicher Kapitalstilgung zu entrichten sind, nur wegen der laufenden und der aus den letzten zwei Jahren rückständigen Beträge[11];

5. der Anspruch des Gläubigers[12], soweit er nicht in einer der vorhergehenden Klassen zu befriedigen ist[13];
6. die Ansprüche der vierten Klasse, soweit sie infolge der Beschlagnahme dem Gläubiger gegenüber unwirksam sind[14];
7. die Ansprüche der dritten Klasse wegen der älteren Rückstände;
8. die Ansprüche der vierten Klasse wegen der älteren Rückstände[15].

Das Recht auf Befriedigung aus dem Grundstücke besteht auch für die Kosten der Kündigung und der die Befriedigung aus dem Grundstücke bezweckenden Rechtsverfolgung[16–18].

1 §§ 9 Nr. 2, 109², 112ff., 155ff. – Bahneinheiten § 26 BahnG. 2 nicht aber Dritter E.R. 25²³⁵; auch nicht des ZwVerwalters. 3 auch Versicherungsbeiträge. Dagegen in der Regel nicht die Vergütung für den Verwalter. E.R. 25²³⁰. 4 E.R.73³⁹⁷ (Kosten der Vollendung eines Neubaus). Maßgebend ist, ob tatsächlich eine Wertsteigerung eingetreten ist E.R. 17²⁷³, 41³²³, ohne Rücksicht auf das Ergebnis der ZwVerst. E.R. 73⁴⁰¹. 5 § 155¹, E.R. 25²²⁷, ²³¹ff., 41³²¹. Für Pr. ferner:

Pr. AGZVG. Art. 12. Im Falle des § 6 Abs. 2 des Gesetzes, betreffend die Zwangsvollstreckung aus Forderungen landschaftlicher (ritterschaftlicher) Kreditanstalten, vom 3. August 1897 (Gesetz-Samml. S. 388) a findet die Vorschrift des § 155 Abs. 1 des Reichsgesetzes auch auf die Ausgaben und Kosten der durch die Kreditanstalt eingeleiteten Zwangsverwaltung Anwendung

Der Kreditanstalt steht wegen ihrer Ausgaben zur Erhaltung oder nötigen Verbesserung des Grundstücks ein Recht auf Befriedigung nach § 10 Abs. 1 Nr. 1 des Reichsgesetzes auch insoweit zu, als sie die Ausgaben während der von ihr eingeleiteten Zwangsverwaltung aufgewendet hat. Im Falle der Zwangsversteigerung gilt dies auch dann, wenn die von der Kreditanstalt eingeleitete Zwangsverwaltung bis zum Zuschlage fortdauert.

Die Kreditanstalt ist berechtigt, von den im Abs. 2 bezeichneten Ausgaben seit der Zeit der Aufwendung Zinsen b mit dem Range des Anspruchs auf Ersatz der Ausgaben in Ansatz zu bringen.

a) D. h. wenn die durch die Kreditanstalt eingeleitete Zwangsverwaltung endigt, weil wegen des Anspruchs eines anderen Gläubigers die gerichtliche Zwangsverwaltung angeordnet ist. § 146 A. 5.

b) 4% (§ 246 BGB.); sofern die Kreditanstalten nicht schon bisher höhere Zinsen in Ansatz bringen dürfen (a. 34 Pr. AGZVG. unter IV).

6 E.R. 27[227].

7 öffentliche Abgaben (§§ 436, 1047 BGB.) und andere auf dem öffentlichen Rechte beruhenden Lasten nach Maßgabe des Reichs- und Landesrechts, auch einmalige Leistungen. Eine reichsrechtliche öffentliche Last ist die Fideikommiß- usw. Abgabe gemäß § 95 des Reichsstempelg. v. 3. 7. 13. Was landesrechtlich öffentliche Lasten im Sinne dieser Vorschrift sind, ist durch die Ausführungsgesetze in den einzelnen Bundesstaaten bestimmt, aus denen sich auch ergibt, inwieweit von dem Vorbehalte des § 4[1] EG. Gebrauch gemacht und gewissen öffentlichen Lasten (innerhalb der Klasse 3) ein Vorrang vor anderen eingeräumt ist. Soweit dies nicht geschehen, kommen sie in Klasse 3 nach Verhältnis zur Hebung. Für Preußen:

Pr. AGZVG. Art. 1. Öffentliche Lasten eines Grundstücks im Sinne des § 10 Abs. 1 Nr. 3 und des § 156 Abs. 1 des Reichsgesetzes über die Zwangsversteigerung und die Zwangsverwaltung vom 24. März 1897 sind:

1. die zur Erfüllung der Deichpflicht erforderlichen Beiträge und Leistungen, ohne Unterschied, ob sie von der zuständigen Staatsbehörde ausgeschrieben sind oder aus der auf einem Deichverbande beruhenden Deichpflicht entspringen;
2. die auf einem nicht privatrechtlichen Titel beruhenden Abgaben und Leistungen, die auf dem Grundstücke nach Gesetz oder Verfassung haften (gemeine Lasten a).

Die im Abs. 1 unter Nr. 1 bezeichneten Lasten gehen den unter Nr. 2 bezeichneten im Range vor b.

Art. 2. Zu den gemeinen Lasten gehören namentlich:

1. Abgaben und Leistungen [c], die aus dem Kommunal-, Kirchen-, Pfarr- oder Schulverband entspringen oder an Kirchen, Pfarren, Schulen, Kirchen- oder Schulbediente zu entrichten sind;
2. Beiträge, die aus der Verpflichtung zu öffentlichen Wege-, Wasser- oder Uferbauten entstehen [d];
3. Beiträge, die an öffentliche Meliorationsgenossenschaften oder andere einen gemeinnützigen Zweck verfolgende Körperschaften des öffentlichen Rechtes, insbesondere an Verbände [e], welche die Versicherung ihrer Mitglieder gegen den durch Brand, Hagelschlag oder Viehsterben entstehenden Schaden bezwecken, zu entrichten sind;
4. diejenigen Beiträge zur Entschädigung oder zu den Kosten der Schutzanlagen, welche nach Massgabe des Gesetzes, betreffend Schutzwaldungen und Waldgenossenschaften, vom 6. Juli 1875 (GS. S. 416) den Eigentümern gefährdeter oder gefahrbringender Grundstücke auferlegt sind.

Art. 3. In Ansehung des Rechtes auf Befriedigung aus dem Grundstücke stehen den öffentlichen Lasten gleich:

1. die an die Rentenbanken oder die Tilgungskassen abgetretenen Renten sowie die an die Staatskasse zu entrichtenden Ablösungsrenten [f];
2. wenn das Grundstück bei einer Auseinandersetzung beteiligt ist, die im § 7 Nr. 6 des Gesetzes über das Kostenwesen in Auseinandersetzungssachen vom 24. Juni 1875 (GS. S. 397) bezeichneten Kosten und Terminalvorschüsse auch ausserhalb des ursprünglichen Geltungsbereichs des genannten Gesetzes.

Die Renten, Kosten und Vorschüsse haben den Rang zwischen den im Artikel 1 Abs. 1 unter Nr. 1 und den daselbst unter Nr. 2 bezeichneten Lasten [g].

a) Eine öffentliche gemeine Last ist in Pr. die Patronatslast E.R. 65[1].

b) entsprechend den §§ 9 u. 18 des G. über das Deichwesen vom 28. 1. 48, § 310 WasserG. v. 7. 4. 13. — Vor den unter Nr. 2 begriffenen gemeinen Lasten rangieren die in a. 3 bezeichneten Renten usw.

Die Grundsteuerentschädigungsrente (G. v. 14. 7. 93) ist, wenn auch keine gemeine, doch eine öffentliche Last, die bei der ZwVerst. den Rechten am Grundstück vorgeht. E.R. 40[308], 59[400].

c) mögen sie im Tun oder Unterlassen bestehen (§ 241 BGB.), z. B. ortsstatutarische Bau- und Nutzungsbeschränkungen. Keine Grundstückslasten sind Umsatzsteuer (und Wertzuwachsst.) E.R. 40[264], 75[209] und Leistungen aus § 17 AnsiedG. v. 10. 8. 04.

d) Hierher gehören die Strassenanliegerbeiträge nach § 15 G. v. 2. 7. 75, E.R. 56[396]; nicht aber die vom Grundstückseigentümer durch Vertrag mit der Stadtgemeinde übernommenen Verpflichtungen, E.K. 34 A[273]. — Beschränkt aber auch hier auf die Rückstände aus den letzten zwei Jahren (E.JW. 15[398]), wobei indessen die Grenze durch im Ortsstatut nicht vorgesehene nachträgliche Bewilligung von Teilzahlungen nicht verschoben wird, E.R. 83[91], § 529, A. 2.

e) Hierher gehören nicht Privatversicherungsgesellschaften, wenngleich sie der staatlichen Genehmigung bedürfen.

f) §§ 18, 58 bzw. §§ 7, 64 G. v. 2. 3. 50.

g) Unter sich haben sie gleichen Rang.

Für Bahneinheiten § 26 Nr. 3 BahnG.

8 Bis zur Beendigung des Kriegszustandes behalten die am 1. 1. 15 noch nicht zwei Jahre rückständigen, nicht in wiederkehrenden Leistungen bestehenden Ansprüche ihr Vorrecht, Bek. d. Reichskanzlers v. 22. 4. 15.

9 Dingliche Rechte jeder Art (§ 873 BGB.). — Auch der an Stelle eines solchen Rechts nach § 92 tretende Anspruch auf Werterſatz gehört hierher. — Rang nach §§ 879, 880, 881 BGB. bzw. a. 184 EGBGB. 10 § 23. Vgl. unter Nr. 6. — § 11[1].

11 § 13. — Soweit Tilgungsbeiträge gezahlt sind, entsteht Eigentumshyp. (§ 1163 BGB.), wenn nicht, wie häufig bei landschaftlichen Darlehen (EGZVG. § 2 A. 2) statutenmäßig bestimmt, besonderer Tilgungsfonds zu bilden ist. — Der Eigentümerhypothekar hat einen Zinsanspruch nur bei vorhandener Zwangsverwaltungsmasse (§ 1197[2] BGB.), E.R. 60[359].

12 Zu § 9 A. 1. 13 Vgl. § 11[2]. 14 § 23. — § 11[1] u. §§ 2[2], 3 EG. 15 Oben Nr. 4. — Auch § 11[1].

16 dagegen nicht für die Kosten der Eintragung, außer bei Zwangs- und Arresthypotheken (§§ 867, 932 ZPO.); auch nicht für die Kosten einer Maßregel aus § 1134 Abs. 2 BGB. E.R. 72[332].

17 § 1118 BGB. § 7[3], § 12 Nr. 1; § 109 A. 2. — § 91 ZPO. Die Taxmäßigkeit und Erstattungsfähigkeit der Vollstreckungskosten hat der Vollstreckungsrichter zu prüfen.

18 Vorrechte der landschaftl. u. ritterschaftl. Kreditanstalten § 2[2] EG., oben A. 5.

§ 11. Sind Ansprüche aus verschiedenen Rechten[1] nach § 10 Nr. 4,[2] 6 oder 8 in derselben Klasse zu befriedigen, so ist für sie das Rangverhältnis maßgebend, welches unter den Rechten besteht[3].

In der fünften Klasse geht unter mehreren Ansprüchen derjenige vor, für welchen die Beschlagnahme[4] früher erfolgt ist.

1 Wegen verschiedener Ansprüche aus demselben Rechte § 12. 2 Für § 10 Nr. 1—3 gilt die Regel nicht. Für Nr. 1 und 2 besteht kein Rang. Für Nr. 3 und 7 A. 7 zu § 10. 3 A. 8 zu § 10. Rang bei mehrfacher Vorrangseinräumung E.R. 64[100], 79[170]. 4 §§ 20, 22, 27.

§ 12. Die Ansprüche aus einem und demselben Rechte haben untereinander folgende Rangordnung:

1. die Ansprüche auf Ersatz der im § 10 Abs. 2 bezeichneten Kosten;
2. die Ansprüche auf wiederkehrende Leistungen[1] und andere Nebenleistungen[2];
3. der Hauptanspruch.

1 zu denen auch hier, wie im § 10 Ziff. 4, Tilgungsbeiträge gehören. 2 soweit sie gemäß § 10 ein Recht auf Befriedigung gewähren, E.Gr. 59[132].

Berechnung bei wiederkehrenden Leistungen.

§ 13. Die laufenden Beträge wiederkehrender Leistungen[1] nehmen ihren Anfang von dem letzten Fälligkeitstermine vor der Beschlagnahme[2] des

Grundstücks; die Rückstände werden von demselben Zeitpunkte zurückgerechnet.

Fehlt es innerhalb der letzten zwei Jahre an einem Fälligkeitstermine, so entscheidet die Zeit der Beschlagnahme.

Liegen mehrere Beschlagnahmen vor, so ist die erste[3] maßgebend. Bei der Zwangsversteigerung gilt, wenn bis zur Beschlagnahme eine Zwangsverwaltung fortgedauert hat, die für diese bewirkte Beschlagnahme als die erste.

1 §§ 10 Nr. 3 und 4, 45², 47, 49, 114², 129, 155; § 2² u. § 3 Satz 2 EG. 2 § 22. 3 auch wenn der erste Antragsteller seinen Antrag zurückgenommen hat.

Ansprüche von unbestimmtem Betrage.

§ 14. Ansprüche von unbestimmtem Betrage gelten[1] als aufschiebend bedingt durch die Feststellung des Betrags[2].

1 Fiktion. In Wirklichkeit sind sie unbedingt. In Betracht kommen: Ansprüche, welche nicht auf Geldzahlung gerichtet sind (§ 882 BGB.); Ansprüche aus Höchstbetragshypotheken (§ 1190 BGB.; auch Arresthypotheken § 932 ZPO.) und Hypotheken älteren Rechts, die ohne Beschränkung auf einen Höchstbetrag eingetragen sind.

2 §§ 48, 50² Nr. 1, 119, 120.

Zweiter Titel. Zwangsversteigerung.

I. Anordnung der Versteigerung.

Versteigerungsbeschluß.

§ 15. Die Zwangsversteigerung[1] eines Grundstücks[2] wird von dem Vollstreckungsgericht[3] auf Antrag[4] angeordnet.[5, 6]

1 Über das Verhältnis der ZwVerst. zu der ZwVerw. und der ZwVollstr. durch Eintragung einer Sicherungshypothek § 866 ZPO. unter I.

2 Die Vorschriften dieses Gesetzes finden auf ideelle Anteile am Grundstückseigentum (Bruchteile an Grundstücken), auf Berechtigungen, für welche die sich auf Grundstücke beziehenden Vorschriften des BGB. gelten, entsprechende Anwendung, §§ 864, 870 ZPO. unter I.

3 VollstrGericht §§ 1, 2. — § 13 EG.

4 Antragsberechtigt: der Gläubiger, welcher gegen den Eigentümer (Schuldner §§ 9, 16, 17) einen vollstreckbaren Titel wegen einer Geldforderung hat, § 866 ZPO. A. 1 unter I.

Form des Antrags: §§ 496, 502 ZPO. Kein Anwaltszwang, aber Befugnis des Prozeßbevollmächtigten: §§ 81, 178 ZPO. — Inhalt § 16. — Beilagen § 16².

5 Die Anordnung bildet den VerstBeschluß (§§ 20, 27). — Beschwerde nach § 95 gegen die Ablehnung; bzw. Einwendungen nach § 766 ZPO. und dann erst Beschwerde nach § 95 gegen die Anordnung.

6 Benachrichtigung der vorgesetzten Dienstbehörde des Schuldners bei ZwVollstr. in ein zum öffentlichen Dienste oder Gebrauch bestimmtes Grundstück Anh. VII, 4.

Antrag und Anlagen.

§ 16. Der Antrag soll das Grundstück[1], den Eigentümer[2], den Anspruch[3] und den vollstreckbaren Titel[4] bezeichnen.

Die für den Beginn der Zwangsvollstreckung[5] erforderlichen Urkunden[6] sind dem Antrage[7] beizufügen.[8—10]

1 Wegen Bezeichnung des Grundstücks §§ 2, 3, 89, 96 GBO.

2 Der Schuldner muß Eigentümer sein (§§ 9, 17), auch § 1148 BGB. Unzulässigkeit gegen Kriegsteilnehmer §§ 7, 9 G. v. 4. 8. 14; Bek. des Reichskanzlers v. 22. 10. 14.

3 wegen einer Geldforderung § 15 A. 4. Der Anspruch kann ein dinglicher Anspruch aus einem eingetragenen Rechte (§§ 26¹, 147; §§ 1147, 1192, 1200, 1107, BGB. §§ 794 Nr. 5 a. E., 800 ZPO.) oder ein persönlicher sein.

4 §§ 704, 724ff. (namentlich auch §§ 735–749), 794ff., 800 ZPO., §§. 164, 194, 206 KO.; §§ 122, 483, 495 StPO.; §§ 94, 97 RAO.; §§ 62, 106ff. Genossenschaftsg.– gewerbe- und kaufmannsgerichtliche Urteile und Vergleiche (§§ 57, 78 Gewerbegerichtsg.; §§ 16, 19 G. v. 6. 7. 04, Heberolle bei Unfallversicherung (§§ 807, 1019 RVersO. E.R. 84[272]); – unten § 132. – Außer den reichsgesetzlichen Titeln kommen auch landesgesetzliche in Betracht (§ 801 ZPO.), z. B. in Preußen: die vor dem Schiedsmann geschlossenen Vergleiche (§§ 32, 47 SchiedsmO.). In Pr. wird bei der ZwVerst. auf Antrag der öffentlichen, landschaftlichen (ritterschaftlichen) Kreditanstalten, die beim Inkrafttreten des BGB. bestehen, und denen durch Satzung oder Kgl. Verordnung das Recht beigelegt ist, die gerichtliche ZwVollstr. in die von ihnen beliehenen Grundstücke wegen ihrer Darlehnsforderungen usw. zu betreiben, der vollstreckbare Titel durch den Antrag der Anstalt auf ZwVerst. ersetzt (§§ 1, 2, 4, 12, 13 G. v. 3. 8. 97; §§ 3, 6 V. v. 5. 11. 98 und 16. 8. 99, betr. Nassauische Landesbank bzw. Landeskreditkasse zu Kassel). – Für das Verwaltungszwangsverfahren Anh. VII, 1.

5 Das ZwVerstverfahren beginnt mit dem VerstBeschluß (§§ 19, 20), nicht erst mit dessen Zustellung an den Schuldner (§ 22).

6 d. h. die vollstreckbare Ausfertigung des Titels (§§ 724ff., 749, 796, 787 ZPO.) und die sonstigen für den Beginn der ZwVollstr. – nach §§ 750–752, 798–800 ZPO. – erforderlichen Urkunden. Zu § 752 ZPO. ABf. v. 19. 3. 15. – § 17², ³. Bei gesetzlichem Güterstande ist zur ZwVollstr. in das eingebrachte Gut neben dem Urteil auf Leistung gegen die Frau eine Verurteilung des Mannes zur Duldung der ZwVollstr. erforderlich (§ 739 ZPO., Ausnahme § 741); Verurteilung beider als Gesamtschuldner genügt nicht.

7 Der Antragsteller muß sich als Gläubiger, der Eigentümer als Schuldner aus dem Titel bzw. der VollstrKlausel ergeben. (§§ 750, 727 ZPO.). Keine Nachprüfung durch das VollstrGericht, ob die VollstrKlausel mit Recht erteilt ist.

8 Abs. 2 enthält eine zwingende Vorschrift. Nichtbeachtung macht die Anordnung unzulässig, das Verfahren ist von Amts wegen aufzuheben; ist das nicht geschehen, so ist der Zuschl. zu versagen (§§ 79, 83 Nr. 6, 84); bei Verletzung Beschwerde gegen den Zuschlag. § 100[3]. 9 § 5 EG. wegen der landesgesetzlich zu bestimmenden Beilagen des Antrags. Für Preußen:

Pr. AGZVG. Art. 4. Dem Antrag auf Zwangsversteigerung soll ein das Grundstück betreffender neuester Auszug aus der Grundsteuermutterrolle und der Gebäudesteuerrolle beigefügt werden, soweit er nach Lage der Rollen erteilt werden kann [a].

In den Hohenzollernschen Landen tritt an die Stelle des Auszugs aus den Steuerrollen ein Auszug aus dem Besitz- und Steuerhefte des Schuldners.

a Bei Bahneinheiten nicht erforderlich BahnG. § 27.

10 Wird ein fehlerhafter Antrag nicht sofort zurückgewiesen, sondern zur Vervollständigung zurückgegeben, so bleibt ihm dadurch der Vorrang vor einem später eingehenden mangelfreien Antrag nicht gewahrt.

Voraussetzungen des Beschlusses.

§ 17. Die Zwangsversteigerung darf nur[1] angeordnet werden, wenn der Schuldner als Eigentümer des Grundstücks eingetragen[2] oder wenn er Erbe[3] des eingetragenen Eigentümers ist.

Die Eintragung ist durch ein Zeugnis des Grundbuchamts nachzuweisen. Ist das Vollstreckungsgericht zugleich das Grundbuchamt, so genügt statt des Zeugnisses die Bezugnahme auf das Grundbuch.

Die Erbfolge ist durch Urkunden[3] glaubhaft zu machen[4], sofern sie nicht bei dem Gericht offenkundig ist[5].

1 Nichtbeachtung macht die Anordnung unzulässig und begründet Versagung des Zuschlages und Beschwerde (§§ 79, 83 Nr. 6, 84, 100³), für die ZwVerw. § 147. — Bahneinheiten §§ 23—25 BahnG.

2 § 40¹ GBO. Bei Miteigentümern steht die mangelnde Eintragung der Bruchteile (§ 48 BGO.) der ZwVollstr. entgegen. — Der als Eigentümer Eingetragene gilt bei Verfolgung dinglicher Ansprüche (§ 16 A. 3) zugunsten des Gläubigers als der Eigentümer (§ 16). §§ 891, 1148 BGB. u. § 26. Bei persönlichen Ansprüchen gegen einen nicht als Eigentümer eingetragenen Schuldner gewährt § 867 ZPO. dem Gläubiger das Recht, auf Grund eines vollstreckbaren Titels eine Sicherungshypothek eintragen zu lassen; die Eintragung ist von der vorgängigen Berichtigung des GB. abhängig (§ 40 GBO.). Damit sind die Voraussetzungen gegeben, von denen § 14 GBO. das Recht, die Eintragung des Schuldners als Eigentümer zu beantragen, abhängig macht. Der persönliche Gläubiger kann daher die für die Anordnung der ZwVerst. erforderliche Eintragung erlangen. Daß er zuvor die Sicherungshypothek eintragen läßt, ist nicht erforderlich. Auf dem angegebenen Wege kann die Eintragung des Eigentümers auch erreicht werden, wenn nach § 866³ ZPO. die Eintragung einer Sicherungshypothek nicht erfolgen kann, E.FG. 4¹¹⁴, K. 27 A¹⁰¹. — Für den Fall, daß ein Eigentümer sein Eigentum am Grundstück aufgegeben hat (§ 928 BGB.) §§ 58, 787 ZPO. — Im Falle der Wiederversteigerung gegen den Ersteher (§ 133) gilt § 17¹ nicht. — Ist auf Grund einer Anfechtung nach KO. oder G. v. 21. 7. 79 der Veräußerer zur Duldung der ZwVollstr. verurteilt, so bedarf es zur ZwVerst. der Rückauflassung nicht.

Für Erbbaurecht ist bei ZwVerst. ein besonderes Grundbuchblatt anzulegen, und zwar auch auf Antrag eines Gläubigers E.FG. 5²⁰²). 3 §§ 36, 41 GBO.

4 § 294 ZPO. — Öffentliche Urkunden sind nicht erforderlich. Namentlich wird, abweichend von § 36 GBO., auch ein eigenhändig geschriebenes und unterschriebenes Testament

(§§ 2231, Nr. 2, 2267 BGB.) nach Ermessen des Gerichts genügen. 5 § 181[4].

Gleichzeitige Versteigerung mehrerer Grundstücke.

§ 18. Die Zwangsversteigerung mehrerer Grundstücke kann[1] in demselben Verfahren erfolgen, wenn sie entweder wegen einer Forderung gegen denselben Schuldner[2] oder wegen eines an jedem der Grundstücke[3] bestehenden Rechtes[4] betrieben wird[5, 6].

1 aus Gründen der Zweckmäßigkeit, namentlich bei zersplittertem Grundbesitz, nach dem Ermessen des Gerichts. – Die im Entw. II enthaltenen Worte: „auf Antrag eines Beteiligten" sind von der Reichstagskommission gestrichen worden (Gründe nicht ersichtlich, KB. S. 12). – Voraussetzung ist die Zuständigkeit desselben Gerichts (§§ 1 und 2). Die Verbindung kann noch im Laufe des Verfahrens erfolgen. – § 18 findet entsprechende Anwendung, wenn mehrere ideelle Anteile („Bruchteile") eines Grundstückes in demselben Verfahren versteigert werden sollen.

2 Es können auch mehrere Forderungen sein. Identität des Schuldners ist hier das Wesentliche. 3 Auch wenn diese verschiedenen Schuldnern gehören. 4 Hier ist die Identität des dinglichen Rechts (§ 16 A. 3) das Wesentliche: Gesamthypothek §§ 1132, 1147, 1181 BGB.; §§ 49, 59 GBO. 5 §§ 63, 64, 112, 122. 6 Gegen die Entscheidung über die Verbindung keine Beschwerde (§ 95).

Versteigerungsvermerk. Mitteilungen des Grundbuchamts.

§ 19. Ordnet das Gericht die Zwangsversteigerung an, so hat es zugleich das Grundbuchamt um Eintragung dieser Anordnung in das Grundbuch zu ersuchen.[1, 2]

Das Grundbuchamt hat nach der Eintragung des Versteigerungsvermerkes dem Gericht eine beglaubigte Abschrift des Grundbuchblatts und der Urkunden, auf welche im Grundbuche Bezug genommen wird[3], zu erteilen, die bei ihm bestellten Zustellungsbevollmächtigten zu bezeichnen und Nachricht zu geben, was ihm über Wohnort und Wohnung der eingetragenen Beteiligten und deren Vertreter bekannt ist. Statt der Erteilung einer beglaubigten Abschrift der Urkunden genügt die Beifügung der Grundakten oder der Urkunden[4-6].

1 § 39 GBO. – Eine Ablehnung wegen sachlicher Anstände (z. B. aus §§ 40, 48 GBO.) steht dem GBA. nicht zu. E.FG. 8[237], 9[130]. Solche aus dem GB. sich ergebenden Anstände sind dem VollstrGerichte mitzuteilen. § 28. – Gegen Ablehnung der Eintragung Beschwerde des VollstrGerichts E.FG. 9[130] und des betreibenden Gläubigers.

2 Die Eintragung des VerstVerm. begründet kein Recht am Grundstücke; gegen dieselbe daher kein Widerspruch eintragbar. E.K. 26 A[77]. 3 §§ 9, 11 GBO. (§§ 874, 885², 1115² BGB.). Nach a. 7 Pr. AGGBO. ist die beglaubigte Abschrift aus dem GB. von dem Richter und dem Gerichtsschreiber zu unterschreiben. 4 Schlußsatz von der Reichstagskommission hinzugefügt. (KB. S. 12, 13). 5 Für die ZwVerw. § 140².

6 Über die Verpflichtung des GBA. von der Eintragung des VollstrVerm. dem Bauschöffenamte Mitteilung zu machen und des letzteren dem VollstrGericht die wirksamen Anmeldungen von Bauforderungen mitzuteilen, § 39 G. v. 1. 6. 09, Einl. 19. In Pr. Bek. an Hypothekenbanken u. öffentl. Verbände, AVf. v. 16. 9. 14.

Beschlagnahme.

§ 20. Der Beschluß, durch welchen die Zwangsversteigerung angeordnet wird, gilt[1] zugunsten des Gläubigers als Beschlagnahme des Grundstücks.

Die Beschlagnahme umfaßt auch diejenigen Gegenstände, auf welche sich bei einem Grundstücke die Hypothek erstreckt[2].

1 ohne weiteres. — Die im Entw. I enthaltenen Worte: „Die Beschlagnahme soll in dem Beschlusse ausgesprochen werden“, sind nicht aufgenommen. Es empfiehlt sich aber, dies zu tun; D. 11 verweiset auf Anordnung im Aufsichtswege. — Umfang: Abs. 2 und § 21 sowie zu § 55 A. 3. — Beginn der Wirksamkeit § 22. — Wirkung: §§ 23, 24, 26. — Beschwerde § 95. Durch Aufhebung in der Beschwerdeinstanz wird das Grundstück zunächst beschlagnahmefrei, auch wenn auf weitere Beschwerde die Anordnung wieder hergestellt wird, RG. 84[200]. — Anh. VII, 4.

2 §§ 1120—1131 BGB. und § 865 ZPO. oben S. 25. Die Beschl. erstreckt sich so weit, wie sich eine zu gleicher Zeit bestellte Hypothek erstrecken würde. — Einschränkungen § 21. — § 23[2] Satz 2 u. § 23 A. 1 am Schlusse; § 37 A. 12, § 55[2].

Umfang.

§ 21. Die Beschlagnahme umfaßt land- und forstwirtschaftliche[1] Erzeugnisse des Grundstücks sowie die Forderung aus einer Versicherung[2] solcher Erzeugnisse nur, soweit die Erzeugnisse noch mit dem Boden verbunden[3] oder soweit sie Zubehör[4] des Grundstücks sind[5].

Die Beschlagnahme umfaßt nicht die Miet- und Pachtzinsforderungen[6] sowie die Ansprüche aus einem mit dem Eigentum an dem Grundstücke verbundenen Rechte auf wiederkehrende Leistungen[7, 8].

Das Recht eines Pächters auf den Fruchtgenuß[9] wird von der Beschlagnahme nicht berührt.

1 „und forstwirtschaftliche“, Zusatz der Reichstagskommission (KB. S. 13). 2 §§ 1127, 1129 BGB. 3 d. h. so

lange sie wesentliche Bestandteile des Grundstücks sind (§ 94 BGB.). Wegen der Pfändung solcher Früchte § 810 ZPO.

4 d. h. soweit sie zur Fortführung der Wirtschaft bis zu der Zeit erforderlich sind, zu welcher gleiche oder ähnliche Erzeugnisse voraussichtlich gewonnen werden (§ 98 Nr. 2 BGB.). Das der Hypothekenhaftung unterliegende Zubehör ist unpfändbar § 865² Satz 1 ZPO. oben S. 26; dort A. 2 auch wegen der Veräußerungsbefugnis des Konkursverwalters. — A. 8. — Über ihre Sonderverwertung § 65.

5 Die Voraussetzung: „soweit . . . sind" gilt auch für die Versicherungsforderung. 6 § 1123 BGB. 7 § 1126 BGB.

8 Die Einschränkungen im Abs. 1 und 2 gelten nicht für die Beschlagnahme bei der ZwVerw. (§ 148). Der Gläubiger kann sein Hypothekenrecht an den nicht zum Zubehör zu rechnenden getrennten Erzeugnissen und den in Abs. 2 gedachten Forderungen und Ansprüchen durch Pfändung geltend machen, bis die Beschlagnahme im Wege der ZwVerw. geschehen ist (§ 865 ZPO. unter I).

9 Das Recht des Pächters bezieht sich auch auf die nicht getrennten Erzeugnisse (§ 581 BGB.); wegen der getrennten s. §§ 956, 1120 BGB. Das Recht des Nießbrauchers (sowie eines Pächters des Nießbrauchers) hat auch wegen der getrennten z. Z. der Beschlagnahme vom Grundstück noch nicht entfernten (§§ 1121, 1122 BGB.) Früchte dem älteren Hypothekengläubiger zu weichen; von der Beschlagnahme werden sie aber nur ergriffen, sofern sie Zubehör des Grundstücks (A. 4) geworden sind.

Beginn der Wirksamkeit.

§ 22. Die Beschlagnahme des Grundstücks wird mit dem Zeitpunkte wirksam, in welchem der Beschluß, durch den die Zwangsversteigerung angeordnet ist, dem Schuldner zugestellt¹ wird. Sie wird auch wirksam mit dem Zeitpunkt, in welchem das Ersuchen um Eintragung des Versteigerungsvermerkes dem

Grundbuchamte zugeht[2], sofern auf das Ersuchen die Eintragung[3] demnächst erfolgt.

Erstreckt sich die Beschlagnahme auf eine Forderung[4], so hat das Gericht auf Antrag des Gläubigers dem Drittschuldner zu verbieten, an den Schuldner zu zahlen. Die Beschlagnahme wird dem Drittschuldner gegenüber erst mit dem Zeitpunkte wirksam, in welchem sie ihm bekannt oder das Zahlungsverbot ihm zugestellt[5] wird. Die Vorschriften des § 845 der Zivilprozeßordnung finden entsprechende Anwendung[6].

1 von Amts wegen § 3; — § 8. 2 § 13 GBO. Schon mit diesem Zeitpunkte, der auch vor der Zustellung des Beschlusses liegen kann, tritt unter der Voraussetzung, daß die Eintragung demnächst erfolgt, die Wirkung der Beschlagnahme, die Verfügungsbeschränkung des Schuldners nach § 23, ein. Auf Erklärungen, die der Schuldner in Gemäßheit der §§ 873, 875, 877 BGB. abgegeben hat, findet daher § 878 aaO. keine Anwendung, wenn sie zwischen den durch die beiden Sätze des Abs. 1 normierten Zeitpunkten abgegeben sind.

3 Mit der Eintragung wirkt die Beschlagnahme auch gegenüber jedem Dritten; im übrigen kommt es darauf an, ob die eine Verfügungsbeschränkung des Schuldners begründenden Tatsachen dem Erwerber bekannt waren: also die Zustellung des Beschlusses an den Schuldner, der Eingang des Ersuchens bei dem GBA. (Abs. 1), oder auch nur der VerstA. (§ 23² Satz 1). — Vgl. auch § 892¹ Satz 2 BGB. und unten § 23² Satz 2.

4 Bei der ZwVerst. kommen nur Versicherungsansprüche in Frage. § 21². 5 §§ 829, 928, 930, 936 ZPO.

6 D. h. schon vor dem Erlaß des Zahlungsverbots an den Drittschuldner und dessen Zustellung kann der Gläubiger auf Grund des vollstreckbaren Titels dem Drittschuldner und dem Schuldner durch den Gerichtsvollzieher die Benachrichtigung, daß eine Beschlagnahme bevorstehe, zustellen lassen mit der

Aufforderung an den Drittschuldner, nicht an den Schuldner zu zahlen und mit der Aufforderung an den Schuldner, sich jeder Verfügung über die Forderung, insbesondere der Einziehung zu enthalten. Die Benachrichtigung an den Drittschuldner hat die Wirkung eines Arrestes (§ 930 ZPO.), sofern die Beschlagnahme (gemäß § 22) innerhalb drei Wochen bewirkt wird, von dem Tage an gerechnet, an welchem die Benachrichtigung zugestellt ist.

Wirkung.

§ 23. Die Beschlagnahme hat die Wirkung eines Veräußerungsverbots[1]. Der Schuldner kann jedoch, wenn sich die Beschlagnahme auf bewegliche Sachen erstreckt, über einzelne Stücke innerhalb der Grenzen einer ordnungsmäßigen Wirtschaft auch dem Gläubiger gegenüber wirksam verfügen[2].

Kommt es bei einer gegen die Beschlagnahme verstoßenden Verfügung nach § 135 Abs. 2 des Bürgerlichen Gesetzbuchs darauf an, ob derjenige, zu dessen Gunsten verfügt wurde, die Beschlagnahme kannte, so steht die Kenntnis des Versteigerungsantrags einer Kenntnis der Beschlagnahme gleich[3]. Die Beschlagnahme gilt auch in Ansehung der mithaftenden beweglichen Sachen als bekannt, sobald der Versteigerungsvermerk eingetragen ist[4].

1 §§ 135, 136 BGB. — relatives Veräußerungsverbot zum Schutze des Gläubigers (§ 20) mit der Wirkung, daß rechtsgeschäftliche Verfügungen des Schuldners über das Grundstück und die von der Beschlagnahme erfaßten beweglichen Sachen (§ 20) oder Verfügungen, die im Wege der ZwVollstr. (auch nach § 897 ZPO.) oder des Arrestes erfolgen, dem Gläubiger gegenüber unwirksam sind. E.Gr. 55[976]. Wegen der vor der Beschlagnahme beantragten, nachher eingetragenen ZwHypotheken § 867 ZPO. A. 2. — Aufgabe des Eigentums (§ 928 BGB.) beein-

trächtigt Beschlagnahmewirkung nicht. E.R. 38 A[266]. — Unberührt bleibt das Verfügungsrecht des Schuldners über die ihm als Eigentümer des Grundstücks zustehenden Hypotheken- und Grundschulden. — Strafrechtlicher Schutz nach § 137 StGB. — Über die Wirkung der Zustimmung des Gläubigers zu einer ihm gegenüber unwirksamen Verfügung E.Gr. 48[380]. — Schadensersatzanspruch aus § 823 BGB. wegen schuldhafter Verletzung des Hypothekenrechts durch Entfernung wesentlicher Bestandteile vor der Beschlagnahme und Schadensberechnung, wenn ausgefallener Hypothekar selbst Grdst. ersteht. E.R. 73[333], Gr. 55[664]. — Bedeutung der Beschlagnahme für die mithaftenden Gegenstände §§ 1121—1124, 1126, 1129 BGB. und für die Erstreckung der ZwVollstr. in das unbewegliche Vermögen auf solche Gegenstände: § 865 ZPO. (unter I).

— Bedeutung der Beschlagnahme für die Rangstellung des Gläubigers: § 10 Nr. 4—6, § 11²; auch § 47 KO.

Eine Sperre des Grundbuchs hat weder die Beschlagnahme noch die Eintragung des VerstVerm. zur Folge.

Die Beschlagnahme und ihre Wirkungen dauern bis zur Aufhebung des Verfahrens (§§ 28, 31, 32) bzw. bis zur Zurücknahme des VerstA. (§§ 29, 30). — § 13¹ KO. (in A. 3 zu § 28).

2 Verfügungsbefugnis des Schuldners trotz der Beschlagnahme — daneben Verwaltungs- und Benutzungsbefugnis (§ 24) — unten § 25. — Anders bei der ZwVerw. § 148¹ Satz 2, § 148². — Befugnis des KonkVerwalters zur Verfügung über Zubehör zu § 865 ZPO. A. 2 (unter I).

3 Der nach einer wirksamen (§ 22¹) Beschlagnahme erfolgte Erwerb gilt als schlechtgläubiger, wenn dem Erwerber zwar nicht die Beschlagnahme (das Veräußerungsverbot), aber doch der VerstA. bekannt war. § 22 A. 3. — Der Satz 1 bezieht sich sowohl auf den Erwerber des Grundstücks als auf den der mithaftenden Sachen.

4 Ausdehnung des § 892¹ Satz 2 BGB. auf den Erwerb mithaftender beweglicher Sachen. Die Kenntnis der Beschlagnahme wird als Folge der Eintragung des VerstVerm. für den

Erwerber solcher Sachen ebenso fingiert wie für den Erwerber des Grundstücks selbst. — E.R. 70[378].

Rechte des Schuldners.

§ 24. Die Verwaltung und Benutzung des Grundstücks verbleibt dem Schuldner nur innerhalb der Grenzen einer ordnungsmäßigen Wirtschaft[1, 2].

1 § 23 A. 2 und § 25. 2 Für die ZwVerw. § 149 und § 148. A. 4.

§ 25. Ist zu besorgen, daß durch das Verhalten des Schuldners die ordnungsmäßige Wirtschaft gefährdet wird, so hat das Vollstreckungsgericht auf Antrag des Gläubigers[1] die zur Abwendung der Gefährdung erforderlichen Maßregeln anzuordnen[2]. Das Gericht kann die Maßregeln aufheben, wenn der zu deren Fortsetzung erforderliche Geldbetrag nicht vorgeschossen wird[3].

1 § 9 A. 1. — nicht auch der Hypothekengläubiger (§§ 1133 ff. BGB.). 2 Für die ZwVerw. § 149[2]. 3 § 161[3]. Die Kosten gehören zu denen der Rechtsverfolgung des Gläubigers (§ 10[2]).

Eigentumswechsel nach der Beschlagnahme.

§ 26. Ist die Zwangsversteigerung wegen des Anspruchs aus einem eingetragenen Rechte[1] angeordnet, so hat eine nach der Beschlagnahme bewirkte Veräußerung des Grundstücks auf den Fortgang des Verfahrens gegen den Schuldner keinen Einfluß[2–5].

1 Reallast, Hypothek, Grundschuld, Rentenschuld.

2 selbst dann nicht, wenn der Erwerber von der Beschlagnahme (§ 22) keine Kenntnis (im Sinne des § 23[2]) hatte.

Anders bei der ZwVerst. wegen eines persönlichen Anspruchs. Wegen eines solchen findet (auch wenn er durch Hypothek gesichert ist) eine Fortsetzung beim Eigentumswechsel nur statt, wenn der neue Eigentümer die Beschlagnahme kannte (§ 23²). Andernfalls kann er der Fortsetzung widersprechen. (§ 771 ZPO.). Unten §§ 37 Nr. 5, 83 Nr. 5, 84.

3 Der neueingetretene (§§ 55, 67, 68) Eigentümer ist als Beteiligter zuzuziehen, von Amts wegen im Falle des § 9 Nr. 1; nach Anmeldung im Falle des § 9 Nr. 2.

4 Wegen der Wirkung der Urteile für und gegen den Rechtsnachfolger § 325 ZPO. 5 Auf Eigentumswechsel durch Erbfolge findet § 779 ZPO. Anwendung.

Beitritt.

§ 27. Wird nach der Anordnung der Zwangsversteigerung ein weiterer Antrag auf Zwangsversteigerung des Grundstücks[1] gestellt, so erfolgt statt des Versteigerungsbeschlusses die Anordnung, daß der Beitritt des Antragstellers zu dem Verfahren zugelassen wird[2]. Eine Eintragung dieser Anordnung in das Grundbuch findet nicht statt[3].

Der Gläubiger, dessen Beitritt zugelassen ist, hat dieselben Rechte, wie wenn auf seinen Antrag die Versteigerung angeordnet wäre[4].

1 auch wenn der Antrag sich gegen einen neuen Eigentümer richtet, gegen welchen das Verfahren fortgesetzt wird (§§ 26¹ u. 779 ZPO.). Der Gläubiger muß VollstrTitel oder Vollstr-Klausel gegen diese beibringen. — § 172 A. 1.

2 Beitrittsbeschluß. — Zustellung nach §§ 3, 8. — Rechtsmittel gegen Ablehnung und Zulassung des Beitritts wie im Falle des § 15; s. § 15 A. 5.

3 Der bereits eingetragene VerstVerm. wirkt zugunsten des Beigetretenen, sobald die Beschlagnahme nach § 22¹ Satz 1 durch Zustellung des Beitrittsbeschlusses wirksam geworden ist.

4 Das Verfahren wird für den Beigetretenen fortgesetzt, wenn der erste VerstA. zurückgenommen ist. Der VerstVerm. bleibt bestehen. (§§ 34, 43², 130).

II. Aufhebung und einstweilige Einstellung des Verfahrens.

Ohne Antrag des Gläubigers.

§ 28. Wird dem Vollstreckungsgericht[1] ein aus dem Grundbuch ersichtliches Recht bekannt[2], welches der Zwangsversteigerung oder der Fortsetzung des Verfahrens entgegensteht[3], so hat das Gericht das Verfahren entweder sofort aufzuheben oder unter Bestimmung einer Frist[4], binnen welcher der Gläubiger die Hebung des Hindernisses nachzuweisen hat, einstweilen einzustellen. Im letzteren Falle ist das Verfahren nach dem Ablaufe der Frist aufzuheben, wenn nicht inzwischen[5] der Nachweis erbracht ist.

1 § 1. 2 Insbesondere gemäß § 19².

3 § 9 Nr. 2. E.RG. 76³⁵⁷; Bay. 12¹²⁶. – Für alle Fälle, in denen die endgültige Aufhebung oder einstweilige Einstellung des Verfahrens ohne Antrag des Gläubigers erfolgt, sind, abgesehen von der Vorschrift des § 28 und dem Falle eines nicht zu beseitigenden Mangels im Verfahren und seinen Voraussetzungen, die ZPO., insbesondere §§ 766–787 maßgebend, nach denen die Aufhebung und einstweilige Einstellung bzw. Fortsetzung der ZwVollstr. einen Antrag des Schuldners oder des Dritten voraussetzt, und durch das VollstrGericht oder andere Behörden, insbesondere das Prozeßgericht teils gegen, teils ohne Sicherheitsstellung anzuordnen ist. (Für Pr. Einstellung im Falle des Kompetenzkonflikts ohne Antrag, § 15 Nr. 1 EGZPO., § 19 pr. V. v. 1. 8. 79.) Auch im Falle der Anordnung durch eine andere Behörde hat das VollstrGericht einen Ausführungsbeschluß zu erlassen (§ 775 ZPO.).

§ 28 bringt eine Abweichung nur für den Fall, daß der die Aufhebung oder einstweilige Einstellung begründende Umstand ein aus dem Grundbuche ersichtliches Recht ist. Es bedarf in diesem Falle zur Aufhebung oder einstweiligen Einstellung keines Antrages des Berechtigten, auch keiner Feststellung des Rechts im Wege des Rechtsstreits (§ 771 ZPO. findet keine Anwendung).

Wegen der Zustellung des Aufhebungs- oder Einstellungsbeschlusses § 32; wegen der zeitlichen Grenze einer Anordnung durch Beschluß (§ 32) § 33. Die Fortsetzung im Falle einer einstweiligen Einstellung regelt § 31, das Verfahren im Falle der Aufhebung § 34, Beschwerde § 95.

Für den Fall des Konkurses bestimmt § 13 KO.:

„Ein gegen den Gemeinschuldner bestehendes Veräußerungsverbot der in den §§ 135, 136 des Bürgerlichen Gesetzbuches bezeichneten Art ist den Konkursgläubigern gegenüber unwirksam; wirksam bleibt jedoch eine bei der Zwangsvollstreckung in das unbewegliche Vermögen erfolgte Beschlagnahme."

Es kommt also darauf an, ob vor dem Zeitpunkte der Konkurseröffnung (§ 108 KO.) eine wirksame Beschlagnahme nach § 22 bereits stattgefunden hat (A. 2 aaO.). Nach der Konkurseröffnung darf die Zustellung des VerstB. an den Schuldner, ebenso auch das Ersuchen um Eintragung des VerstVerm. nicht mehr stattfinden und ist das Verfahren, auch wenn sie etwa noch vorgenommen sein sollten, ohne Antrag aufzuheben (§§ 14, 15, auch 4, 29ff., 35, 36, 37, 47 KO.). Es ist vielmehr Vollstr-Klausel gegen den Verwalter erforderlich.

4 Reicht die Frist nicht aus, so kann nur ihre Verlängerung, nicht eine einstweilige Verfügung auf weitere Einstellung beantragt werden. 5 D. h. bis zur Entscheidung über die Aufhebung.

Zurücknahme des Antrages.

§ 29. Das Verfahren ist aufzuheben, wenn der Versteigerungsantrag von dem Gläubiger[1] zurückgenommen wird[2–4].

1 D. h. allen betreibenden Gläubigern. Wegen der Zurücknahme seitens nur eines Gläubigers § 44 A. 5. 2 Zeitliche Grenze einer Anordnung durch Beschluß § 32, bei späterer Zurücknahme § 33. 3 Bekanntmachung des Beschlusses nach § 32, Löschung des VerstVerm. § 34, Beschwerde § 95. 4 Der VerstAntrag kann auch nur bezüglich eines Zubehörstücks zurückgenommen werden. § 37 A. 12.

Einstellungsbewilligung.

§ 30. Das Verfahren ist einstweilen einzustellen, wenn der Gläubiger die Einstellung bewilligt[1]; ist die Einstellung erfolgt, so gilt eine neue Bewilligung[2] als Rücknahme des Versteigerungsantrags[3].

Der Bewilligung der Einstellung steht es gleich[4], wenn von dem Gläubiger die Aufhebung des Versteigerungstermins bewilligt wird[5].

1 Fortsetzung § 31. Im übrigen gelten auch hier § 29 A. 2, 3. 2 In dem fortgesetzten Verfahren (§ 31[1]). 3 Folgen § 29. 4 A. 1. 5 Einerlei, ob sofort die Anberaumung eines neuen Termins beantragt wird oder nicht.

Fortsetzung.

§ 31. Im Falle einer einstweiligen Einstellung[1] darf das Verfahren, soweit sich nicht aus dem Gesetz ein anderes ergibt[2], nur auf Antrag des Gläubigers fortgesetzt werden[3].

Wird der Antrag nicht binnen sechs Monaten gestellt, so ist das Verfahren aufzuheben[4]. Die Frist beginnt, wenn die Einstellung von dem Prozeßgericht angeordnet war[5], mit der Wiederaufhebung der Anordnung[6], in den übrigen Fällen mit der Einstellung des Verfahrens.

1 §§ 28, 30, 75, 77. Alle Gläubiger müssen bewilligt haben. Das hindert aber nicht die Fortsetzung auf Antrag eines während

der Einstellung beitretenden Gläubigers. 2 §§ 28, 43 sowie § 769[2] ZPO. 3 Beschwerde gegen den Fortsetzungsbeschluß § 95. 4 Beschwerde § 95. 5 § 28 A. 3. 6 Durch das Prozeßgericht bzw. die im Instanzenzuge demselben übergeordneten Gerichte.

Zustellung des Beschlusses.

§ 32. Der Beschluß, durch welchen das Verfahren aufgehoben oder einstweilen eingestellt wird, ist dem Schuldner, dem Gläubiger[1] und, wenn die Anordnung von einem Dritten beantragt war, auch diesem zuzustellen[2].

1 § 9. 2 §§ 3ff. — Beschwerde § 95.

Einstellung nach Schluß der Versteigerung.

§ 33. Nach dem Schlusse der Versteigerung[1] darf, wenn ein Grund[2] zur Aufhebung oder zur einstweiligen Einstellung des Verfahrens oder zur Aufhebung des Termins vorliegt, die Entscheidung nur durch Versagung des Zuschlags gegeben werden[3].

1 § 73. Es handelt sich um die Zeit zwischen dem Schlusse der Verst. und der Erteilung des Zuschl. §§ 79ff.

2 Irgendein Grund, insbesondere gemäß §§ 28—30, auch §§ 76, 77. Der betreibende Gläubiger kann also den Zuschl. vor seiner Erteilung beliebig verhindern.

3 §§ 83 Nr. 5, 6, 86. — Es kann daher noch im Beschwerdewege gemäß §§ 97ff. die Aufrechterhaltung des VerstErgebnisses und die Erteilung des Zuschl. betrieben werden. — Erfolgte die Aufhebung oder Einstellung durch Beschluß (§ 32), so würden die Gebote erlöschen (§ 72[3]).

Löschung des Versteigerungsvermerks.

§ 34. Im Falle der Aufhebung des Verfahrens[1] ist das Grundbuchamt um Löschung des Versteigerungsvermerkes[2] zu ersuchen.

1 Im Gegensatze zur einstweiligen Einstellung. §§ 28, 29, 31. 2 § 19. Benachrichtigung nach § 55 GBO.

III. Bestimmung des Versteigerungstermins.

Ausführung der Versteigerung.

§ 35. Die Versteigerung wird durch das Vollstreckungsgericht[1] ausgeführt.

1 §§ 1, 2; auch § 1 A. 4, § 15 A. 3.

Terminsbestimmung. Zeit. Ort.

§ 36. Der Versteigerungstermin soll erst nach der Beschlagnahme[1] des Grundstücks und nach dem Eingange der Mitteilungen des Grundbuchamts[2] bestimmt werden.

Der Zeitraum zwischen der Anberaumung des Termins und dem Termine soll, wenn nicht besondere Gründe[3] vorliegen, nicht mehr als sechs Monate[4] betragen.

Der Termin kann nach dem Ermessen des Gerichts an der Gerichtsstelle oder an einem anderen Orte im Gerichtsbezirk abgehalten werden[5, 6].

1 d. h. der bewirkten Beschlagnahme §§ 22[1], 27. 2 § 19[2]. 3 z. B. Verhütung der Verst. zu einer dem Schuldner ungünstigen Zeit. 4 Eine Mindestfrist von über sechs Wochen folgt aus § 43. § 38 G. v. 1. 6. 09 Einl. 19. Für die Kriegszeit AVf. v. 5. 8. 14. 5 Gegen die Ortsbestimmung durch das Vollstr-Gericht sind Einwendungen nach § 766 ZPO. zulässig.

6 Über Ermittelung des Wertes im Stempelinteresse Anh. VII, 5. § 6[3].

Inhalt.

§ 37. Die Terminsbestimmung[1] muß[2] enthalten:

1. die Bezeichnung des Grundstücks[3];
2. Zeit und Ort des Versteigerungstermins[4];

3. die Angabe, daß die Versteigerung im Wege der Zwangsvollstreckung[5] erfolgt;
4. die Aufforderung, Rechte, soweit sie zur Zeit der Eintragung des Versteigerungsvermerkes aus dem Grundbuche nicht ersichtlich waren, spätestens im Versteigerungstermine vor der Aufforderung zur Abgabe von Geboten anzumelden[6] und, wenn der Gläubiger widerspricht, glaubhaft zu machen[7], widrigenfalls die Rechte bei der Feststellung des geringsten Gebots nicht berücksichtigt[8] und bei der Verteilung des Versteigerungserlöses dem Anspruche des Gläubigers und den übrigen Rechten nachgesetzt werden würden[9];
5. die Aufforderung an diejenigen, welche ein der Versteigerung entgegenstehendes Recht[10] haben, vor der Erteilung des Zuschlags[11] die Aufhebung oder einstweilige Einstellung des Verfahrens herbeizuführen[12], widrigenfalls für das Recht der Versteigerungserlös an die Stelle des versteigerten Gegenstandes[13] treten würde.

1 § 36¹. (Beschluß des VollstrGerichts.)

2 § 37 enthält den wesentlichen Inhalt der Terminsbestimmung; Nichtbeachtung erheischt Aufhebung des Termins und Anberaumung eines neuen Termins; andernfalls: Versagung des Zuschl. und Beschwerde (§§ 83 Nr. 7, 84, 100³). — § 43 A. 1, 2.

3 § 16 A. 1. — § 38. 4 § 36. 5 § 866 ZPO. (unter I).

6 § 9 Nr. 2. — § 8 EG., sowie a. 33 Pr. AGZVG. wegen älterer Hypotheken im Bezirk Kassel, wegen nicht der Eintragung bedürfender Rechte an Grundstücken § 9 EG. und a. 6 Pr. AG. in § 52 A. 4. — Über die Notwendigkeit einer Anmeldung der

Rechtshängigkeit eines Rechtsstreits betr. einen Anspruch aus einer eingetragenen Hypothek usw. im VerstT. zur Aufrechterhaltung seiner Wirksamkeit gegenüber dem Ersteher § 325³ ZPO. zu § 26 A. 4. — Eine Aufforderung zu dieser Anmeldung erfolgt nicht, im VerstT. ist aber auf die bevorstehenden Ausschließungen weiterer Anmeldungen vor der Aufforderung zur Abgabe von Geboten hinzuweisen (§ 66²).

7 § 294 ZPO. Ansprüche der beim Inkrafttreten des BGB. in Pr. bestehenden öffentlichen landschaftlichen (ritterschaftlichen) Kreditanstalten, wegen deren ihnen nach Satzung oder Kgl. Verordnung ein ZwVollstrRecht beigelegt ist, bedürfen auch, soweit sie aus dem GB. nicht hervorgehen, weder zum Zwecke der Berücksichtigung bei Feststellung des gG. noch zum Zwecke ihrer Aufnahme in den TPl. der Glaubhaftmachung (§§ 1, 2, 8, 12, 13 G. v. 3. 8. 97, § 7 der V. v. 5. 11. 98 und v. 10. 8. 99, betr. Nassauische Landesbank bzw. Landeskreditkasse zu Kassel. — a. 34 Pr. AGZVG.

8 §§ 45, 52¹. — § 9 EG., § 52 A. 4.

9 § 110. Die Anmeldungspflicht und der angedrohte Rechtsnachteil erstrecken sich auch auf Rechte, die zwar für die Feststellung des gG. nicht in Betracht kommen, deren Kenntnis aber für die Gläubiger oder nachstehende Berechtigte wegen des abzugebenden Gebots von Wichtigkeit ist. E.R. 76[380]. Der angedrohte Rechtsnachteil tritt als Folge nicht rechtzeitiger Anmeldung bzw. Glaubhaftmachung kraft Gesetzes ein. Er liegt in der verschlechterten Rangstellung des Rechts; soweit daraus einem anderen Beteiligten ein Vorteil erwächst, ist dieser nicht grundlos bereichert; also ein Bereicherungsanspruch des Benachteiligten nicht anzuerkennen, E.R. 76[379]. — Das Recht, nicht der Berechtigte soll ermittelt werden; daß Hyp. Eigentümerhypothek geworden, braucht deshalb nicht angemeldet zu werden, E.R. 77[296].

10 § 28; sowie §§ 771ff. ZPO.

11 Ziff. 5 bezieht sich auf nichteingetragene Rechte; eingetragene finden nach § 28 von Amts wegen Berücksichtigung.

— Herbeiführung einer nach §§ 769, 770, 771 Abs. 2 ZPO. zu erwirkenden Anordnung des Prozeßgerichts — Vorlegung derselben beim VollstrGericht, von dem in Vollziehung der Entscheidung die Aufhebung oder einstweilige Einstellung des Verfahrens durch besondere, formlose, bei Verkündung im VerstT. einer Zustellung nicht bedürftige Erklärung (konkludente Handlungen genügen nicht) auszusprechen. E.R. 70[399], JW. 10[841], 11[229] — oder wenn die Verst. bereits geschlossen, der Zuschl. zu versagen ist (§§ 33, 83 Nr. 6, 86). — Hat das VollstrGericht die Einstellung der Verst. von Zubehörstücken ausgesprochen, so bedarf es keiner besonderen Erwähnung ihrer Ausschließung im Zuschlagsbescheide, um zu verhindern, daß sie mit auf den Ersteher übergehen. E.R. 70[399].

12 § 9 Nr. 2, § 26 A. 2. — Die Aufforderung richtet sich auch an Dritte, denen im Besitze des Schuldners oder des neueingetretenen Eigentümers befindliche Zubehörstücke gehören (§ 55[2]). — Die einfache Anmeldung des der Verst. entgegenstehenden Rechts genügt nicht. — Auf Grund einer Freigabeerklärung des Gläubigers kann das VollstrGericht ohne weiteres die Aufhebung oder Einstellung des Verfahrens hinsichtlich der Zubehörstücke aussprechen. § 29 A. 4, § 55 A. 5, § 59 A. 3, § 82, A. 4. Bloße Freigabe von Zubehör seitens des Gläubigers (ohne Beschluß des VollstrGerichts) genügt jedenfalls nicht, um es von der Mitversteigerung auszuschließen.

13 Der Verlust des Rechts ist zwar durch die Erteilung des Zuschl. bedingt, beruht aber nicht, wie für den Schuldner-Eigentümer, darauf, daß der VerstRichter durch seinen Ausspruch kraft staatlicher Machtvollkommenheit diesem das Grundstück bzw. Zubehör enteignet, indem er es dem Ersteher zuteilt — sondern darauf, daß der Dritte sich sein Recht an dem Grundstück bzw. Zubehör verschwiegen hat und die im Gesetze angedrohte Rechtsfolge der Nichtanmeldung trotz ordnungsgemäßen Aufgebotes (E.R. 11[277], 18[278]) über sich ergehen lassen muß. Der VerstErlös für das Grundstück bzw. im Falle des § 55[2] für das mitversteigerte Zubehörstück (— bestehend in dem nach-

gewiesenen Mehrerlöse bei dessen Mitversteigerung § 59 A. 3 u. 6 und § 65; zulässig jedoch auch Berechnung nach dem Verhältnis des Wertes des Zubehörs zum Werte des ganzen Versteigerungsgegenstandes, E.R. 76[212], Gr. 55[1118] —) tritt an die Stelle des versteigerten Gegenstandes. Er gehört, wie vormals dieser, zum Vermögen des Dritteigentümers (§ 91 A. 1, § 92 A. 3, § 109 A. 1, § 117 A. 2), bleibt aber im Versteigerungsverfahren an Stelle des versteigerten Gegenstandes Objekt für die Befriedigung der durch Zahlung zu deckenden Rechte (§ 107 A. 1, § 109 A. 6), unbeschadet des Rechts des Dritten — sofern er nicht noch während des Verteilungsverfahrens Einstellung oder Aufhebung erwirkt oder in diesem zur Hebung gelangt (§ 107 A. 1) — seinen Anspruch auf den Erlös nach Beendigung des VerstVerfahrens gemäß §§ 812ff. BGB. gegen denjenigen geltend zu machen, der als an letzter Stelle aus dem Erlöse Gedeckter aus seinem (eines Nichtschuldners) Vermögen ungerechtfertigt bereichert ist.

§ 38. Die Terminsbestimmung soll[1] die Bezeichnung des zur Zeit der Eintragung des Versteigerungsvermerkes eingetragenen Eigentümers sowie die Angabe des Grundbuchblatts und der Größe des Grundstücks enthalten[2].

1 Nicht wesentlicher Inhalt; § 37 A. 2.

2 § 6 EG. u. Anh. VII 2. — Über Angabe der Eintragung, der Verschuldungsgrenze (Pr. G. v. 20. 8. 06), § 7 AVf. v. 22. 4. 08. — Bahneinheiten § 28 BahnG.

Öffentliche Bekanntmachung.

§ 39. Die Terminsbestimmung muß[1] durch einmalige Einrückung in das für Bekanntmachungen des Gerichts bestimmte Blatt öffentlich bekannt gemacht werden[2].

Hat das Grundstück nur einen geringen Wert, so kann das Gericht anordnen, daß die Einrückung unterbleibt; in diesem Falle muß[1] die Bekanntmachung dadurch erfolgen, daß die Terminsbestimmung in der Gemeinde, in deren Bezirke das Grundstück belegen ist, an die für amtliche Bekanntmachungen bestimmte Stelle angeheftet wird.

1 Wesentliche Vorschrift; Nichtbefolgung erheischt Aufhebung des Termins und Anberaumung eines neuen Termins, andernfalls: Versagung des Zuschl. und Beschwerde (§§ 83 Nr. 7, 100[3]). § 43 A. 1, 2.

Pr. AGZVG. a. 5. Für die Bekanntmachung der Terminsbestimmung wird der Anzeiger des Amtsblatts bestimmt.

2 Jedoch Abs. 2 und § 40. — Bahneinheiten § 29 BahnG.

§ 40. Die Terminsbestimmung soll[1] an die Gerichtstafel angeheftet werden. Ist das Gericht nach § 2 Abs. 2 zum Vollstreckungsgerichte bestellt, so soll die Anheftung auch bei den übrigen Gerichten bewirkt werden.

Das Gericht ist befugt, noch andere und wiederholte Veröffentlichungen zu veranlassen; bei der Ausübung dieser Befugnis ist insbesondere auf den Ortsgebrauch Rücksicht zu nehmen[2].

1 Nicht wesentliche Form der Bekanntmachung; § 39 A. 1. § 7 EG. 2 Der letzte Satz ist von der Reichstagskommission hinzugefügt. (KB. S. 14). Er gewährt dem Gericht den weitesten Spielraum hinsichtlich der Art der Veröffentlichung.

Zustellung an die Beteiligten.

§ 41. Die Terminsbestimmung ist[1] den Beteiligten[2] zuzustellen.

Im Laufe der zweiten Woche vor dem Termine soll[3] den Beteiligten[2] mitgeteilt werden, auf wessen

Antrag und wegen welcher Ansprüche die Versteigerung erfolgt.

Als Beteiligte gelten auch diejenigen, welche das angemeldete Recht noch glaubhaft zu machen haben[4, 5].

1 Wesentliche Vorschrift. — Die Zustellung hat auch an die erst nach der Anberaumung des Termins dem Gericht bekannt gewordenen Beteiligten zu geschehen; doch führt die Unterlassung der Bek. an diese Beteiligten nicht zur Aufhebung des VerstT. oder zur Versagung des Zuschl. (s. §§ 43², 83 Nr. 1, 84). Zustellung von Amts wegen §§ 3ff., § 3 A. 1.

2 § 9 und Abs. 3; im Falle des § 85 ferner der bisherige Meistbietende (Abs. 2 dort). 3 Ordnungsvorschrift, von Bedeutung wegen § 44². 4 § 9 Nr. 2.

5 Über die Bekanntmachung des VerstT. an diejenigen Behörden, Anstalten, Kassen in Pr., welchen das Grundstück zu einer der in a. 1—3 Pr. AGZVG. (§ 10 A. 7) bezeichneten Abgaben und Leistungen verpflichtet ist, Anh. VII, 4.

Offenlegung der Nachrichten über das Grundstück.

§ 42. Die Einsicht der Mitteilungen des Grundbuchamts[1] sowie der erfolgten Anmeldungen[2] ist jedem gestattet.

Das Gleiche gilt von anderen das Grundstück betreffenden Nachweisungen, welche ein Beteiligter einreicht, insbesondere von Abschätzungen[3].

1 § 19². 2 von der Reichstagskommission hinzugefügt (KB. S. 15). 3 §§ 64, 112 u. § 11 EG.

Neuer Versteigerungstermin.

§ 43. Der Versteigerungstermin ist aufzuheben und von neuem zu bestimmen, wenn die Bekanntmachung der Terminsbestimmung[1] nicht sechs Wochen vor dem Termine bewirkt ist[2].

Das Gleiche gilt, wenn nicht zwei Wochen vor dem Termine dem Schuldner ein Beschluß, auf Grund dessen die Versteigerung erfolgen kann[3], und allen Beteiligten, die schon zur Zeit der Anberaumung des Termins dem Gerichte bekannt waren, die Terminsbestimmung zugestellt ist[4], es sei denn, daß derjenige, in Ansehung dessen die Frist nicht eingehalten ist, das Verfahren genehmigt[5].

1 §§ 37, 39. Vorausgesetzt wird eine wirksame Terminsbestimmung, § 37 A. 2, ebenso eine dem § 39 entsprechende Bekanntmachung. 2 Zuwiderhandlung führt stets zur Versagung des Zuschl., §§ 83 Nr. 7, 84. — In der Beschwerdeinstanz ist sie von Amts wegen zu berücksichtigen. § 100[3]. — Vertagung aus sonstigen Gründen ist zulässig, E.JW. 11[599].

3 Für den ersten Beschlagnahmebeschluß ergibt es sich von selbst, daß zwischen der Zustellung und dem Termine mehr als zwei Wochen liegen werden (§§ 22, 36 43[1]). Dagegen muß, wenn ein Beitritt erfolgt ist, und das Verfahren nach Zurücknahme des ersten VerstA. fortgesetzt werden soll, der Beitrittsbeschluß dem Schuldner mindestens zwei Wochen vor dem Termine zugestellt sein. — Vgl. auch § 44[2].

4 § 41 — auch hier gilt, daß die Zustellung einer des wesentlichen Inhalts entbehrenden Terminsbestimmung überhaupt nicht als Zustellung der Terminsbestimmung anzusehen ist. Dasselbe gilt, wenn in der Bekanntmachung wesentliche Angaben, z. B. die Bezeichnung des Terminszimmers unrichtig sind.

5 §§ 83 Nr. 1, 84. — sowie § 105[4]. Form der Genehmigung § 84[2] u. § 84 A. 3.

IV. Geringstes Gebot. Versteigerungsbedingungen.

Geringstes Gebot.

§ 44. Bei der Versteigerung wird nur ein solches Gebot zugelassen, durch welches die dem Anspruche des Gläubigers vorgehenden Rechte[1] sowie die aus dem Versteigerungserlöse zu entnehmenden Kosten des Verfahrens[2] gedeckt werden (geringstes Gebot)[3].

Wird das Verfahren wegen mehrerer Ansprüche von verschiedenem Range betrieben, so darf der vorgehende Anspruch[4] der Feststellung des geringsten Gebots nur dann zugrunde gelegt werden, wenn der wegen dieses Anspruchs ergangene Beschluß dem Schuldner zwei Wochen vor dem Versteigerungstermine zugestellt ist[5].

1 jeder Art (persönlicher und dinglicher Natur, § 10 Nr. 1—5 § 45; — namentlich auch ein Vorkaufsrecht, welches für mehrere oder alle Verkaufsfälle bestellt ist (§ 1097 BGB. — obwohl es in der ZwVerst. nicht ausgeübt werden kann, § 512 BGB.). — Wegen des Wiederkaufsrechts bei einem preußischen Rentengute a. 29 Pr. AGBGB. sowie § 48 A. 2. — Das Rangverhältnis ergibt das GB. §§ 879, 880, 881 BGB. Besteht für die Forderung des betreibenden Gläubigers eine Hypothek, so ist die Hypothek in das gG. aufzunehmen, E. R. 76[116]; genehmigt der Gläubiger die Übernahme (§ 53; § 416 BGB.), so erlischt die persönliche Forderung gegenüber dem Schuldner; genehmigt er nicht, so erlischt, soweit der Gl. befriedigt wird, auch die persönliche Forderung aus der Hyp. und der frühere Eigentümer erwirbt die Hyp. (§ 1164 BGB.). Wegen der Gesamthypotheken § 1132 BGB. — § 46 GBO. und § 10, auch §§ 1, 8, 15 EG.

Die Rangänderung nach § 880 BGB. hat nicht bloß obligatorische, sondern dingliche Wirkung. Betreibt der zurücktretende Gläubiger die ZwVerst., so fällt das Recht des vortretenden in das gG.; im andern Falle bleibt der zurücktretende Gläubiger außerhalb des gG. Wird das zurücktretende Recht durch Rechtsgeschäft oder Urteil aufgehoben, so geht dadurch der dem vortretenden Rechte eingeräumte Rang nicht verloren (§ 880[4]). — Bei der Eintragung eines Vorranges auf Grund eines Rangvorbehalts (§ 881 BGB.) und der dadurch bewirkten Rangänderung gilt dasselbe. — Zwischeneintragungen werden in beiden Fällen durch die Rangänderung nicht berührt. Im Falle des § 881 ist indes der Vorrang auch für das gG insoweit ohne Wirkung, als der Vorbehalt durch die Zwischeneintragung erschöpft wird (§ 881⁴); denn das mit dem Vorbehalt belastete Recht hat den Anspruch, mit seinem vollen Betrage hinter der Summe zum Ansatz und zur Hebung zu gelangen, für welche der Vorbehalt gilt.

2 § 109. — Objekt: das gG.; § 127 Pr. GKG. unter V.

3 Deckungsprinzip. Zu dessen Durchführung dient das gG. (§ 71¹). — Die Deckung erfolgt dadurch, daß die bei der Feststellung des gG. nach § 44 berücksichtigten Rechte bestehen bleiben oder durch Barzahlung zu decken sind (§§ 52, 49). Aus diesen beiden Teilen (vgl. auch §§ 85, 91³, 125¹, 169¹) setzt sich das gG. im Sinne der §§ 44, 49, 66 zusammen. Das VollstrGericht hat festzustellen (§ 66), welche Rechte bestehen bleiben, und wieviel zur Erfüllung des gG. bar zu zahlen ist (§ 49 A. 1). Eine Übernahme der bestehenbleibenden Rechte an Grundstücken nach ihrem Kapitalwerte in Anrechnung auf das Gebot erübrigt sich. (Jedoch § 53.) Indessen ist die Bezeichnung „Übernahme" statt „Bestehenbleiben" unschädlich. E.R. 59²⁶⁶. Das Bestehenbleiben geschieht kraft Gesetzes, aber doch auf Grund und zur Erfüllung eines Teiles des Meistgebots; es hat für den Ersteher die Bedeutung eines Entgelts für die Überlassung des Grundstücks (Motive zu I § 66 S. 169), wie auch unmittelbar aus § 44 in Verbindung mit § 50 folgt. § 112² Satz 2 u. 3, § 113². — Der Ersteher muß sich den Fortbestand jener Rechte gefallen lassen; gelangt dies also bei Feststellung der VerstBed. zum Ausdruck, so kann das daneben abzugebende Gebot auf den Betrag beschränkt werden, welchen die Deckung der durch Zahlung zu befriedigenden Ansprüche erfordert. (D. 44.) Der Bieter hat also auf das mit jenen (nach § 66 im einzelnen zu bezeichnenden Rechten belastet bleibende Grundstück sein Bargebot in dem zur Erfüllung des gG. erforderlichen (§ 49 A. 1) Mindest-

betrage abzugeben. Das Bargebot bildet den zu verteilenden VerstErl. §§ 107ff., insbesondere zu § 112 und § 113 A. 2). — Irrtum bei Abgabe eines Gebots § 71 A. 1. Auch wenn der Bieter irrtümlich angenommen hat, daß, weil die bestehenbleibenden Rechte nicht ziffernmäßig in das gG. und in das Meistgebot eingesetzt worden, er das Grundstück für das Bargebot erworben habe, kann dies nur zur Anfechtung des ZuschlB. durch Beschwerde geltend gemacht werden. E.R. 57[209], 59[272, 273].

4 welcher an und für sich für die Feststellung des gG. der maßgebende sein würde. 5 § 43[2]. — Wird der Versteigerungsantrag des vorgehenden Gläubigers zurückgenommen (§ 29 A. 1, 2), so muß das gG. anderweit festgestellt, bzw. wenn die Zurücknahme nach Schluß der Versteigerung erfolgt, auf Antrag eines beeinträchtigten Beteiligten, der auch noch als Beschwerde gegen den Zuschlag gestellt werden kann, der Zuschlag versagt werden (§§ 33, 83 Nr. 1).

Berücksichtigung bei dessen Feststellung.

§ 45. Ein Recht ist bei der Feststellung des geringsten Gebots insoweit, als es zur Zeit der Eintragung des Versteigerungsvermerkes aus dem Grundbuch ersichtlich war, nach dem Inhalte des Grundbuchs[1], im übrigen nur dann zu berücksichtigen, wenn es rechtzeitig angemeldet und, falls der Gläubiger widerspricht, glaubhaft gemacht wird[2].

Von wiederkehrenden Leistungen, die nach dem Inhalte des Grundbuchs zu entrichten sind, brauchen die laufenden Beträge[3] nicht angemeldet, die rückständigen[3] nicht glaubhaft gemacht zu werden.

1 Namentlich auch hinsichtlich des Ranges, § 44 A. 1 u. 4; — Gesamthypotheken nach § 1132 BGB. — Hypotheken sind ohne Rücksicht auf Löschungsvormerkungen (§ 1179 BGB.) zum vollen Betrage aufzunehmen. Sie sind nur dann als er-

löschen zu behandeln, wenn die zur Löschung erforderlichen Urkunden im VerstT. vorgelegt werden. E.R. 57[211].

2 §§ 19[2], 37 Nr. 4, 9 Nr. 2, auch § 8 EG. und a. 33 Pr. AGZVG. bezüglich der älteren Hypotheken im Bezirke Kassel (s. unter IV).

3 § 13. — Berücksichtigt werden die in § 10 Nr. 1—3 und die in § 12 Nr. 1 und 2 bezeichneten Ansprüche nur, soweit sie nach § 10 Nr. 1—4 vor dem Anspruch des Gläubigers zu befriedigen sind. — § 155.

§ 46. Für wiederkehrende Leistungen, die nicht in Geld bestehen, hat das Gericht einen Geldbetrag festzusetzen, auch wenn ein solcher nicht angemeldet ist[1].

1 Der angemeldete und erforderlichenfalls glaubhaft gemachte Betrag ist zugrunde zu legen; Festsetzung des Gerichts nur aushilfsweise, beides unbeschadet anderweiter Feststellung im Verteilungsverfahren.

§ 47. Laufende Beträge regelmäßig wiederkehrender Leistungen sind für die Zeit bis zum Ablaufe von zwei Wochen nach dem Versteigerungstermine zu decken[1]. Nicht regelmäßig wiederkehrende Leistungen werden mit den Beträgen berücksichtigt, welche vor dem Ablaufe dieser Frist zu entrichten sind.

1 Unbeschadet ihrer anderweiten Berechnung bis zum Zuschl. im Verteilungsverfahren (§§ 56 Satz 2, 89, 104). — Die zweiwöchige Frist soll nur möglichen Schädigungen eines Gläubigers, dessen Anspruch gedeckt werden muß, vorbeugen.

§ 48. Bedingte Rechte[1] sind wie unbedingte, Rechte, die durch Eintragung eines Widerspruchs oder einer Vormerkung gesichert sind[2], wie eingetragene Rechte zu berücksichtigen.

1 Rechte jeder Art (§ 44 A. 1), bedingte Belastungen (§ 14). Hypotheken können für unbedingte persönliche Forderungen

bedingt bestellt werden. Hypotheken für bedingte oder zukünftige Forderungen (§ 1113[2] BGB.) belasten das Grundstück unbedingt. — Dies gilt auch von Sicherungshypotheken (§ 1184 BGB.), E.R. 57[209], insbesondere von Höchstbetragshypotheken (§ 1190 aaO.) E.R. 49[162], 51[115], [398], 55[217] und Arresthypotheken (§ 932 ZPO.). Von dem Bestehen des Forderungsrechts (bzw. der Feststellung des dem Gläubiger zustehenden Betrags § 14) ist nur abhängig, ob das Recht als Hypothek dem Gläubiger oder als Grundschuld dem Eigentümer zusteht (§§ 1163[1], 1177 BGB.), § 114 A. 1, § 119 A. 1. — Wegen der nicht bestehenden oder wegfallenden bedingten Rechte §§ 50, 51; wegen der Behandlung bedingter Rechte im Verteilungsverfahren §§ 119, 120. — Betagte Rechte sind als solche in das gG. einzustellen oder wenn sie durch Barzahlung zu befriedigen sind, unter schätzungsweiser Berücksichtigung eines sich aus § 111 ergebenden Abzuges zu kapitalisieren.

2 §§ 899, 883 BGB., E.R. 63[152], 65[260], 78[75]. Auch die Auflassungsvormerkung gehört hierher. — Dritten gegenüber hat das eingetragene Vorkaufsrecht — das jedoch nur in Betracht kommt, wenn es auch für spätere Verkaufsfälle besteht, § 9 A. 4, § 44 A. 1 — die Wirkung einer Vormerkung zur Sicherung des durch die Ausübung des Rechts entstehenden Anspruchs auf Übertragung des Eigentums (§ 1098 BGB.); ebenso das Wiederkaufsrecht bei pr. Rentengütern (a. 29 § 5[2] Pr. AGBGB.). — Wegen der Wirkung eines Bauvermerkes § 11[2] G. v. 1. 6. 09.

Bargebot — Zahlungspflicht des Erstehers.

§ 49. Der Teil des geringsten Gebots, welcher zur Deckung der Kosten sowie der im § 10 Nr. 1 bis 3 und im § 12 Nr. 1, 2 bezeichneten Ansprüche bestimmt ist[1], desgleichen der das geringste Gebot übersteigende Betrag des Meistgebots ist von dem Ersteher im Verteilungstermine bar[2] zu berichtigen (Bargebot).

Das Bargebot ist von dem Zuschlag an zu verzinsen[3].

Der Ersteher wird durch Hinterlegung von seiner Verbindlichkeit befreit, wenn die Hinterlegung[4] und die Ausschließung der Rücknahme[4] im Verteilungstermine nachgewiesen werden.

1 Das Meistgebot auf das nach § 52 belastet bleibende Grundstück muß mindestens ein Bargebot sein, welches dem bar zu zahlenden Teile des gG. im Sinne der §§ 44, 66 entspricht (§ 44 A. 3). Dazu gehören auch die Zinsen und wiederkehrenden Leistungen der dem betreibenden Gläubiger vorgehenden Rechte (§ 10 Nr. 4 u. § 47).

2 Zahlungszeit (§§ 107, 108). 3 Verzinslichkeit (§ 56 Satz 2), Zinsfuß: 4 $^0/_0$, sofern nicht ein anderes bestimmt wird (§ 59). — § 246 BGB. 4 §§ 372 ff., 376, 378 BGB. — § 107[3]. — Für Pr. HO., ABf. v. 5. 2. 14.

Erweiterung der Zahlungspflicht.

§ 50. Soweit eine bei der Feststellung des geringsten Gebots berücksichtigte[1] Hypothek, Grundschuld oder Rentenschuld nicht besteht[2, 3], hat der Ersteher außer dem Bargebot auch den Betrag des berücksichtigten Kapitals zu zahlen[4]. In Ansehung der Verzinslichkeit, des Zinssatzes, der Zahlungszeit, der Kündigung und des Zahlungsorts bleiben die für das berücksichtigte Recht getroffenen Bestimmungen[5] maßgebend.

Das Gleiche gilt[6]:

1. wenn das Recht bedingt[7] ist und die aufschiebende Bedingung ausfällt oder die auflösende Bedingung eintritt;
2. wenn das Recht noch an einem anderen Grundstücke besteht und an dem versteigerten Grundstücke nach den besonderen Vorschriften über die Gesamthypothek erlischt[8].

Haftet der Ersteher im Falle des Abs. 2 Nr. 2 zugleich persönlich[9], so ist die Erhöhung des zu zahlenden Betrags ausgeschlossen, soweit der Ersteher nicht bereichert ist[10].

1 § 45. 2 zur Zeit des Zuschlages: § 56 Satz 2. Gleichgültig ist, ob das Nichtbestehen zu dieser Zeit im Verteilungsverfahren (§ 125 A. 1) oder nach dessen Beendigung hervortritt. (Im letzten Falle Geltendmachung außerhalb des Verfahrens.) — Der Ersteher würde einen unberechtigten Gewinn haben, wenn er das Grundstück mit geringerer Belastung erwürbe, als er bei Abgabe des Gebots auf Grund der Feststellung der bestehen bleibenden Rechte angenommen hat. — Statt der Ersatzübernahme entsprechende Erhöhung der Zahlungspflicht. (A. 4 u. § 125 A. 1).

3 nicht besteht, d. h. nicht entstanden oder wieder erloschen ist (§ 130[2]). — Hier sind die Vorschriften des BGB. über die Eigentümerhypothek (§§ 889, 1143, 1153, 1163, 1168, 1170, 1172, 1173, 1175, 1192, 1200 sowie §§ 868, 932 ZPO.) zu berücksichtigen. In diesen Fällen besteht die Hypothek (als Grundschuld in den Fällen des § 1177) für den bisherigen Eigentümer weiter (auch § 48 A. 1). Auch bei Nichtvalutierung einer Grundschuld tritt Ersatzzahlung nicht ein; es entsteht zwar in diesem Falle keine Eigentümergrundschuld (E.R. 60[251]), die Grundschuld fällt aber auch nicht ins Leere, sondern bleibt als solche bestehen; die nachstehenden Realgläubiger rücken also nicht auf, E.R. 78[60], § 115 A. 1. — In Betracht kommen Eintragungen, die von einem Nichtberechtigten bewilligt sind, oder auf nichtiger oder unwirksamer (§§ 105, 117, 118, 134, 138 BGB.), oder auf anfechtbarer (und angefochtener §§ 119, 120, 123, 142 BGB., §§ 29 ff. KO. AnfG. v. 21. 7. 79 Eintragungsbewilligung des Berechtigten (E.R. 70[356]) beruhen.

4 Die Barzahlungspflicht des Erstehers erhöht sich auch dann, wenn zu seinen Gunsten bei der in Wegfall gekommenen Hypothek eine Löschungsvormerkung eingetragen war. E.R. 57[209].

5 nicht die nach § 49 für das Bargebot sonst maßgebenden.

6 Abs. 2 setzt voraus, daß die unter Nr. 1 u. 2 aufgeführten Rechte (d. h. Hypotheken, Grundschulden, Rentenschulden — wegen anderer Rechte § 51) mit dem Zuschl. als Lasten auf den Ersteher übergehen (§ 56 Satz 2), aber demnächst in Wegfall kommen, sei es auch erst nach Beendigung des Verteilungsverfahrens. — Im Verteilungsverfahren je nachdem § 125 Abs. 1 oder 2. — §§ 128, 130².

7 § 48 A. 1. — Die bedingten Belastungen bleiben als solche bestehen. — Ohne die Erhöhung der Zahlungspflicht des Erstehers gegenüber dem nachstehenden Berechtigten würde dieser einen ungerechtfertigten Ausfall erleiden, während der Ersteher einen unberechtigten Vorteil haben würde. — § 52 A. 1.

8 Die Gesamthypothek bleibt als solche bestehen. — Der Vorteil des Erlöschens der Hypothek auf dem versteigerten Grundstück kann nicht dem Ersteher zugute kommen, wenn es ohne sein Zutun geschieht. Eine Erhöhung der Barzahlungspflicht des Erstehers tritt also ein, wenn die Hypothek auf dem versteigerten Grundstücke erlischt: a) infolge der Befriedigung des Gläubigers durch den Eigentümer eines anderen mitverhafteten Grundstücks (§ 1173 BGB.) oder seiner Befriedigung aus einem mitverhafteten Grundstück (§ 1181 BGB.); in beiden Fällen ist zu beachten, daß die Hypothek auf dem versteigerten Grundstück nicht erlischt, soweit der Eigentümer des mitverhafteten Grundstücks einen Ersatzanspruch gegen den Eigentümer des versteigerten Grundstückes, den Rechtsvorgänger des Erstehers, hat, und in dieser Höhe die Hypothek an letzterem Grundstück auf jenen übergeht (§§ 1173², 1182 BGB.; die Hypothek besteht dann für den Ersatzanspruch fort E.R. 81⁷¹); im ersten Falle steht der Übergang des Gläubigerrechts auf den Eigentümer des mitverhafteten Grundstücks der Befriedigung des Gläubigers gleich (§ 1173¹ Satz 2); — b) infolge der Befriedigung des Gläubigers durch den persönlichen Schuldner bzw. Vereinigung von Forderung und Schuld in

einer Person, wenn der Schuldner nur von dem Eigentümer des mitverhafteten Grundstücks Ersatz verlangen kann (§ 1174 BGB.); — c) infolge des Verzichts des Gläubigers auf die Hypothek an dem versteigerten Grundstücke und den etwaigen persönlichen Anspruch gegen den Ersteher (§ 1175[1] Satz 2 BGB., § 50[3]). Das Gleiche gilt, wenn der Gläubiger nach § 1170 mit seinem dinglichen Recht ausgeschlossen wird (§ 1175[2] BGB.). § 123 A. 3, 4. 9 § 53.

10 Eine Bereicherung des Erstehers liegt nicht vor, soweit ein Ersatzanspruch des Eigentümers des anderen Grundstücks gegen den Ersteher begründet ist. (§§ 1173[2], 1182, 426, 416 BGB.). Abs. 3 hat deshalb nur für die Fälle des Verzichts und des Ausschlusses Bedeutung.

§ 51. Ist das berücksichtigte Recht nicht eine Hypothek, Grundschuld oder Rentenschuld, so finden die Vorschriften des § 50[1] entsprechende Anwendung[2]. Der Ersteher hat statt des Kapitals[3] den Betrag, um welchen sich der Wert des Grundstücks erhöht, drei Monate nach erfolgter Kündigung zu zahlen und von dem Zuschlag an zu verzinsen[4].

Der Betrag soll von dem Gerichte bei der Feststellung des geringsten Gebots bestimmt werden.

1 Abs. 1 u. 2.

2 Hier kommen besonders die Reallasten (Altenteil, Auszug, Leibgedinge und andere zeitlich beschränkte Rechte) in Frage. — Über den Leibgedingsvertrag a. 15 Pr. AG. z. BGB.; — inwieweit Leibgedinge usw. und Grunddienstbarkeiten bestehen bleiben, auch wenn sie bei Feststellung des gG. nicht berücksichtigt sind, § 9 EG. sowie a. 6 Pr. AGZVG. (§ 52 A. 4).

3 d. h. des in den Fällen des § 50 maßgebenden Kapitalbetrages der Hypothek usw. 4 § 49 A. 3.

Bestehenbleiben und Erlöschen der Rechte.

§ 52. Ein Recht bleibt insoweit bestehen, als es bei der Feststellung des geringsten Gebots berücksichtigt und nicht durch Zahlung zu decken ist[1]. Im übrigen erlöschen die Rechte[2].

Das Recht auf eine der in den §§ 912 bis 917[3] des Bürgerlichen Gesetzbuchs bezeichneten Renten bleibt auch dann bestehen, wenn es bei der Feststellung des geringsten Gebots nicht berücksichtigt ist[4].

1 § 44 A. 3, auch § 48 A. 1 u. 2. — Für die Anwendung des § 52 kommt es also nicht bloß darauf an, ob das Recht bei Feststellung des gG. berücksichtigt ist (Ausnahme in Abs. 2 und § 9 EG.), sondern auch darauf, ob es durch Zahlung zu decken ist, sei es nach § 49, sei es nach §§ 50, 51. Bestehenbleiben: bei Berücksichtigung und mangelnder Barzahlungspflicht. Erlöschen: bei Nichtberücksichtigung (auch wenn sie zu Unrecht geschah und nicht durch Anfechtung des Zuschl. nach §§ 83 Nr. 1, 100, 97 beseitigt ist. E.R. 59[274] — § 91 A. 4) oder vorhandener Barzahlungspflicht (berücksichtigter Rechte). In den Fällen des § 50[2] ist die Deckung durch Zahlung und demgemäß auch das Erlöschen des berücksichtigten Rechts von den dort angegebenen Voraussetzungen abhängig (§§ 125[2], 130[2]). Bis zu deren Eintritt bleibt das Recht bestehen (§ 50 A. 6 u. 7).

2 Fällige Straßenanliegerbeiträge erlöschen, nicht aber die Straßenbaulast im Ganzen, E.JW. 15[596]. Vorkaufsrecht und das Wiederkaufsrecht bei preußischen Rentengütern § 44 A. 1; Erlöschen der Rechte am Zubehör § 91 A. 2. 3 Überbau und Notweg.

4 Pr. AGZVG. Art. 6. Die Rechte an dem Grundstücke, die nach Artikel 22 des Ausführungsgesetzes zum Bürgerlichen Gesetzbuch [a] oder nach sonstigen landesgesetzlichen Vorschriften [b] zur Wirksamkeit gegenüber dem öffentlichen Glauben des Grundbuchs der Eintragung nicht bedürfen [c], bleiben auch dann bestehen, wenn sie bei der Feststellung des geringsten Gebots nicht berücksichtigt sind [d].

Das Gleiche gilt, unbeschadet der Vorschrift des § 9 Abs. 2 des Einführungsgesetzes zum Reichsgesetze, von den im Grundbuch als Leibgedinge, Leibzucht, Altenteil oder Auszug eingetragenen Dienstbarkeiten und Reallasten sowie von Grunddienstbarkeiten e, die zur Wirksamkeit gegenüber dem öffentlichen Glauben des Grundbuchs der Eintragung nicht bedürfen.

a) Pr. AGBGB. Art. 22. Zur Erhaltung der Wirksamkeit gegenüber dem öffentlichen Glauben des Grundbuchs bedürfen der Eintragung nicht:

1. das in den Fällen der Enteignung[1] oder der Grundabtretung zu Zwecken des Bergbaubetriebs[2] bestehende gesetzliche Vorkaufsrecht;
2. die Gebrauchs- und Nutzungsrechte, welche nach den §§ 8. 142 des Allgemeinen Berggesetzes vom 24. Juni 1865 (GS S. 705) im Wege des Zwangsverfahrens erworben werden können;
3. die den Rentenbanken überwiesenen Renten und die Domänen-Amortisationsrenten[3]; die für die Provinz Hannover bisher geltenden entgegenstehenden Vorschriften werden aufgehoben.

b) § 45 des G. über das Grundbuchwesen für Kassel v. 29. 5. 73: Darlehen aus der Landeskreditkasse zur Ablösung von Grundlasten usw. — § 1 G für die vormals bayerischen Landesteile v. 29. 5. 74: die nach diesem Gesetze für ablösbar erklärten Grundlasten und die an deren Stelle tretenden Geldansprüche — § 60[3] Bergges: der Hilfsbau im freien oder fremden Felde, wenn der Berechtigte den Besitz erlangt hat.

c) oder von der Eintragung ausgeschlossen ist, a. 11 Pr. AGGBO.

d) EG. § 9[2] findet auf die in Abs. 1 aufgeführten Rechte keine Anwendung (Mot. zu Pr. AGZVG. 18).

e) a. 187 EGBGB. und Mot. zu Pr. AGBGB. 33. Wiedereintragung eines auf Grund unrichtigen Ersuchens des Versteigerungsrichters gelöschten Auszuges.

Über den Einfluss des Bestehens einer Verschuldungsgrenze auf die ZwVerst. pr. G. v. 20. 8. 06. Unter III A. 1 zu § 2 EGZVG.

[1] § 57 EntG., a. 109 EGBGB.

[2] § 141 Bergges., a. 67 EGBGB.

[3] §§ 18, 64 Rentenbanken v. 2. 3. 50, a. 113, 114 EGBGB. Nicht hierher gehören die Rentengutsrenten (E K. 47[306]).

Eintritt des Erstehers in die persönliche Schuld.

§ 53. Haftet bei einer Hypothek, die bestehen bleibt[1], der Schuldner zugleich persönlich, so übernimmt der Ersteher die Schuld in Höhe der Hypothek[2]; die Vorschriften des § 416 des Bürgerlichen Gesetzbuchs finden mit der Maßgabe entsprechende Anwendung, daß als Veräußerer im Sinne dieser Vorschriften der Schuldner anzusehen ist[3].

Das Gleiche gilt, wenn bei einer Grundschuld oder Rentenschuld, die bestehen bleibt, der Schuldner zugleich persönlich haftet[4], sofern er spätestens im Versteigerungstermine vor der Aufforderung zur Abgabe von Geboten die gegen ihn bestehende Forderung unter Angabe ihres Betrags und Grundes angemeldet und auf Verlangen des Gerichts oder eines Beteiligten glaubhaft gemacht hat[5].

1 § 52. — Wegen der persönlichen Haftung des Erstehers für die einzelnen Leistungen einer Reallast § 1108 BGB.

2 Die Übernahme der persönlichen Schuld gehört zu den gesetzlichen VerstBed. (§ 59 A. 3). — Bei einer zur Eigentümergrundschuld gewordenen Hypothek kommt Übernahme einer persönlichen Schuld nicht in Frage, E.R. 80[350].

3 Während in der Regel bei der Schuldübernahme die Genehmigung des Gläubigers ausdrücklich oder durch konkludente Handlungen erklärt werden muß, gilt bei der Übernahme einer Schuld, für die eine Hypothek besteht, die Genehmigung auch dann als erteilt, wenn sie nicht innerhalb sechs Monaten verweigert wird (§ 416[1] Satz 2 BGB.). Die entsprechende Anwendung des § 416 ergibt, daß der Hypothekengläubiger die Schuldübernahme nur genehmigen kann, wenn der Schuldner sie ihm mitteilt; zu dieser Mitteilung ist der Schuldner auf Verlangen des Erstehers verpflichtet (Abs. 3). Die Mitteilung des Schuldners kann erst erfolgen, wenn der Ersteher Eigentümer geworden ist (also vom Zuschl. [§ 90] an, nicht erst nach erfolgter Eintragung). Sie muß schriftlich geschehen und den Hinweis enthalten, daß der Ersteher an die Stelle

des bisherigen Schuldners trete, wenn nicht der Gläubiger die Verweigerung innerhalb sechs Monaten seit dem Empfange der Mitteilung erklärt. (Aber E.R. 63[43].) Die Genehmigung gilt als erteilt, wenn seit dem Empfange der Mitteilung (des Schuldners E.R. 67[415]) sechs Monate verstrichen sind und der Gläubiger sie nicht dem Schuldner gegenüber vor Ablauf der Frist verweigert hat. Wird die Genehmigung verweigert, so gilt die Schuldübernahme als nicht erfolgt (§ 415[2] Satz 1 BGB.). Sobald die Erteilung oder Verweigerung der Genehmigung feststeht, hat der Schuldner den Ersteher zu benachrichtigen (§ 415[3] Satz 2 BGB.). — Erklärt der Gläubiger ausdrücklich oder durch schlüssige Handlungen die Genehmigung, so kommt, ohne daß dem § 416 genügt zu sein braucht, eine Schuldübernahme nach § 415 BGB. zustande, E.R. 63[42], JW. 07[742]. — Der Ersteher wird also erst persönlicher Schuldner des Gläubigers, und die Befreiung des Schuldners (§ 414 BGB.) tritt erst ein mit der erklärten oder wegen Fristablaufs als erteilt geltenden Genehmigung des Gläubigers; — der Ersteher ist jedoch dem Schuldner gegenüber verpflichtet, den Gläubiger rechtzeitig zu befriedigen, sowohl vor erteilter Genehmigung als nach deren Verweigerung (§ 415[3] BGB.). Genehmigung der Schuldübernahme kann auch noch nach Weiterveräußerung des Grundstücks erteilt werden, E.R. 56[200], 75[338]. Ist der Ersteher selbst der Gläubiger, so bedarf es keiner Mitteilung. Die Schuld erlischt und mit ihr mangels besonderer Vereinbarungen die dafür bestehende Bürgschaft, E.R. 84[378]. Aber § 118 A. 1. — Folgen der Schuldübernahme §§ 417, 418 BGB. — Genehmigung der Schuldübernahme durch den auf Grund persönlichen Titels betreibenden Hypothekengläubiger § 44 A. 1.

4 Die persönliche Schuld bildet in diesem Falle nicht die Grundlage der dinglichen Belastung, sondern steht neben dieser (nach Art einer Korrealverbindlichkeit). Für eine bestehenbleibende Reallast erübrigt sich eine entsprechende Vorschrift wegen § 1108 BGB.— E.R. 60[56].

5 § 294 ZPO. Die Glaubhaftmachung wird insbesondere den Zusammenhang der persönlichen Forderung mit der Grundschuld klarzustellen haben.

Kündigung.

§ 54. Die von dem Gläubiger dem Eigentümer oder von diesem dem Gläubiger erklärte Kündigung[1] einer Hypothek, einer Grundschuld oder einer Rentenschuld ist dem Ersteher gegenüber nur wirksam, wenn sie spätestens in dem Versteigerungstermine vor der Aufforderung zur Abgabe von Geboten erfolgt und bei dem Gericht angemeldet worden ist[2].

Das Gleiche gilt von einer aus dem Grundbuche nicht ersichtlichen Tatsache, infolge deren der Anspruch vor der Zeit geltend gemacht werden kann[3].

1 § 1141 BGB. 2 Daß dies vom Gläubiger selbst geschieht, ist nicht notwendig. — Eine später erfolgte oder angemeldete Kündigung ist dem Ersteher gegenüber wirkungslos. — § 66. 3 § 325 ZPO. oben zu § 26 A. 4.

Gegenstand der Versteigerung.

§ 55. Die Versteigerung des Grundstücks erstreckt sich auf alle Gegenstände, deren Beschlagnahme noch wirksam ist[1].

Auf Zubehörstücke, die sich im Besitze des Schuldners oder eines neu eingetretenen Eigentümers[2] befinden, erstreckt sich die Versteigerung auch dann, wenn sie einem Dritten gehören[3], es sei denn, daß dieser sein Recht nach Maßgabe des § 37 Nr. 5 geltend gemacht hat[3-5].

1 d. h. zur Zeit der Verst. (§§ 66ff.). Beschlagnahme §§ 20 bis 24. — Abweichung nach §§ 59, 65 zulässig. 2 § 26. — Besitz eines Dritten (Mieters, Pächters, Nießbrauchers) am

Zubehör muß, um Erstreckung der Versteigerung auf dieses auszuschließen, erkennbar sein, E.R. 49[255].

3 Die Zubehöreigenschaft ist nach §§ 97, 98 BGB. nicht an die Voraussetzung geknüpft, daß die Sachen dem Eigentümer des Grundstücks gehören. — Von der Beschlagnahme werden solche Zubehörstücke nicht ergriffen (§ 1120 BGB., § 20); sie können deshalb von dem Dritteigentümer mit Zustimmung des Schuldners vom Grundstücke rechtswirksam entfernt werden. Entscheidend für ihre Einbeziehung ist Zubehöreigenschaft und Besitz des Schuldners oder des neueingetretenen Eigentümers zur Zeit der Verst., nicht zur Zeit der Beschlagnahme. § 37 Nr. 5.

4 § 90[2] u. A. 1; § 37 A. 11 u. § 59 A. 2.

5 Zur Ausschließung des im Besitze des Schuldners befindlichen, einem Dritten gehörigen Zubehörs ist Einstellung oder Aufhebung des Verfahrens mit Bezug auf dieses durch das Vollstreckungsgericht erforderlich (und genügend) E.R. 70[399]; § 37 A. 11. Bloße Anmeldung des Eigentums eines Dritten oder Vorbehalt des Rechts für ihn genügen nicht — auch nicht bloße Freigabe durch den Gläubiger ohne Gerichtsbeschluß (§ 37 A. 12). Ist aber trotz bloßer Anmeldung die Ausschließung des Zubehörs in den ZuschlB. aufgenommen, so ist dies nach Rechtskraft des Beschlusses maßgebend, E.R. 67[382]. — Wird, ohne daß Einstellung oder Aufhebung erfolgt, die Ausschließung des Zubehörstückes von der Verst. als VerstBed. festgesetzt (§ 59), so muß sie als Abweichung von den gesetzlichen VerstBed. in den ZuschlB. aufgenommen werden (E.Gr. 52[377], § 82 A. 4). — Erfolgt Einstellung oder Aufhebung erst nach Schluß der Verst., so ist der Zuschl. zu versagen (§ 33).

Übergang der Gefahr, Nutzungen und Lasten.

§ 56. Die Gefahr des zufälligen Unterganges geht in Ansehung des Grundstücks mit dem Zuschlag[1], in Ansehung der übrigen Gegenstände[2] mit dem Schlusse der Versteigerung[3] auf den Ersteher über. Von dem Zuschlag an gebühren dem Ersteher die Nutzungen und trägt er die Lasten[4]. Ein Anspruch auf Gewährleistung[5] findet nicht statt.

1 §§ 87, 89, 90, 104. Weder auf die Übergabe noch auf die Eintragung des Erstehers kommt es an. — Anders beim Kauf. § 446 BGB. 2 § 55. 3 § 73.

4 § 49 A. 3, § 50 A. 5. — §§ 101, 103 BGB. — Von der Straßenbaulast trägt er nur das nach dem Zuschlag zur Hebung gestellte, E.JW. 15[597]. Anspruch des Erstehers gegen den ausgefallenen Nießbraucher auf vereinnahmte Mieten für die Zeit nach dem Zuschlag (beschränkter Gegenanspruch wegen Aufwendungen).

5 weder wegen Mängel im Recht des Schuldners (§§ 37 Nr. 5, 55, 90, 91) noch wegen Mängel der Sache (Verschlechterung); entsprechend § 806 ZPO. — Ausschluß gilt nicht im Verhältnis zwischen Meistbietendem und Erwerber der Rechte aus dem Meistgebot (§ 81[2]).

Miete und Pacht.

§ 57[1]. Ist das Grundstück einem Mieter oder Pächter überlassen[2], so finden die Vorschriften der §§ 571, 572, des § 573 Satz 1 und der §§ 574, 575 des Bürgerlichen Gesetzbuchs nach Maßgabe der §§ 57a und 57b entsprechende Anwendung[3].

1 Fassung d. G. v. 8. 6. 15 (Einl. 19). Wegen des Überganges Einl. 19 A. **. Die Bestimmung entspricht dem Satz 1 des bisherigen § 57. Hinzugefügt sind die gesperrt gedruckten Worte. Die §§ 573, 574 BGB. sind ebenfalls durch G. v. 8. 6. 15 geändert.

2 Voraussetzung ist wie in § 9 Nr. 2 Miet- und Pachtbesitz am Grundstücke oder einem Teile (§§ 865, 868 BGB.).

Pr. AGZVG. Art. 7. Ist das Grundstück vor dem Inkrafttreten des Bürgerlichen Gesetzbuchs einem Mieter oder Pächter überlassen, so finden die Vorschriften des § 57 des Reichsgesetzes Anwendung [a].

Weitergehende Rechte eines Mieters oder Pächters, die sich aus den bisherigen Gesetzen [b] ergeben, bleiben unberührt.

a) namentlich auch für die unter der Herrschaft des Allg. Landrechts begründeten dinglichen Miet- und Pachtrechte. — § 9 EG. A. 2.

b) namentlich für Miet- und Pachtrechte, die durch Eintragung in ein öffentliches Buch Wirksamkeit gegen Dritte, oder welche die Eigenschaft dinglicher Rechte erlangt haben (a. 179, 184 EGBGB.).

3 Außerdem greift § 57b ein. Der Ersteher tritt an Stelle des Vermieters in die während der Dauer seines Eigentums aus dem Mietverhältnisse sich ergebenden Rechte und Pflichten (§ 571^1 BGB.), wobei der Vermieter dem Mieter als Bürge nach Maßgabe des § 571^2 Satz 1 haftet, jedoch von dieser Haftung befreit wird, wenn der Mieter das Mietverhältnis nach erlangter Kenntnis von dem Eigentumswechsel nicht zum ersten zulässigen Termin kündigt (§ 571^2 Satz 2). Der Ersteher tritt in die Rechte des Vermieters hinsichtlich einer von dem Mieter für die Erfüllung seiner Verpflichtungen bestellten Sicherheit nach Maßgabe des § 572. Eine Verfügung, die der Vermieter vor der Beschlagnahme zum Zwecke der ZwVerst. (§ $57b^1$ Satz 1) oder unter der Voraussetzung des § $57b^2$ auch zum Zwecke der ZwVerw. über den auf die spätere Zeit entfallenden Mietzins getroffen hat, muß der Ersteher insoweit gelten lassen, als sie sich auf das zur Zeit der Beschlagnahme laufende Kalendervierteljahr und bei Beschlagnahme im letzten halben Monat eines Kalendervierteljahrs auch soweit sie sich auf das folgende Kalendervierteljahr bezieht (§ 573^1). Dies gilt auch für eine Verfügung im Wege der ZwVollstr., E.R. 58^{181}, 59^{177}. Vorpfändung (§ 845 ZPO.) verliert ihre Wirkung nicht dadurch, daß vor Zustellung des Pfändungsbeschlusses Beschlagnahme erfolgt. Der Ersteher kann wirksame Vorausverfügung nicht durch Abschluß eines neuen Mietsvertrages beseitigen. Hypothek des Mieters, der sich verpflichtet hat, während der Mietszeit nicht zu kündigen, § 111 A. 3. — Ein Rechtsgeschäft zwischen Mieter und Vermieter in Ansehung der Mietzinsforderung, insbesondere die Entrichtung des Mietzinses, ist dem Ersteher gegenüber wirksam, soweit es sich nicht auf den Mietzins für eine spätere Zeit als das Kalendervierteljahr, in dem der Mieter von der Beschlag-

nahme Kenntnis erlangt, und (aber nur bei Beschlagnahme im letzten halben Monat) auf das folgende Vierteljahr bezieht. Hat jedoch der Mieter bei der Vornahme des Rechtsgeschäfts von der Beschlagnahme Kenntnis gehabt, so ist das Rechtsgeschäft unwirksam (§ 574 BGB.). — Soweit die Entrichtung des Mietzinses an den Vermieter nach § 574 dem Ersteher gegenüber wirksam ist, kann der Mieter gegen die Mietzinsforderung des Erstehers mit einer ihm gegen den Vermieter zustehenden Forderung aufrechnen; es sei denn, daß der Mieter die Gegenforderung erst erworben hat, nachdem er von der Beschlagnahme Kenntnis erlangt hat, oder daß die Gegenforderung erst nach Erlangung der Kenntnis und später als der Mietzins fällig geworden ist (§ 575). Das Gleiche gilt hinsichtlich der Pacht (§ 581[2] BGB.). Der Miet- und Pachtbesitzer kann als Beteiligter (§ 9 Nr. 2) eine abweichende Feststellung dieser gesetzlichen VerstBed. verlangen (§ 59). — Es bleibt aber dabei, daß dem Ersteher der Miet- oder Pachtzins erst vom Zuschlag ab zukommt (§ 56).

§ 57a[1]. Der Ersteher ist berechtigt, das Miet- oder Pachtverhältnis unter Einhaltung der gesetzlichen Frist[2] zu kündigen[3]. Die Kündigung ist ausgeschlossen, wenn sie nicht für den ersten Termin erfolgt, für den sie zulässig ist[4].

1 Eingeschaltet durch G. v. 8. 6. 15 (Einl. 19). Der Paragraph entspricht dem bisherigen Satz 2 des § 57 unter Weglassung des Wortes „jedoch" vor berechtigt.

2 Vierteljährige usw. Kündigungsfrist für Miete (§ 565 BGB.), halbjährige für Pacht (§ 595 BGB.).

3 Eine vor Rechtskraft des ZuschlB. erklärte Kündigung wird wirkungslos, wenn der Zuschl. im Beschwerdewege aufgehoben wird (§ 90[1]). — Macht Ersteher von dem Kündigungsrecht Gebrauch, so ist der Vermieter zum Schadenersatz wegen Nichterfüllung verpflichtet, § 541 BGB. E.R. 63[66]. 4 Im Falle des § 183 hat der Ersteher kein Kündigungsrecht.

§ 57b[1]. Soweit nach den Vorschriften des § 573 Satz 1 und der §§ 574, 575 des Bürgerlichen Gesetzbuchs für die Wirkung von Verfügungen und Rechtsgeschäften über den Miet- oder Pachtzins der Übergang des Eigentums in Betracht kommt, ist an dessen Stelle die Beschlagnahme[2] des Grundstücks maßgebend. Ist dem Mieter oder Pächter der Beschluß, durch den die Zwangsversteigerung angeordnet wird, zugestellt, so gilt mit der Zustellung die Beschlagnahme als dem Mieter oder Pächter bekannt[3]; die Zustellung erfolgt auf Antrag des Gläubigers an die von ihm bezeichneten Personen[4]. Dem Beschlusse soll eine Belehrung über die Bedeutung der Beschlagnahme für den Mieter oder Pächter beigefügt werden[5]. Das Gericht hat auf Antrag des Gläubigers zur Feststellung der Mieter und Pächter eines Grundstücks Ermittelungen zu veranlassen; es kann damit einen Gerichtsvollzieher oder einen sonstigen Beamten beauftragen, auch die zuständige örtliche Behörde[6] um Mitteilung der ihr bekannten Mieter und Pächter ersuchen.

Der Beschlagnahme zum Zwecke der Zwangsversteigerung steht die Beschlagnahme zum Zwecke der Zwangsverwaltung[7] gleich, wenn sie bis zum Zuschlag fortgedauert hat. Ist dem Mieter oder Pächter der Beschluß, durch den ihm verboten wird, an den Schuldner zu zahlen, zugestellt[8], so gilt mit der Zustellung die Beschlagnahme als dem Mieter oder Pächter bekannt[9].

Auf Verfügungen und Rechtsgeschäfte des Zwangsverwalters finden diese Vorschriften keine Anwendung[10].

1 Eingefügt durch G. v. 8. 6. 15 (Einl. 19). 2 Neuerung. Bisher war es der Zuschlag. Näheres § 57 A. 3. u. unten A. 3. 3 Die gültige Zustellung eines Beschlagnahmebeschlusses (wenn auch nicht des ersten, liefert also nicht etwa bloß den Beweis der Kenntnis, sondern ersetzt diese Kenntnis bei der Anwendung der §§ 573—575 BGB. in Verbindung mit § 57b. 4 Von Amts wegen, §§ 3ff. 5 Vom Reichstage angefügt. Pr. Muster für die Belehrung des Mieters unten VII, 6. Das Muster für den Pächter ist den Gerichten besonders mitgeteilt. 6 Gemeindevorstand, Polizeibehörde, Meldeamt. 7 § 148. 8 §§ 146[1], 22[2], 151[3]. 9 A. 3. 10 Vorauszahlungen des Mieters oder Pächters an diesen und Rechtsgeschäfte mit ihm im Rahmen des § 152 unterstehen also lediglich den §§ 573ff. BGB. ohne Rücksicht auf § 57b, so daß der Zuschlag, nicht die Beschlagnahme bei der Bestimmung des Endpunktes der Forderung maßgebend ist. Der Ersteher kann sich wegen der auf die Zeit nach dem Zuschlage fallenden Miete oder Pacht, soweit sie gültig an den Verwalter gezahlt ist, nur an diesen halten.

Kosten des Zuschlags.

§ 58. Die Kosten des Beschlusses, durch welchen der Zuschlag erteilt wird[1], fallen dem Ersteher zur Last[2].

1 E.Bay. 15[155]. 2 Für Pr.: §§ 126, 128, 133, 135 Pr. GKG. [unter V], Kaufstempel nach Tarif 78 (32a und c) Pr. StempG. Dazu Reichsstempel gemäß TarifNr. 11a und Zuschlag gemäß § 96 RStempG. in Verb. mit § 1[1] des G. v. 3. 7. 13. Über Belehrung der Parteien (Anh. VII, 5 § 20. — E.K. 26 B[21]). — Stempelbefreiung für Verträge zwischen Aszendenten und Deszendenten (Tarifst. 32[10] Nr. 2 Pr. StempG.) gilt nicht für Zuschl.beschlüsse, E.K. 38 B[76].

Abänderung der gesetzlichen Versteigerungsbedingungen.

§ 59. Jeder Beteiligte[1] kann eine von den gesetzlichen Vorschriften abweichende Feststellung des geringsten Gebots[2] und der Versteigerungsbedingungen[3] verlangen. Wird durch die Abweichung das Recht eines anderen Beteiligten beeinträchtigt, so ist dessen Zustimmung erforderlich[4].

Sofern nicht feststeht[5], ob das Recht durch die Abweichung beeinträchtigt wird, ist das Grundstück mit der verlangten Abweichung und ohne sie auszubieten[6].

Soll das Fortbestehen eines Rechtes[7] bestimmt werden[8], das nach § 52 erlöschen würde[9], so bedarf es nicht der Zustimmung eines nachstehenden Beteiligten[10].

1 § 9. § 23 A 3. 2 §§ 44–48.

3 §§ 49–58. Die Vorschriften über das Bestehenbleiben von Hypotheken (§§ 45, 50, 52) können nicht geändert werden. E.R. 57[209]. – § 55 ist nicht zwingend. Der Dritteigentümer eines Zubehörstücks kann als Beteiligter (§ 9) die Nichterstreckung der Verst. auf das Zubehörstück erreichen, wenn alle durch die Abweichung von der gesetzlichen Bedingung des § 55 beeinträchtigten Beteiligten zugestimmt haben (die nicht erschienenen in der Form des § 84²). Ob eine Beeinträchtigung vorliegt, also die Zustimmung des Widersprechenden erforderlich ist, muß im Zweifelsfalle durch doppeltes Ausgebot festgestellt werden (Abs. 2). Wegen Aufnahme der Ausschließung von Zubehör in den ZuschlB. § 55. A. 5. Wird das Bestehenbleiben einer Hyp. nach § 59 als VerstBed. festgesetzt, so liegt hierin im Zweifel zugleich eine Genehmigung der Übernahme der persönlichen Schuld durch den Ersteher, so daß es des Verfahrens nach § 416 BGB. nicht bedarf.

4 Ausnahme §§ 60, 61. – § 9 EG. 5 Redaktionelle Änderung der Reichstagskommission statt: Ist ungewiß, ob usw.

6 Doppeltes Ausgebot zur Feststellung, ob eine Beeinträchtigung stattfindet; § 61. – Das in dem Falle des § 55² (A. 2) erfolgte Doppelausgebot wird, wenn es sich um wert-

vollere Objekte handelt, in der Regel erkennen lassen, welcher Teil des bei der Verst. unter der gesetzlichen Bedingung erzielten Meistgebots als VerstErl. für das dem Dritteigentümer gehörige Zubehörstück anzusehen ist und nach § 37 Nr. 5 an dessen Stelle tritt. 7 jeder Art, namentlich auch einer Hypothek, Grundschuld, Rentenschuld. 8 Das Verlangen kann jeder Beteiligte stellen (Abs. 1 Satz 1); A. 9.

9 Eine Erhöhung des gG. liegt in der Bestimmung des Fortbestehens eines nach § 52 erlöschenden Rechts nicht. Die Änderung betrifft die Deckungsart (statt Barzahlung § 49 — Stehenbleiben) und setzt voraus, daß das Recht in das Meistgebot fällt.

10 Ohne Zustimmung des Beteiligten, dessen Recht stehen bleiben soll, kann die Abweichung von der gesetzlichen VerstBed. des § 49 nicht erfolgen. — Er wird regelmäßig sogar der Antragsteller sein (I § 77 u. D. 27). Für die der fortbestehenden Forderung nachstehenden Beteiligten ist die Gefahr der Benachteiligung regelmäßig ausgeschlossen. — Gleichstehende müssen zustimmen.

Feststellung von Zahlungsfristen.

§ 60. Jeder Beteiligte kann verlangen, daß für den das geringste Gebot übersteigenden Betrag[1] des Meistgebots Zahlungsfristen als Versteigerungsbedingung festgestellt werden; die Zustimmung eines anderen Beteiligten ist nicht erforderlich[2]. Soweit Zahlungsfristen bewilligt werden, ist das Gebot von dem Zuschlag an zu verzinsen[3].

1 § 49. 2 Wegen doppelten Ausgebots § 51. 3 § 49 A. 3.

§ 61. Im Falle des § 60 ist auf Antrag eines Beteiligten, dessen Recht durch die Bewilligung von Zahlungsfristen beeinträchtigt werden würde[1], das Grundstück mit Zahlungsfristen und ohne sie auszubieten. Der Zuschlag wird auf Grund des mit

Zahlungsfristen erfolgten Ausgebots nur erteilt, wenn ein Dritter[2] unter Sicherheitsleistung[3] sich verpflichtet, die dem Ersteher obliegende Zahlung vollständig oder mit einem Abzug im Verteilungstermine zu bewirken, und wenn im Falle eines Abzugs nach dessen Abrechnung das Meistgebot mit Zahlungsfristen höher ist als das andere Meistgebot.

In Ansehung der Verpflichtung des Dritten finden die Vorschriften des § 53, in Ansehung der Sicherheitsleistung die Vorschriften des § 69 entsprechende Anwendung. Die Sicherheitsleistung ist nicht erforderlich, wenn für ein eigenes Gebot des Dritten Sicherheitsleistung nicht verlangt werden könnte[4].

Wird der Dritte bei der Erteilung des Zuschlags für zahlungspflichtig erklärt[5], so tritt die Forderung gegen den Dritten als Versteigerungserlös an die Stelle der Forderung gegen den Ersteher[6]; die Forderung gegen den Ersteher steht dem Dritten zu.

1 insbesondere des Gläubigers und der gleich- und nachstehenden Berechtigten, die ein Recht auf sofortige Barzahlung haben, aber auch des Schuldners.

2 Er tritt den Beteiligten gegenüber an die Stelle des Erstehers, hat sie ohne Befristung im Verteilungstermine zu befriedigen (§ 134). — Er ist Kreditgeber des Erstehers, der verpflichtet ist, ihm in den Zahlungsfristen Ersatz zu leisten (Abs. 2 u. 3).

3 welche zum vollen Betrage der übernommenen Verpflichtung im VerstT. zu leisten ist. 4 § 67², ³. 5 § 82. 6 § 134.

Vorbereitung der Versteigerungsbedingungen.

§ 62. Das Gericht kann schon vor dem Versteigerungstermin Erörterungen[1] der Beteiligten über das geringste Gebot und die Versteigerungsbedingungen veranlassen, zu diesem Zwecke auch einen besonderen Termin[2] bestimmen.

1 Die Feststellung erfolgt erst im VerstT. § 66. — Bei Bahneinheiten Anhörung der Aufsichtsbehörde, BahnG. § 30.
2 Den Nichterschienenen treffen keine Versäumnisfolgen.

Mehrheit von Grundstücken.

§ 63. Mehrere in demselben Verfahren zu versteigernde[1] Grundstücke[2] sind einzeln auszubieten[3].

Jeder Beteiligte[4] [5] kann verlangen, daß neben dem Einzelausgebot alle Grundstücke und, sofern einige von ihnen mit einem und demselben Rechte belastet sind[6], auch diese Grundstücke zusammen ausgeboten werden[7]. Auf Antrag kann das Gericht auch in anderen Fällen das Gesamtausgebot einiger der Grundstücke anordnen[8].

Das Gesamtausgebot kann vor oder nach dem Einzelausgebot erfolgen[9].

Wird bei dem Einzelausgebot auf eines der Grundstücke ein Meistgebot abgegeben, das mehr beträgt als das geringste Gebot für dieses Grundstück, so erhöht sich bei dem Gesamtausgebote das geringste Gebot um den Mehrbetrag. Der Zuschlag wird auf Grund des Gesamtausgebots nur erteilt, wenn das Meistgebot höher ist als das Gesamtergebnis der Einzelausgebote.

Das Einzelausgebot unterbleibt, wenn die anwesenden[9] Beteiligten zustimmen, deren Rechte bei der Feststellung des geringsten Gebots nicht zu berücksichtigen sind.

1 Wegen der Zulässigkeit § 18. 2 selbständige (einheitliche). — Die Buchung auf einem gemeinschaftlichen Blatt hebt die Selbständigkeit nicht auf. §§ 4, 86 GBO. E.Bay. 12[543].

3 Einzelausgebot bildet die Regel. — Ausnahme in Abs. 5. Das Gesamtausgebot setzt Antrag voraus (Abs. 2 u. 3). Unterlassung des Einzelgebots wie des beantragten Gesamtausgebots im Falle des Abs. 2 Satz 1 begründen Versagung des Zuschl. und Beschwerde nach §§ 83 Nr. 2, 84, 100.

4 Die Abs. 2 u. 3 sind durch die Reichstagskommission geändert (KB. S. 23). Im Entw. II hieß es: „Jeder Beteiligte kann verlangen, daß die Grundstücke oder einige von ihnen auch zusammen ausgeboten werden."

5 § 9. — Interessiert sind nur die bei Feststellung des gG. nicht zu berücksichtigenden Beteiligten. 6 gleichgültig, ob dieses dem Anspruche des Gläubigers vorgeht oder nicht. — Für ersteren Fall § 64. 7 Für das Gesamtausgebot wird das gG. durch die Summe der gG. für die einzelnen Grundstücke gebildet. — Erhöhung im Falle des Abs. 4 — Für Gesamthypotheken § 64 A. 3. 8 Nach dem Ermessen des Gerichts. Kein Grund zur Beschwerde (§ 95) oder Versagung des Zuschl. (§ 83). 9 Das etwaige Interesse der abwesenden Beteiligten an einem Einzelausgebot wird nicht beachtet. (KB. 24).

§ 64. Werden mehrere Grundstücke, die mit einer dem Anspruche des Gläubigers vorgehenden Gesamthypothek belastet sind, in demselben Verfahren versteigert[1], so ist auf Antrag[2] die Gesamthypothek bei der Feststellung des geringsten Gebots für das einzelne Grundstück nur zu dem Teilbetrage[3] zu berücksichtigen, der dem Verhältnisse des Wertes[4] des Grundstücks zu dem Werte der sämtlichen Grundstücke entspricht; der Wert wird unter Abzug der Belastungen berechnet, die der Gesamthypothek im Range vorgehen und bestehen bleiben[5]. Antragsberechtigt sind der Gläubiger, der Eigentümer und jeder dem Hypothekengläubiger[6] gleich- oder nachstehende Beteiligte.

Wird der im Abs. 1 bezeichnete Antrag gestellt, so kann der Hypothekengläubiger[6] bis zum Schlusse der Verhandlung im Versteigerungstermine[7] verlangen, daß bei der Feststellung des geringsten Gebots[8] für die Grundstücke nur die seinem Anspruche vorgehenden Rechte berücksichtigt werden[9]; in diesem Falle sind die Grundstücke auch mit der verlangten Abweichung auszubieten[10]. Erklärt sich nach erfolgtem Ausgebote der Hypothekengläubiger[6] der Aufforderung des Gerichts ungeachtet nicht darüber, welches Ausgebot für die Erteilung des Zuschlags maßgebend sein soll, so verbleibt es bei der auf Grund des Abs. 1 erfolgten Feststellung des geringsten Gebots[11].

Diese Vorschriften finden entsprechende Anwendung, wenn die Grundstücke mit einer und derselben Grundschuld oder Rentenschuld belastet sind[12].

1 Wegen der Zulässigkeit § 18. 2 Im Entw. II hieß es: „auf Antrag eines Beteiligten". — Die Antragsberechtigten bezeichnet der Schlußsatz in Abs. 1. (KB. 29.) 3 An und für sich würde die Gesamthypothek die bei dem Gesamtausgebot nur einmal zu berücksichtigen ist, beim Einzelausgebot für jedes Grundstück zum vollen Betrage zu berücksichtigen sein. (§ 1132 BGB.) 4 § 11 EG. — auch § 42. Über die Wertbestimmung verordnet.

Pr. AGZVG. Art. 8. In den Fällen der §§ 64, 112 des Reichsgesetzes ist der Wert der Grundstücke auf den vierzigfachen Betrag des staatlich ermittelten Grundsteuerreinertrags und den fünfundzwanzigfachen Betrag des staatlich ermittelten Gebäudesteuernutzungswerts zu bestimmen. Ergeben sich begründete Bedenken gegen die Richtigkeit dieser Bestimmung oder sind die Grundstücke nicht zur Grundsteuer oder zur Gebäudesteuer staatlich veranlagt, so hat das Gericht den Wert

nach freiem Ermessen, nötigenfalls unter Zuziehung eines Sachverständigen, zu bestimmen.

In den Hohenzollernschen Landen ist an Stelle des nach der Grund- und Gebäudesteuer zu berechnenden Wertes der Steueranschlag massgebend.

Pr. GKG. §§ 124, 127. — Bez. der Bahneinheiten BahnG. § 31.

5 § 1172² BGB.

6 der Gesamthypothek. Der Gesamthypothekengläubiger selbst ist nach Abs. 1 nicht antragsberechtigt. — Seinen Interessen wird der Abs. 2 gerecht (A. 8—10).

7 §§ 73, 74; insbesondere § 73 A. 4. **8** Die hier folgenden Worte des Entw. II: „der Betrag seiner Gesamthypothek auf die zu versteigernden Grundstücke in anderer Weise verteilt wird oder" sind von der Reichstagskommission gestrichen. (KB. 29, 30.)

9 Das Recht des Gesamthypothekengläubigers, den Betrag seiner Forderung auf die einzelnen Grundstücke nach § 1132² BGB. zu verteilen und dadurch die Gesamthypothek in Einzelhypotheken zu verwandeln, oder auf die Hypothek an einem der Grundstücke zu verzichten und dadurch für dieses Grundstück die Hypothek zu beseitigen (§ 1175¹ Satz 2 BGB.), bleibt unberührt. Dem VollstrGericht muß jedoch die Löschung der Hypothek, soweit sie aufgegeben ist, nachgewiesen werden.

10 Doppelausgebot (: „auch"). Die Abweichung von § 44 besteht darin, daß die Gesamthypothek und die ihr gleich- oder nachstehenden Rechte zahlbar werden. Die Entscheidung, zu welchem Ausgebot der Zuschl. zu erteilen ist, steht dem Gesamthypothekengläubiger zu. Doch muß der Zuschl. auf ein unter Abweichung von der gesetzlichen Bedingung des § 44 veranlaßtes Ausgebot versagt werden, wenn die Gesamthypothek (Grundschuld, Rentenschuld) oder die ihr gleich- oder nachstehenden, den Ansprüchen des betreibenden Gläubigers aber vorgehenden Rechte durch das Gesamtergebnis der Einzelausgebote nicht gedeckt werden (§ 83 Nr. 3).

11 und deren Folgen. Die nach Abs. 1 verteilte Gesamthypothek erlischt, sobald der Zuschl. erfolgt ist (§§ 91, 44, 49, 52) in Ansehung der einzelnen Grundstücke zu dem Betrage, welcher bei der Feststellung des gG. für das Grundstück nicht berücksichtigt ist; soweit sie Berücksichtigung gefunden hat, bleibt sie an jedem Grundstück als Einzelhypothek bestehen. Ist nur ein Teil der mitbelasteten Grundstücke versteigert, so dauert die Gesamthypothek an den nicht versteigerten Grundstücken als solche in ihrem bisherigen Umfange fort; auch im Verhältnisse zu den einzelnen Hypotheken an den versteigerten Grundstücken bleibt sie insoweit Gesamthypothek (D. 32).

Der Schlußsatz ist von der Reichstagskommission hinzugefügt (KB. 26).

12 Auf gesamthaftende Reallasten ist § 64 nicht anwendbar.

Sonderverwertung mithaftender Gegenstände.

§ 65. Das Gericht kann auf Antrag anordnen, daß eine Forderung oder eine bewegliche Sache von der Versteigerung des Grundstücks ausgeschlossen und besonders versteigert werden soll[1]. Auf Antrag kann auch eine andere Art der Verwertung angeordnet, insbesondere zur Einziehung einer Forderung ein Vertreter bestellt oder die Forderung einem Beteiligten mit dessen Zustimmung an Zahlungsstatt überwiesen werden. Die Vorschriften der §§ 817, 820, 835 der Zivilprozeßordnung finden entsprechende Anwendung. Der Erlös ist zu hinterlegen[2].

Die besondere Versteigerung oder die anderweitige Verwertung ist nur zulässig, wenn das geringste Gebot erreicht ist[3].

1 Widerspruchsrecht eines Hypothekengläubigers, dessen Recht bestehen bleibt, wegen Gefährdung der Sicherheit nach §§ 1134, 1135 BGB. – Geltendmachung § 766 ZPO. Gegen die von dem Dritteigentümer eines Zubehörstücks beantragte

Sonderversteigerung desselben kein Widerspruchsrecht, weil die Hypothek sich auf dasselbe nicht erstreckt (§ 1120 BGB.). — Gegen Zurückweisung des Antrags keine Beschwerde nach § 95; dagegen Antrag auf Versagung des Zuschl. (§§ 83 Nr. 5, 84) und Beschwerde (§ 100).

2 Über die Zugehörigkeit des Erlöses zur Teilungsmasse s. § 107[1] Satz 2. — Weiterhaftung ausgeschlossenen Zubehörs für nicht zur Hebung gelangte Hypotheken § 91 A. 2.

3 Also erst nach Schluß der Verst.; der Ausschluß von der Verst. des Grundstücks ist schon vorher zulässig.

V. Versteigerung.

Gang der Verhandlung.

§ 66. In dem Versteigerungstermine werden nach dem Aufrufe der Sache die das Grundstück betreffenden Nachweisungen[1], die das Verfahren betreibenden Gläubiger[2], deren Ansprüche[3], die Zeit der Beschlagnahme[4] und die erfolgten Anmeldungen[5] bekannt gemacht, hierauf das geringste Gebot[6] und die Versteigerungsbedingungen[7] nach Anhörung der anwesenden Beteiligten[8], nötigenfalls mit Hilfe eines Rechnungsverständigen[9], unter Bezeichnung der einzelnen Rechte festgestellt[10] und die erfolgten Feststellungen verlesen[11].

Nachdem dies geschehen, hat das Gericht auf die bevorstehende Ausschließung weiterer Anmeldungen[12] hinzuweisen und sodann zur Abgabe von Geboten aufzufordern[13—15].

1 § 42. 2 §§ 9, 15, 27. 3 §§ 16, 27 (§ 13[3]). 4 §§ 22, 27. 5 §§ 9 Nr. 2, 37 Nr. 4, 45, 53[2], 54; auch § 325[3] Satz 2 ZPO. — § 8 EG. 6 §§ 44 bis 48. — § 8 EG. 7 §§ 49—58. — § 9 EG. 8 §§ 59 bis 61 und § 62. 9 Pr. AVf. v. 28. 6. 07.

10 Bei Verletzung der Vorschriften über die Feststellung des gG. keine Beschwerde nach § 95, wohl aber nach §§ 83 Nr. 1, 84 Versagung des Zuschl., nach § 100 Beschwerde. — Bahneinheiten § 30 BahnG.

11 Eine nur mündliche Erklärung des Richters genügt zur Feststellung einer VerstBed. nicht, kann aber zur Auslegung einer solchen verwertet werden. — Belehrung der Beteiligten im Stempelinteresse Anh. VII, 5 § 20[2].

12 Die Ausschließung weiterer (gegen die Nachteile des § 37 Nr. 4 sichernder) Anmeldungen tritt mit der Aufforderung zur Abgabe von Geboten ein, ohne daß sie besonders ausgesprochen zu werden braucht. Abgesehen von den Rechtsnachteilen des § 37 Nr. 4, hat die unterbliebene Anmeldung auch die Folge, daß der Berechtigte nicht als Beteiligter des VerstVerfahrens gilt (§ 9 Nr. 2). Für das Verteilungsverfahren sind Anmeldungen noch im Verteilungstermin zulässig (§ 114).

13 Die Beteiligten sind über die Bedeutung des gG., der VerstBed. und des Bargebots sowie insbesondere darüber zu belehren, daß in dem Bargebote die in dem gG. berücksichtigten Kapitalbeträge nicht mitinbegriffen sind, AVf. v. 12. 1. 03. — Versagung des Zuschl. und Beschwerde, wenn die nach der Aufforderung zur Abgabe von Geboten erfolgte Anmeldung oder Glaubhaftmachung ohne Beachtung der Vorschrift des § 66[2] zurückgewiesen ist. (§ 83 Nr. 4, §§ 84, 100.)

14 Abgehalten vom Bieten: § 270 Pr. StrGB. Beschl. d. vereinigten Zivilsenate v. 17. 3. 05, E.R. 60[273]; Gr. 55[1156], JW. 11[291], 12[44]. R. in Straff. 10[714], 39[134], JW. 08[296].

15 Berücksichtigung eines Gebots für Erteilung des Zuschl. setzt Protokollierung voraus (§ 80).

Sicherheitsleistung des Bieters.

§ 67. Ein Beteiligter[1], dessen Recht durch Nichterfüllung des Gebots beeinträchtigt werden würde, kann Sicherheitsleistung[2] verlangen, jedoch nur sofort nach Abgabe des Gebots[3]. Das Verlangen gilt auch für weitere Gebote desselben Bieters.

Steht dem Bieter eine durch das Gebot ganz oder teilweise gedeckte Hypothek[4], Grundschuld oder Rentenschuld zu, so braucht er Sicherheit nur auf Verlangen des Gläubigers[5] zu leisten. Auf Gebote des Schuldners oder eines neu eingetretenen Eigentümers[6] findet diese Vorschrift keine Anwendung.

Für ein Gebot des Reichs, der Reichsbank oder eines Bundesstaats kann Sicherheitsleistung nicht verlangt werden[7]. Das Gleiche gilt in Ansehung eines Gebots, zu dessen Erfüllung sich nach § 61 ein Dritter verpflichtet hat[8].

1 § 9. 2 Höhe: § 68¹. — Art: § 69.

3 Entscheidung erfolgt sofort durch das Gericht (§ 70). Liegt mögliche Beeinträchtigung vor, so muß dem Verlangen entsprochen werden, auch wenn der Bieter vom Gerichte für zahlungsfähig erachtet wird (jedoch Abs. 2 u. 3). § 70 A. 6. — Wird das Verlangen zum Zwecke der Vereitelung des Bietens gestellt, so fällt dies nicht notwendig unter § 826 BGB., E.R. 58²¹⁴.

4 jeder Art; auch Sicherungshypothek. Bei Briefhypotheken hat der nicht eingetragene Bieter sich durch Vorlegung des Briefes und nach § 1155 BGB. als Gläubiger auszuweisen. — Wegen einer durch das Gebot ganz oder teilweise gedeckten wirksam angemeldeten Bauforderung § 37 Abs. 2. G. v. 1. 6. 09 (Einl. 19). 5 sowohl des ersten (§ 16) als eines beitretenden (§ 27). 6 § 26. — Höhe der Sicherheit: § 68³. — Art: § 69. 7 § 10 Nr. 1 EG. und dazu:

Pr. AGZVG. Art. 9. Für ein Gebot einer Gemeinde oder eines anderen Kommunalverbandes, einer landschaftlichen, ritterschaftlichen, städtischen oder provinzialen Kreditanstalt oder einer öffentlichen Sparkasse kann Sicherheitsleistung nicht verlangt werden.

8 Der Dritte hat Sicherheit zu leisten, § 61.

Höhe der Sicherheitsleistung.

§ 68. Die Sicherheit ist für ein Zehntel des Bargebots[1], wenn aber der Betrag der aus dem Versteigerungserlöse zu entnehmenden Kosten höher ist, für diesen Betrag zu leisten.

Ein Beteiligter, dessen Recht nach § 52 bestehen bleibt, kann Sicherheitsleistung bis zur Höhe des Betrags verlangen, welcher zur Deckung der seinem Rechte vorgehenden Ansprüche durch Zahlung zu berichtigen ist[2].

Bietet der Schuldner oder ein neu eingetretener Eigentümer des Grundstücks[3], so kann der Gläubiger[4] Sicherheitsleistung bis zur Höhe des Betrags verlangen, welcher zur Deckung seines Anspruchs durch Zahlung zu berichtigen ist.

1 § 49. Der Teil des Gebots, für welchen Zahlungsfristen (§ 60) bestehen, kommt nicht in Betracht, weil insoweit die Befriedigung nicht bar, sondern durch Übertragung der befristeten Forderung an den Ersteher geschieht (§ 118).

2 § 49. 3 §§ 67², 26. 4 § 9. A. 1.; für die anderen Beteiligten bleibt es bei Abs. 1, 2.

Art der Sicherheitsleistung.

§ 69. Die Sicherheitsleistung ist durch Hinterlegung von Geld oder inländischen Wertpapieren[1] zu bewirken[2]. Wertpapiere sind zur Sicherheitsleistung nur geeignet, wenn sie auf den Inhaber lauten und einen Kurswert haben; den Inhaberpapieren stehen Orderpapiere gleich, die mit Blankoindossament versehen sind. Mit Wertpapieren kann die Sicherheit in Höhe des ganzen Kurswerts[3] geleistet werden.

Die Übergabe an das Gericht hat die Wirkung der Hinterlegung[4, 5].

1 mit den Zinsscheinen usw. (§ 234² BGB.). Mündelgeldsicherheit (§§ 234, 1807 BGB.) ist nicht erforderlich; der Beteiligte (§ 67¹) kann sich auch mit jeder andern Art der Sicherheitsleistung (z. B. durch Sparkassenbücher) begnügen.

2 Die Wirkung ergibt § 233 BGB.

3 Abweichung von § 234³ BGB. — Kurswert während des Krieges Bek. des Reichskanzlers v. 12. 12. 14.

4 §§ 372ff. BGB. — Das Gericht, wenn es nicht (wie nach Pr. Hinterlegungsordnung § 2) selbst Hinterlegungsstelle ist, hat die Hinterlegung der Sicherheit, sofern das Gebot beim Schluß der Verst. noch in Betracht kommt, bei dieser nach Maßgabe der Landesgesetze zu bewirken (a. 145 EGBGB.). Die für erloschene Gebote (§ 72) bestellte Sicherheit ist zurückzugeben.

5 Über Sicherheitsleistung durch Stellung eines Bürgen § 10 Nr. 2 EG. und dazu:

Pr. AGZVG. Art. 10. Im bisherigen Geltungsbereiche des Rheinischen Rechtes darf die Sicherheit für ein Gebot auch durch Stellung eines Bürgen nach § 239 des Bürgerlichen Gesetzbuchs geleistet werden.

Wird dem Bieter der Zuschlag erteilt, so ist in dem Beschlusse der Bürge unter Angabe der Höhe seiner Schuld für mithaftend zu erklären. Soweit zur Ausführung des Teilungsplans die Forderung gegen den Ersteher auf die Berechtigten übertragen wird, ist den Berechtigten nach der Rangordnung ihrer Ansprüche die Forderung gegen den Bürgen mitzuübertragen. Die Forderung ist nach Massgabe des § 132 des Reichsgesetzes gegen den Bürgen vollstreckbar.

Auf Gebote des Schuldners oder eines neu eingetretenen Eigentümers finden diese Vorschriften keine Anwendung.

Entscheidung über die Sicherheitsleistung.

§ 70. Das Gericht hat über die Sicherheitsleistung sofort zu entscheiden[1].

Erklärt das Gericht die Sicherheit für erforderlich, so ist sie sofort zu leisten[2]. Unterbleibt die Leistung[3], so ist das Gebot zurückzuweisen[4].

Wird das Gebot ohne Sicherheitsleistung zugelassen und von dem Beteiligten, welcher die Sicherheit verlangt hat, nicht sofort[5] Widerspruch erhoben, so gilt das Verlangen als zurückgenommen[6].

1 über ihre Erforderlichkeit: nachdem sie verlangt ist (§ 67[1] insbes. A. 3, unten A. 6); über ihre genügende Bestellung: nachdem sie geleistet ist (§§ 68, 69). 2 nach § 69. 3 in der genügenden Höhe und Art (§§ 68, 69). 4 als unwirksam (§ 71[1]). 5 nachdem das Gericht das Gebot ohne Sicherheitsleistung zugelassen hat.

6 Entscheidungen über Erforderlichkeit, Höhe und Art der Sicherheitsleistung unterliegen keiner Beschwerde nach § 95. Für die Entscheidung über den Zuschl. ist aber zu beachten, daß die Zulässigkeit und Wirksamkeit des Meistgebots, wenn die Beteiligten Sicherheitsleistung verlangen können, von deren Leistung abhängig ist (§ 71[1]). Der Beteiligte wahrt sich durch Erhebung des Widerspruchs das Recht der Beschwerde gegen Erteilung des Zuschlages (§§ 81 A. 1, 100).

Unwirksames Gebot.

§ 71. Ein unwirksames Gebot[1] ist zurückzuweisen.

Ist die Wirksamkeit eines Gebots von der Vertretungsmacht desjenigen, welcher das Gebot für den Bieter abgegeben hat, oder von der Zustimmung eines anderen oder einer Behörde[2] abhängig, so erfolgt die Zurückweisung, sofern nicht die Vertretungsmacht oder die Zustimmung bei dem Gericht offenkundig ist oder durch eine öffentlich beglaubigte Urkunde[3] sofort[4] nachgewiesen wird.

1 Zulassung und Zurückweisung von Geboten durch den Richter; Zulassung kann auch stillschweigend geschehen (§ 72). --

Fälle der Unwirksamkeit: z. B. §§ 44[1], 70[2],[3], 71[2], ferner mangelnde Geschäftsfähigkeit des Bieters (§§ 104 ff. BGB.), a. 86 EGBGB. Über die Wirksamkeit der Gebote von Gerichtspersonen §§ 456 bis 458 BGB.; über die Beschränkungen der Hypothekenbanken bei Erwerb von Grundstücken § 5[3] HypBankGes., bez. der Versicherungsaktiengesellschaften und der Versicherungsvereine auf Gegenseitigkeit § 54 PrivVUntGes. — Irrtum bei Abgabe eines Gebots ist bis zur Erteilung des Zuschl. durch Erklärung gegenüber dem VerstRichter geltend zu machen; begründete Anfechtung macht das Gebot unwirksam. Nach Erteilung des Zuschl. Anfechtung nur im Beschwerdewege, nicht durch Klage. E.R. 54[308], 57[209]. Nach Rechtskraft des ZuschlB. ist die Anfechtung ausgeschlossen, E.Bay. 9[497].

2 § 182 BGB. — Zustimmung einer Behörde erforderlich nach §§ 1821 Nr. 4, 1915 BGB. (sinngemäß; Vormund, Pfleger), §§ 89b, 103n GewO. (Innungen, Handwerkskammern); landesrechtlich: a. 86, 88 EGBGB. und dazu:

Pr. AGBGB. Art. 7. § 1. Juristische Personen, die in Preussen ihren Sitz haben a, bedürfen zum Erwerbe von Grundstücken im Werte von mehr als fünftausend Mark der Genehmigung der staatlichen Aufsichtsbehörde.

Dies gilt nicht für Familienstiftungen b, für juristische Personen, deren Rechtsfähigkeit auf einem neben dem Bürgerlichen Gesetzbuche bestehenden Reichsgesetze c beruht, sowie für solche juristische Personen des öffentlichen Rechtes, welche nach den für sie geltenden Gesetzen ohne die im Abs. 1 bezeichnete Genehmigung Grundeigentum erwerben können d.

Sparkassen, die durch staatliche Verleihung Rechtsfähigkeit erlangt haben, können ein von ihnen beliehenes Grundstück im Zwangsversteigerungsverfahren ohne die Genehmigung erwerben e.

§ 2. Juristische Personen, die in einem anderen Bundesstaat ihren Sitz haben, bedürfen zum Erwerbe von Grundstücken im Werte von mehr als fünftausend Mark der Genehmigung des Königs oder der durch Königliche Verordnung bestimmten Behörde f.

Der gleichen Genehmigung bedürfen ausländische juristische Personen zum Erwerbe von Grundstücken ohne Rücksicht auf den Wert.

a) Dazu gehören auch Vereine und Stiftungen, die nach Massgabe der Vorschriften des BGB. (§§ 21 ff., 80 ff.) Rechtsfähigkeit erlangen.
b) Über Familienstiftungen Pr. AGBGB. a. 1—3.
c) Z. B. Reichsfiskus.
d) Dahin gehören: die landschaftlichen Kreditinstitute bezüglich der von ihnen beliehenen Güter (Erl. v. 1. 12 69), die Stadt- und Landgemeinden nach Massgabe der Städte- und Landgemeindeordnungen (z. B. Städteordnung v. 30. 5. 53 § 59, Landgemeindeordnung v. 3. 7. 91 § 114).
e) Zusatz der Kommission des AbgHauses.
f) a. 6 Ver. v. 16. 11. 99.

3 § 129 BGB., § 29 GBO.

4 bei der Abgabe des Gebotes — § 81[3] bietet einen Ausweg. Der Vertreter bietet für sich selbst und erklärt als Meistbietender, daß er für den Machtgeber geboten habe, dann kann die Vertretungsmacht bis zur Erteilung des Zuschl. nachgewiesen werden (§ 87). Der Vertreter haftet dann als Meistbietender gesamtschuldnerisch neben dem Machtgeber (§ 81[4]).

Erlöschen des Gebots.

§ 72. Ein Gebot erlischt, wenn ein Übergebot zugelassen[1] wird und ein Beteiligter der Zulassung nicht sofort[2] widerspricht. Das Übergebot gilt als zugelassen, wenn es nicht sofort[3] zurückgewiesen wird.

Ein Gebot erlischt auch dann, wenn es zurückgewiesen wird und der Bieter oder ein Beteiligter der Zurückweisung nicht sofort[3] widerspricht[4].

Das Gleiche[5] gilt, wenn das Verfahren einstweilen eingestellt[6] oder der Termin aufgehoben wird[7].

1 Satz 2. — Durch die Zulassung erlischt das Vorgebot endgültig; auch wenn sich das Übergebot nachträglich als unwirksam erweist.

2 nach der Abgabe des Übergebots. Der Vorbieter bleibt im Falle des Widerspruchs trotz des Übergebots gebunden.

Der Widerspruch wahrt dem Vorbieter und den Beteiligten das Recht der Beschwerde gegen die Erteilung des Zuschl. an den Überbieter als Meistbietenden (§§ 81, 97, 100).

3 nach der Zurückweisung § 71; der Bieter bleibt im Falle des Widerspruchs trotz der Zurückweisung gebunden. Der Widerspruch wahrt dem Bieter oder den Beteiligten das Recht der Beschwerde gegen die Erteilung des Zuschl. an den infolge der Zurückweisung als Meistbietender behandelten Vorbieter (§§ 81, 97, 100).

4 Wegen unberechtigter Zurückweisung eines früheren Gebots kann die ZuschlErteilung nicht angefochten werden, wenn der Zurückgewiesene vom Weiterbieten Abstand genommen hat und der Zulassung weiterer Gebote nicht widersprochen worden ist.

5 Das letzte Gebot kann in seiner Wirksamkeit durch Widerspruch des Gläubigers gegen die einstweilige Einstellung des Verfahrens und die Aufhebung des Termins aufrechterhalten werden. 6 §§ 28—30, 31, 75—77, — auch bei Aufhebung des Verfahrens nach § 29. 7 § 30[2]. — Anders bei Anberaumung eines neuen VerstT. im Falle des § 95.

Dauer und Schluß der Versteigerung.

§ 73. Zwischen der Aufforderung zur Abgabe von Geboten[1] und dem Zeitpunkt, in welchem bezüglich sämtlicher zu versteigernder Grundstücke[2] die Versteigerung geschlossen wird, muß mindestens eine Stunde liegen. Die Versteigerung muß so lange fortgesetzt werden, bis der Aufforderung des Gerichts ungeachtet ein Gebot nicht mehr abgegeben wird[3].

Das Gericht hat das letzte Gebot und den Schluß der Versteigerung[4] zu verkünden[5]. Die Verkündung des letzten Gebots soll mittelst dreimaligen Aufrufs erfolgen.

1 § 66[2]. 2 §§ 18, 63 [1-3]. Die Stunde braucht nicht für jedes Einzelgrundstück eingehalten zu werden. KB. 30, 31.

3 Nichtbeachtung des Abs. 1 begründet Versagung des Zuschl. (§§ 83, 84) und Beschwerde (§ 100). 4 Der Schluß der Verst. deckt sich nicht mit dem Schlusse der Verhandlung im VerstT. (§§ 64, 85). - § 74. 5 Belehrung des Erstehers im Stempelinteresse Anh. VII, 5, § 20[1].

Verhandlung über Erteilung des Zuschlags.

§ 74. Nach dem Schlusse der Versteigerung sind die anwesenden Beteiligten über den Zuschlag zu hören[1].

1 § 78 und § 87[3].

Zahlung an das Gericht.

§ 75. Zahlt nach dem Beginne der Versteigerung[1] der Schuldner oder ein Dritter, der berechtigt ist, den Gläubiger zu befriedigen[2], den zur Befriedigung[3] und zur Deckung der Kosten erforderlichen Betrag an das Gericht, so wird das Verfahren einstweilen[4] eingestellt[5].

1 im VerstT. (§ 66) oder bis zur Verkündung der Entscheidung über den Zuschl. Vorher darf das Gericht Zahlungen nicht annehmen. 2 §§ 268, 1150, 1192, 1200 BGB. 3 Wird bei Vorhandensein mehrerer betr. Gläubiger nur für einen gezahlt, so ist das Verfahren nur in Bezug auf diesen einzustellen.

4 Die Zahlung an das Gericht befriedigt den Gläubiger und befreit den Schuldner noch nicht.

5 Eines ausdrücklichen Antrags bedarf es bei dem Zwecke der Zahlung nicht. — Die Einstellung erfolgt durch Beschluß (§ 32) oder wenn die Zahlung nach Schluß der Verst. erfolgt, nach § 33. — Beschwerde § 95 mit A. 7. — Fortsetzung des Verfahrens nur auf Antrag des Gläubigers (§ 31).

Deckung des Anspruchs des Gläubigers durch ein Einzelgebot.

§ 76. Wird bei der Versteigerung mehrerer Grundstücke auf eines oder einige so viel geboten, daß der Anspruch des Gläubigers gedeckt ist, so wird[1] das Verfahren in Ansehung der übrigen Grundstücke einstweilen[2] eingestellt; die Einstellung unterbleibt, wenn sie dem berechtigten Interesse des Gläubigers widerspricht[3].

Ist die einstweilige Einstellung erfolgt, so kann der Gläubiger die Fortsetzung des Verfahrens verlangen, wenn er ein berechtigtes Interesse[4] daran hat, insbesondere wenn er im Verteilungstermine nicht befriedigt worden ist. Beantragt der Gläubiger die Fortsetzung nicht vor dem Ablaufe von drei Monaten nach dem Verteilungstermine, so gilt der Versteigerungsantrag als zurückgenommen[5].

1 Antrag nicht erforderlich, aber ohne ihn (des Schuldners oder des neueingetretenen Eigentümers) kein Beschwerderecht (§ 95) wegen unterlassener Einstellung; über Beschwerde gegen den Zuschl. bei unterlassener Einstellung § 95 A. 7. — § 76 findet auch Anwendung, wenn neben dem Einzel- oder Gruppenausgebot ein Gesamtausgebot stattfindet (§ 63²).

2 Das Gebot gewährt noch keine Befriedigung des Gläubigers. — Die für die übrigen Grundstücke abgegebenen Gebote erlöschen (§ 72³, jedoch § 33 A. 3).

3 weil er andernfalls schneller oder für ihn vorteilhafter zur Befriedigung zu gelangen Aussicht hat. Beschwerderecht des Gläubigers, wenn die Einstellung gegen seinen Widerspruch vor Schluß der Verst. durch Beschluß (§ 32) geschah (§ 95). Nach dem Schlusse der Verst. einstweilige Einstellung nur nach § 33.

4 A. 3. 5 Das Verfahren ist hinsichtlich der übrigen Grundstücke aufzuheben (§§ 29, 34).

Ergebnislosigkeit der Versteigerung.

§ 77. Ist ein Gebot nicht abgegeben oder sind sämtliche Gebote erloschen[1], so wird das Verfahren einstweilen eingestellt[2].

Bleibt die Versteigerung in einem zweiten Termine gleichfalls ergebnislos, so wird das Verfahren aufgehoben[3]. Liegen die Voraussetzungen für die Anordnung der Zwangsverwaltung[4] vor, so kann auf Antrag des Gläubigers das Gericht anordnen, daß das Verfahren als Zwangsverwaltung fortgesetzt wird[5]. In einem solchen Falle bleiben die Wirkungen der für die Zwangsversteigerung erfolgten Beschlagnahme[6] bestehen; die Vorschrift des § 155 Abs. 1 findet jedoch auf die Kosten der Zwangsversteigerung keine Anwendung[7].

1 § 72. 2 durch Beschluß (§ 32). Beschwerde § 95. Fortsetzung des Verfahrens nur auf Antrag des Gläubigers nach § 31. 3 §§ 32, 34. 4 § 866 ZPO. (unter I) und dritter Titel dieses Abschnitts. 5 durch Beschluß (§ 20). Eintragung der Anordnung (§§ 19, 146). Beschwerde § 95. 6 §§ 23, 27. 7 d. h. die Kosten der ZwVerst. werden nicht aus den Nutzungen vorweg bestritten.

Terminsprotokoll.

§ 78. Vorgänge in dem Termine, die für die Entscheidung über den Zuschlag oder für das Recht eines Beteiligten in Betracht kommen, sind durch das Protokoll festzustellen; bleibt streitig, ob oder für welches Gebot der Zuschlag zu erteilen ist, so ist das Sachverhältnis mit den gestellten Anträgen in das Protokoll aufzunehmen[1].

1 Form in entsprechender Anwendung der §§ 159—164 ZPO. Offenbare Unrichtigkeiten (§ 319 ZPO.) können berichtigt werden. §§ 80, 85. — Es brauchen nicht alle unstreitig erledigten Gebote protokolliert zu werden, sondern nur diejenigen, die bei Schluß der Verst. noch für die Entscheidung über den Zuschl. in Betracht kommen. Diese gelten aber auch erst mit der Aufnahme in das Protokoll als abgegeben (§ 80).

VI. Entscheidung über den Zuschlag.

Beschlußfassung.

§ 79. Bei der Beschlußfassung über den Zuschlag ist das Gericht an eine Entscheidung, die es[1] vorher getroffen hat, nicht gebunden.

1 das Gericht selbst. § 79 gilt (abweichend von § 577³ ZPO.) auch für Entscheidungen, die nach § 95 selbständig mit sofortiger Beschwerde anfechtbar waren, z. B. bei Entscheidungen über Einstellungsanträge. — An eine Vorentscheidung des Beschwerdegerichts (§ 95) ist das VollstrGericht gebunden. Ersteres kann bei der von ihm zu treffenden Entscheidung über den Zuschl. von seinen Vorentscheidungen abgehen.

§ 80. Vorgänge in dem Versteigerungstermine, die nicht aus dem Protokoll ersichtlich sind[1], werden bei der Entscheidung über den Zuschlag nicht berücksichtigt[2].

1 § 78. Berichtigung § 78 A. 1. — Vorgänge außerhalb des VerstT., die zu berücksichtigen sind, in § 81², ³.

2 § 80 bezieht sich nur auf solche Vorgänge, zu deren Beurkundung das Protokoll bestimmt ist. Berücksichtigung mündlicher Erklärungen § 66 A. 11, eines Irrtums § 44 A. 3, § 71 A. 1. — Bezüglich der Förmlichkeiten nur Nachweis der Fälschung (§ 164 ZPO.), im übrigen auch der objektiver Unrichtigkeit, aber nur mit der Wirkung, daß der unrichtige Teil seine Beweiskraft verliert, ohne daß zugleich der richtige, nicht protokollierte Sachverhalt an seine Stelle tritt.

Erteilung des Zuschlags.

§ 81. Der Zuschlag ist dem Meistbietenden zu erteilen[1].

Hat der Meistbietende das Recht aus dem Meistgebot an einen anderen abgetreten und dieser die Verpflichtung aus dem Meistgebot übernommen[2], so ist, wenn die Erklärungen im Versteigerungstermin[3] abgegeben oder nachträglich durch öffentlich beglaubigte Urkunden[4] nachgewiesen werden[5], der Zuschlag nicht dem Meistbietenden, sondern dem anderen zu erteilen.

Erklärt der Meistbietende im Termin oder nachträglich in einer öffentlich beglaubigten Urkunde[4], daß er für einen anderen geboten habe, so ist diesem der Zuschlag zu erteilen, wenn die Vertretungsmacht des Meistbietenden oder die Zustimmung des anderen entweder bei dem Gericht offenkundig ist oder durch eine öffentlich beglaubigte Urkunde[4] nachgewiesen wird[5].

Wird der Zuschlag erteilt, so haften der Meistbietende und der Ersteher[6] als Gesamtschuldner[7].

1 wenn ein wirksames Meistgebot zur Zeit des Zuschl. vorliegt (§§ 71 u. 72 und § 70 A. 6; § 72 A. 2—5) und der Zuschl. nicht nach §§ 83ff. versagt werden muß. § 73[2]. Über Irrtum bei Abgabe des Meistgebots § 44 A. 3, § 71 A. 1. Auch wenn der bisherige Eigentümer Meistbietender geblieben, ist ihm der Zuschl. zu erteilen. — § 90 A. 1, § 130 A. 4.

Mehrere gemeinschaftlich ein Meistgebot abgebende Personen werden Miteigentümer; § 427 BGB. ist für ihre Zahlungsverpflichtung entsprechend anzuwenden. — Beschwerde §§ 97, 100.

Bei pr. Bahneinheiten Zuschlag unter der Bedingung staatlicher Genehmigung BahnG. § 32, G. v. 3. 11. 38 § 1, G. v. 28. 7. 92 § 3.

2 Übernahme wesentlich E.R. 40[316], R. 26 B[27]; Abtretung allein begründet nur Rechte zwischen den Vertragsteilen; E.Gr. 53[928]. 3 oder in dem etwaigen besonderen Verkündigungstermine (§ 87); übrigens E.R. 83[192]. 4 § 129 BGB.; § 29 GBO. 5 Beschwerderecht des andern in den Fällen der Abs. 2 und 3 nach §§ 97, 100. — § 71 A. 4. — Kein gesetzlicher

Ausschluß der Gewährleistung zwischen dem Meistbietenden und Erwerber seiner Rechte; § 56 A. 5. 6 Abs. 2 u. 3.

7 § 421 BGB., §§ 82 a. E., 132. — Die Gesamthaftung besteht nur für die Erfüllung des Meistgebots, nicht für die dem Ersteher als Eigentümer obliegenden persönlichen Leistungen, z. B. aus § 1108 BGB.

§ 82. In dem Beschlusse[1], durch welchen der Zuschlag erteilt wird, sind das Grundstück, der Ersteher[2], das Gebot[3] und die Versteigerungsbedingungen[4] zu bezeichnen; auch ist im Falle des § 61 der Dritte, welcher die Verpflichtung des Erstehers übernommen hat, unter Angabe seiner Schuld für zahlungspflichtig[5] und im Falle des § 81 Abs. 4 der Meistbietende für mithaftend zu erklären[6—8].

1 § 87 Beschluß (kein Urteil) im Sinne der ZPO. (§ 764 ZPO.). — Wesen des Zuschl. § 90 A. 1. — Offenbare Unrichtigkeiten (§ 319 ZPO.), können jederzeit von Amts wegen berichtigt werden E.R. 60[52].

2 § 81 A. 1. 3 das Bargebot; die daneben bestehenbleibenden Rechte sind in den VerstBed. aufzuführen.

4 Als solche sind die gesetzlichen anzusehen, wenn der Beschluß über VerstBed. nichts enthält. E.R. 60[48], Gr. 52[877]. Wegen Ausschließung eines Zubehörstückes § 55 A. 5. — § 59 A. 2, § 66, § 44 A. 3.

5 § 134. 6 § 132. 7 desgl. der Bürge im Falle des a. 10 Pr. AGZVG. (§ 69 A. 5). 8 Die Auslegung — nicht aber die Ergänzung — des ZuschlB. aus dem Verst.-Protokoll ist zulässig. E.R. 60[48].

Versagung des Zuschlags.

§ 83. Der Zuschlag ist zu versagen:[1, 2]

1. wenn die Vorschrift des § 43 Abs. 2[3] oder eine der Vorschriften über die Feststellung des ge-

ringsten Gebots[4] oder der Versteigerungsbedingungen[5] verletzt ist;

2. wenn bei der Versteigerung mehrerer Grundstücke das Einzelausgebot oder das Gesamtausgebot den Vorschriften des § 63 Abs. 1, Abs. 2 Satz 1, Abs. 5 zuwider unterblieben ist;
3. wenn in den Fällen des § 64 Abs. 2 Satz 1, Abs. 3 die Hypothek, Grundschuld oder Rentenschuld oder das Recht eines gleich- oder nachstehenden Beteiligten, der dem Gläubiger vorgeht, durch das Gesamtergebnis der Einzelausgebote nicht gedeckt werden[6];
4. wenn die nach der Aufforderung zur Abgabe von Geboten erfolgte Anmeldung oder Glaubhaftmachung eines Rechtes ohne Beachtung der Vorschrift des § 66 Abs. 2 zurückgewiesen ist;
5. wenn der Zwangsversteigerung oder der Fortsetzung des Verfahrens das Recht eines Beteiligten entgegensteht[7];
6. wenn die Zwangsversteigerung oder die Fortsetzung des Verfahrens aus einem sonstigen Grunde unzulässig ist[8];
7. wenn eine der Vorschriften des § 43 Abs. 1[9] oder des § 73 Abs. 1 verletzt ist.

1 außer dem Falle, wenn ein wirksames Meistgebot nicht vorliegt (§ 81 A. 1) Die Versagungsgründe des § 8[3] sind ausschließliche. (Jedoch § 85 u. wegen Nichtdeckung eines innerhalb $^2/_3$ des Werts stehenden dinglichen Anspruchs Bek. des Reichskanzlers v. 10. 12. 14.) Versagung durch Beschluß (§ 87). — Beschwerde §§ 96—98, 100.

2 Nr. 1—5 enthalten Gesetzesverletzungen, durch die lediglich bestimmte Rechte betroffen werden; sie bleiben daher — unter

der Voraussetzung des § 84 — bei der Entscheidung über den Zuschl. außer Betracht. — Die Tragweite der in Nr. 6, 7 vorgesehenen Verstöße läßt sich nicht mit Sicherheit übersehen; sie bilden unter allen Umständen Versagungsgründe und sind auch in der Beschwerdeinstanz von Amts wegen zu berücksichtigen (§ 100 Nr. 3).

3 Wegen § 43[1] Nr. 7. — Über den Zeitpunkt für den VerstT. und die Versagung des Zuschl. bei Verletzung der in § 38 G. v. 1. 6. 09 enthaltenen Vorschriften Einl. S. 7. 4 §§ 44—49. E.JW. 15[598]. 5 der gesetzlichen (§§ 49—58) oder der vereinbarten (§§ 59, 66). 6 § 101 A. 3. 7 § 9 Nr. 2, § 28, § 37 Nr. 5, § 26 A. 2.

8 also Mängel in den materiellen und formellen Voraussetzungen der ZwVollstr. überhaupt (§ 867 ZPO. A. 1 (unter I), § 1 A. 5, §§ 15, 16[2], 17) oder der ZwVerst. dieses Grundstückes (§ 866 ZPO. A. 2), endlich Hindernisse und Mängel, welche einer Fortsetzung des Verfahrens entgegenstehen (§§ 29ff., 33, 75—77). — § 95 A. 7. 9 § 43 A. 1, §§ 37, 39.

§ 84. Die im § 83 Nr. 1 bis 5 bezeichneten Versagungsgründe stehen der Erteilung des Zuschlags nicht entgegen, wenn das Recht des Beteiligten durch den Zuschlag nicht beeinträchtigt[1] wird oder wenn der Beteiligte das Verfahren genehmigt.

Die Genehmigung ist durch eine öffentlich beglaubigte Urkunde[2] nachzuweisen[3].

1 also wenn ein Berechtigter durch das Meistgebot gedeckt wird. Der Schuldner wird regelmäßig als durch die Erteilung des Zuschl. beeinträchtigt zu gelten haben. Im Falle der Beeinträchtigung § 85. 2 § 129 BGB., § 29 GBO., § 183 FGG.

3 bis zur Entscheidung über den Zuschl.; — und sofern sie nicht bereits im VerstT. erklärt und durch das Protokoll festgestellt ist (§ 78). — Die Genehmigung, welche aber später eintretende Versagungsgründe nicht ausschließt, kann auch stillschweigend, d. h. durch anderweitige Erklärungen erfolgen.

Bloße Unterlassung eines Widerspruchs seitens des im Termine anwesenden Beteiligten genügt nicht; § 295 ZPO. ist nicht anwendbar.

Aussetzung des Zuschlags. Neuer Versteigerungstermin.

§ 85. Der Zuschlag ist zu versagen[1], wenn vor dem Schlusse der Verhandlung[2] ein Beteiligter, dessen Recht durch den Zuschlag beeinträchtigt werden würde[3], die Bestimmung eines neuen Versteigerungstermins beantragt und sich zugleich zum Ersatze des durch die Versagung des Zuschlags entstehenden Schadens verpflichtet, auch auf Verlangen eines anderen Beteiligten Sicherheit[4] leistet. Die Vorschriften des § 67 Abs. 3 Satz 1 und des § 69 finden entsprechende Anwendung. Die Sicherheit ist in Höhe des im Verteilungstermine durch Zahlung zu berichtigenden Teiles des bisherigen Meistgebots zu leisten.

Die neue Terminsbestimmung ist auch dem Meistbietenden zuzustellen.

Für die weitere Versteigerung gilt das bisherige Meistgebot mit Zinsen[5] von dem durch Zahlung zu berichtigenden Teile des Meistgebots unter Hinzurechnung derjenigen Mehrkosten, welche aus dem Versteigerungserlöse zu entnehmen sind[6], als ein von dem Beteiligten abgegebenes Gebot[7].

In dem fortgesetzten Verfahren findet die Vorschrift des Abs. 1 keine Anwendung.

1 durch Beschluß (§ 87). — Beschwerde §§ 96—98, 100.

2 d. h. der im Versteigerungstermin gemäß § 74 nach Schluß der Verst. (§ 73 A. 4) stattfindenden Verhandlung über den Zuschlag; in dem etwaigen besonderen Verkündungstermin (§ 87[1, 2]) ist der Antrag nicht mehr zulässig. 3 § 84 A. 1.

4 für den vollen Betrag des Bargebots. (Schlußsatz des Abs. 1.) — § 49 A. 3. 5 zu 4%; vom Tage des VerstT., in welchem sonst der Zuschl. hätte erteilt werden können. (§§ 87, 89, 49[2]). 6 § 109. 7 Der bisherige Meistbietende wird frei. § 72[3].

Wirkung der Versagung des Zuschlags.

§ 86. Die rechtskräftige[1] Versagung des Zuschlags wirkt, wenn die Fortsetzung des Verfahrens zulässig ist[2], wie eine einstweilige Einstellung[3], anderenfalls wie die Aufhebung[4] des Verfahrens.

1 mit Ablauf der mit der Verkündung des Beschlusses (§ 87) beginnenden (§ 98) Notfrist für die sofortige Beschwerde (§ 96 und § 577[2] ZPO.); bzw. durch die letztinstanzliche (§ 568 ZPO.) Entscheidung über die Beschwerde.

2 § 83 Nr. 5, 6 (Unzulässigkeitsfälle). 3 § 31. 4 § 34.

Verkündung des Beschlusses.

§ 87. Der Beschluß, durch welchen der Zuschlag erteilt oder versagt wird, ist in dem Versteigerungstermin oder in einem sofort[1] zu bestimmenden Termine zu verkünden.

Der Verkündungstermin soll nicht über eine Woche hinaus bestimmt werden[2]. Die Bestimmung des Termins ist zu verkünden und durch Anheftung an die Gerichtstafel bekannt zu machen.

Sind nachträglich Tatsachen oder Beweismittel[3] vorgebracht, so sollen in dem Verkündungstermine die anwesenden Beteiligten hierüber gehört werden[4].

1 im VerstT. 2 § 310 ZPO. 3 die für die Entscheidung über den Zuschl. von Bedeutung sind.

4 Der Verkündungstermin gilt insoweit als Fortsetzung des VerstT. — § 74. Aber § 85 A. 2. — Weitere Vertagung der

Entscheidung über den Zuschl. nur aus zwingenden Gründen, z. B. wegen nicht sofort zu erledigender Beweisaufnahme, zulässig. E.JW. 11[599].

Zustellung des Beschlusses.

§ 88. Der Beschluß, durch welchen der Zuschlag erteilt wird, ist den Beteiligten[1], soweit sie weder im Versteigerungstermine noch im Verkündungstermin erschienen sind[2], und dem Ersteher[3] sowie im Falle des § 61 dem für zahlungspflichtig erklärten Dritten[3] und im Falle des § 81 Abs. 4 dem Meistbietenden[3] zuzustellen[4]. Als Beteiligte gelten auch diejenigen, welche das angemeldete Recht noch glaubhaft zu machen haben[5].

1 § 9. 2 Für die auch nur in einem der beiden Termine erschienenen Beteiligten (auch den Schuldner) genügt die Verkündung. § 98 Satz 2.

3 Der Ersteher kann aus dem Beschlusse die ZwVollstr. gegen den Besitzer des Grundstücks betreiben (§ 93). Gegen ihn, den Dritten und den Meistbietenden bildet der Beschluß einen vollstreckbaren Titel (§§ 132, 134). An sie ist zuzustellen, auch wenn sie erschienen sind. Die Wirkung des Zuschl. hängt aber nicht von der Zustellung ab (§ 89).

4 Nach §§ 3—7. § 3 A. 1. — Eine Zustellung des den Zuschl. versagenden Beschlusses findet nicht statt. — § 98. 5 Wegen Mitteilung an Mieter u. Pächter Anh. VII, 6 Nr. 2.

Zeitpunkt der Wirksamkeit des Zuschlags.

§ 89. Der Zuschlag wird mit der Verkündung wirksam[1].

1 § 87; §§ 329, 572 ZPO. — §§ 90[1], 91, § 104[1]. — Eintritt der Wirkungen nach §§ 90. 91 unabhängig von der Richtigstellung des Grundbuchs (§ 130).

Eigentumserwerb.

§ 90. Durch den Zuschlag[1] wird der Ersteher Eigentümer des Grundstücks[2], sofern nicht im Beschwerdewege der Beschluß rechtskräftig aufgehoben wird[3, 4].

Mit dem Grundstück erwirbt[5] er zugleich die Gegenstände, auf welche sich die Versteigerung erstreckt hat[6].

1 §§ 81, 82, 89, 104. Der Zuschl., der die Bedeutung einer staatlichen Verleihung des Eigentums hat (E.R. 60[54], Gr. 52[882]), begründet Eigentum, auch wenn der Schuldner nicht Eigentümer des Grundstücks und der mitversteigerten Sachen war und der Ersteher dieses wußte (§ 37 Nr. 5 E.R. 45[285] 72[271], Gr. 44[1007], JW. 09[701]). Über Arglist des Erstehers E.JW. 03[406]. Auch für den bisherigen Eigentümer als Ersteher wirkt der Zuschl. rechtsaufhebend bezüglich des früheren und rechtsbegründend für den neuen Eigentumserwerb. Als Eigentümer ist er nach § 130 von neuem einzutragen. § 81 A. 1, § 130 A. 4. — Voraussetzung für das nach § 37 Nr. 5 eintretende Erlöschen der Rechte Dritter (§ 37 A. 13) ist, daß in der Bekanntmachung des VerstT. (§ 37) das Grundstück hinreichend deutlich (Anh. VII, 2) bezeichnet war. E.R. 57[200]. Bei Doppelbuchungen muß das Grundstück nicht nur nach dem Kataster, sondern auch nach dem GBBl. des wahren Eigentümers bezeichnet gewesen sein, E.R. 85[316]. Zugeschlagen wird das Grundstück in dem Umfange, der sich aus dem bei der Verst. in Bezug genommenen Steuerbuche und der Flurkarte ergibt. E.Gr. 41[1033], 54[398], 55[1114] Bei unvermessenen Grundstücken sind tatsächliche Besitzverhältnisse maßgebend; ebenso bei Widersprüchen im Kataster, E.Gr. 53[843] oder mit dem Grundbuche, E.Gr. 55[1114]. — Ausnahmen von dem Grundsatze senkrechter Teilung bei Gebäuden, die auf zwei Grundstücken stehen E.R. 65[363], 72[272].

2 mit allen wesentlichen Bestandteilen (§ 93 BGB.). Ihre Ausschließung von der Verst. ist dinglich wirkungslos. E.JW.

02[229]; die Ausschließungsanordnung kann aber persönliche Verpflichtung zur Herausgabe an denjenigen begründen, zu dessen Gunsten sie ergangen ist. E.R. 74[201], Gr. 46[865], JW. 11[599]. — Wegen des Übergangs des Anspruchs aus Bergschäden auf den Ersteher E.R. 69[247], JW. 08[736]. — Eintritt in die Versicherungen §§ 19ff. VersVG., E.JW. 15[403].

3 §§ 101², 102, 103. Die Anfechtbarkeit des Beschlusses wirkt für den Eigentumserwerb wie eine auflösende Bedingung (§ 158² BGB.). Die Aufhebung des Beschlusses im Beschwerdewege hat zur Folge, daß die Wirkungen desselben wegfallen, als seien sie niemals eingetreten; bei Wiederherstellung des Zuschl. auf weitere Beschwerde gilt der Aufhebungsbeschluß als nicht erfolgt (§ 101 A. 5). Bis zur Erlangung der Rechtskraft, durch Ablauf der Notfrist (§ 577 ZPO. — §§ 96, 98) oder rechtskräftigen Zurückweisung der Beschwerde (§§ 96ff., 101) ist die Berichtigung des Grundbuchs durch Eintragung des Erstehers sowie die Eintragung von diesem bewilligter Rechte ausgeschlossen (§ 130). — §§ 94, 108². Der unangefochten gebliebene ZuschlB. ist für die Beteiligten unbedingt maßgebend, auch wenn er ungesetzlich war. E.R. 67[380], 70[401], 74[205]. — Statistik ländlicher Verst. AVf. v. 15. 1. 07 und v. 16. 12. 10.

4 Vorkaufsrecht im Falle der ZwVerst. ausgeschlossen (§§ 1098, 512 BGB.); Wiederkaufsrecht bei Rentengütern (a. 29 Pr. AGBGB.) — soweit es nicht nach §§ 52, 91 erloschen ist (§ 91 A. 2) — außerhalb des Verfahrens geltend zu machen (aaO. §§ 3, 6, 7—9).

5 A. 1, 2. Forderungen, auf welche sich die Verst. erstreckt hat (§§ 21, 55), werden kraft Gesetzes auf den Ersteher übertragen (§ 412 BGB.).

6 § 55 A. 5, § 59; § 37 A. 12. — Herausgabeanspruch des Erstehers gegen denjenigen, der bösgläubig (§ 23²) nach der Beschlagnahme von dieser ergriffene Zubehörstücke erworben hat.

Erlöschen der Rechte.

§ 91. Durch den Zuschlag[1] erlöschen[2] unter der im § 90 Abs. 1 bestimmten Voraussetzung[3] die

Rechte, welche nicht nach den Versteigerungsbedingungen[4] bestehen bleiben sollen.

Ein Recht an dem Grundstücke bleibt jedoch[5] bestehen, wenn dies zwischen dem Berechtigten und dem Ersteher vereinbart ist[6] und die Erklärungen entweder im Verteilungstermin abgegeben oder, bevor das Grundbuchamt um Berichtigung des Grundbuchs ersucht ist, durch eine öffentlich beglaubigte Urkunde[7] nachgewiesen werden[8, 9].

Im Falle des Abs. 2 vermindert sich der durch Zahlung zu berichtigende Teil des Meistgebots um den Betrag, welcher sonst dem Berechtigten gebühren würde. Im übrigen wirkt die Vereinbarung wie die Befriedigung des Berechtigten aus dem Grundstücke[10, 11].

1 §§ 89, 104. Der Zuschl. wirkt aufhebend und verwirklicht die gesetzliche VerstBed. des § 52[1] Satz 2; A. 3. — Über das Erlöschen der nicht geltend gemachten, der Verst. entgegenstehenden Rechte Dritter § 37 Nr. 5 mit A. 13.

2 gleichgültig, ob sie aus dem VerstErl. (§ 44 A. 3) zur Hebung gelangen (§ 109[2]) oder nicht, und ob die Befriedigung durch Barzahlung (§ 117) oder durch Übertragung der Forderung an den Ersteher (§ 118) erfolgt. — Wer nach dem Zuschl. eine durch diesen erloschene Hypothek erwirbt, kann sich nicht auf den öffentlichen Glauben des GB. berufen. E.R. 76[373]. — Das von der ZwVerst. ausgenommene Zubehör haftet aber den Gläubigern weiter, wenn auch deren Rechte bei der ZwVerst. des Grundstücks ausgefallen sind. E.R. 55[414], JW. 11[46]. Der ausfallende Gläubiger muß sich aber, wenn er nicht betreibender Gläubiger war, zwecks Zwangsvollstreckung in das Zubehörstück, einen vollstreckbaren Titel für seine Ausfallsforderung verschaffen. — § 91 gilt auch für das Wiederkaufsrecht an einem pr. Rentengute, E.K. 42[207], nicht aber für die Anerbengutseigenschaft (§ 5 Satz 2 G. v. 8. 6. 96) E.K. 42[202].

3 § 90 A. 2. Das Erlöschen der Rechte steht unter der auflösenden Bedingung, daß der Zuschl. bestehen bleibt. Bei Aufhebung des Beschlusses bestehen die Rechte fort, wie wenn der Zuschl. nicht erteilt wäre (§ 101 A. 5.)

4 den gesetzlichen (§ 52) wie den vereinbarten (§ 59). — Auch eine irrtümlich nicht in das gG. aufgenommene Hypothek erlischt (§ 52 A. 1). Der Hypothekengläubiger kann nach Rechtskraft des ZuschlB. nur seinem Range entsprechend Befriedigung aus dem Barerlös, nicht aber Zuweisung einer ihm nachstehenden, mit Recht in das gG. aufgenommenen Hypothek verlangen. E.R. 59[266]. 5 Aufhebung der nach Abs. 1 begründeten Wirkung durch Vereinbarung mit dem Ersteher. — §§ 112, 113.

6 Die Vereinbarung kann sich auch auf ein Recht beziehen, das bei der Verteilung des Erlöses ganz oder zum Teil ausfallen würde (wichtig für nicht auf Kapitalzahlung gerichtete Rechte § 92). Ist der Ersteher selbst der Berechtigte, so ersetzt seine ausdrückliche Erklärung die Vereinbarung, E.K. 22 A[157].

7 § 129 BGB., § 29 GBO., § 183 FGG.

8 Durch die Vereinbarung nach Abs. 2 wird das Widerspruchsrecht des Schuldners aus § 115 nicht ausgeschlossen.

9 Die Vereinbarung neuer Nebenbestimmungen unterliegt der Prüfung des Grundbuchrichters. Das Eintragungsersuchen (§ 130) befreit ihn davon nicht. E.K. 22 A[157], FG. 2[184].

10 hinsichtlich der Gesamthypotheken § 1181 ^{2} BGB. — Der persönliche Schuldner wird befreit, wie wenn Barzahlung erfolgt wäre. § 53 findet keine Anwendung. Die von der persönlichen Verbindlichkeit freigewordene Hypothek wird Grundschuld. Es kann jedoch die Übernahme der persönlichen Schuld vereinbart werden, auch nach der Sachlage als stillschweigend vereinbart gelten (A. 11). A. M. E.K. 30 A[222], welche den Ersteher an Stelle des bisherigen Schuldners ohne weiteres in die der Hypothek zugrunde liegende Forderung eintreten läßt.

11 Abs. 3 S. 2 enthält kein zwingendes Recht; E.R. 70[411] (Einwilligung des Bürgen bedarf nicht der Form des § 766 BGB.).

Wertersatz für nicht auf Zahlung von Kapital gerichtete Rechte.

§ 92. Erlischt durch den Zuschlag ein Recht, das nicht auf Zahlung eines Kapitals gerichtet ist[1], so tritt an die Stelle des Rechtes der Anspruch auf Ersatz des Wertes[2] aus dem Versteigerungserlöse[3].

Der Ersatz für einen Nießbrauch, für eine beschränkte persönliche Dienstbarkeit sowie für eine Reallast von unbestimmter Dauer ist durch Zahlung einer Geldrente zu leisten, die dem Jahreswerte des Rechtes gleichkommt[4]. Der Betrag ist für drei Monate vorauszuzahlen. Der Anspruch auf eine fällig gewordene Zahlung verbleibt dem Berechtigten auch dann, wenn das Recht auf die Rente vor dem Ablaufe der drei Monate erlischt.

Bei ablösbaren Rechten bestimmt sich der Betrag der Ersatzleistung durch die Ablösungssumme[5].

1 Erbbaurecht, Dienstbarkeit, Reallasten und Nutzungsrechte. — Auch Vorkaufsrecht im Falle des § 1097 Halbsatz 2, § 44 A. 1, Auflassungsvormerkung E.Gr. 54 [1077], JW. 10 [489]. — Erlöschen des Eigentumsrechts Dritter am Grundstücke oder beweglichen Zubehörstücken A. 3. 2 bis zu einem etwa im GB. eingetragenen Höchstbetrage (§ 882 BGB.).

3 Im Falle des § 37 Nr. 5 tritt an die Stelle des versteigerten Gegenstandes (nicht an Stelle des der ZwVerst. entgegenstehenden Rechts) der VerstErl. (nicht der Anspruch auf Ersatz des Wertes aus dem VerstErl.). § 37 A. 13. A. M. E.R. 76 [213], die auch in diesem Falle § 92 für anwendbar erachtet.

4 § 121. 5 Für Rentenschulden §§ 1199 [2], 1200 BGB. Es kann auch ein Zuschlag für vorzeitige Ablösung und an Stelle der Zinsen vom Tage des Zuschlags bis zum Verteilungstermine die volle Rente in Ansatz gebracht werden, E.R. 85 [248].

Zwangsvollstreckung auf Räumung und Herausgabe.

§ 93. Aus dem Beschlusse, durch welchen der Zuschlag erteilt wird, findet gegen den Besitzer[1] des Grundstücks oder einer mitversteigerten Sache die Zwangsvollstreckung[2] auf Räumung und Herausgabe[3] statt. Die Zwangsvollstreckung soll nicht erfolgen, wenn der Besitzer auf Grund eines Rechtes besitzt, das durch den Zuschlag nicht erloschen ist[4]. Erfolgt gleichwohl die Zwangsvollstreckung, so kann der Besitzer nach Maßgabe des § 771 der Zivilprozeßordnung Widerspruch erheben.

Zum Ersatze von Verwendungen, die vor dem Zuschlage gemacht sind, ist der Ersteher nicht verpflichtet[5].

1 auch einen Dritten, jedoch § 57 bei Miete und Pacht.

2 auf Grund der vollstreckbaren Ausfertigung des ZuschlB. (§ 88) — §§ 724 ff. ZPO. — nach Maßgabe der §§ 883, 885, 886 ZPO. — und ohne daß es der Berichtigung des VerstErl. bedarf.

3 Bei Forderungen (§ 90 A. 5) kann der Ersteher die Herausgabe der darüber vorhandenen Urkunden auf Grund des § 402 BGB., § 836[3] ZPO. erzwingen. — §§ 952, 985, 986 BGB. — Auf Urkunden, die zum Beweise des Rechtes an dem Grundstück dienen, ist § 444 BGB. entsprechend anwendbar. Ihre Herausgabe kann nach § 93 erzwungen werden.

4 insbesondere also auf Grund eines dem Anspruche des Gläubigers vorgehenden Nießbrauchrechts (§§ 44, 52). — § 9 EG. (unten III).

5 Der Besitzer kann wegen solcher Verwendungen die Herausgabe nicht verweigern (§ 1000 BGB.).

Verwaltung des Grundstücks für Rechnung des Erstehers.

§ 94. Auf Antrag eines Beteiligten, der Befriedigung aus dem Bargebote zu erwarten hat, ist das Grundstück für Rechnung des Erstehers in gerichtliche Verwaltung zu nehmen, solange nicht die Zahlung oder Hinterlegung[1] erfolgt ist. Der Antrag kann schon im Versteigerungstermine gestellt werden.

Auf die Bestellung des Verwalters sowie auf dessen Rechte und Pflichten finden die Vorschriften über die Zwangsverwaltung[2] entsprechende Anwendung.

1 welche der Zahlung gleichsteht, §§ 376 Abs. 2, 378 BGB.; — § 49[3]. — Für Pr. HO.; ABf. v. 5. 2. 14.

2 §§ 150, 152 ff.

VII. Beschwerde.

1. gegen andere Entscheidungen als die über den Zuschlag.

§ 95. Gegen eine Entscheidung, die vor der Beschlußfassung über den Zuschlag erfolgt, kann die Beschwerde[1] nur[2] eingelegt werden, soweit die Entscheidung die Anordnung[3], Aufhebung[4], einstweilige Einstellung[5] oder Fortsetzung[6] des Verfahrens betrifft[7].

1 sofortige Beschwerde gemäß § 793 (§§ 577, 568 ff.) ZPO. Inwieweit vor Einlegung der Beschwerde Einwendungen beim VollstrGericht erhoben werden müssen, richtet sich nach § 766 ZPO. — § 15 A. 5. Nach §§ 767, 795 ZPO. können Einwendungen, welche den zu verwirklichenden Anspruch betreffen, im Wege des Rechtsstreites geltend gemacht werden, wobei aber die Schranke des § 767 Abs. 2 wegfällt, E.R. 71[413].

2 Gegen alle übrigen vor der Entscheidung über den Zuschl. erfolgenden Entscheidungen, die der VollstrRichter im Rahmen des Verfahrens trifft, wie z. B. die Feststellung des gG. (anders z. B. im Falle des § 771[3] ZPO.), findet eine selbständige Beschwerde also nicht statt. Sie können nur den Grund zu einer Beschwerde gegen die Entscheidung

über den Zuschl. abgeben, soweit § 100 zuläßt. Außerdem Einwendungen und Erinnerungen gemäß § 766 ZPO. Gegen die Entscheidung darüber ist aber in diesen Fällen ebenfalls durch § 95 die Beschwerde ausgeschlossen.

3 §§ 15ff. — Keine Beschwerde gegen die Entscheidung über die Verbindung der ZwVerst. mehrerer Grundstücke (§ 18).

4 §§ 28, 29, 31, 32, 77². 5 §§ 28, 30, 31, 32, 75, 77¹. 6 §§ 31, 43. 7 Die im Instanzenwege ergangene Entscheidung ist für das VollstrGericht verbindlich (§ 79). — Vgl. auch über die Möglichkeit in den im § 95 angeführten Fällen Beschwerde wegen nicht erfolgter Versagung des Zuschl. zu erheben (wenn vor der Beschlußfassung über den Zuschl. selbständige Beschwerde nicht erhoben oder rechtskräftige Entscheidung nicht erfolgt war) zu §§ 83 Nr. 6, 84, 100.

2. gegen die Entscheidung über den Zuschlag.

§ 96. Auf die Beschwerde gegen die Entscheidung über den Zuschlag[1] finden die Vorschriften der Zivilprozeßordnung über die sofortige Beschwerde[2] nur insoweit Anwendung, als nicht in den §§ 97 bis 104 ein anderes vorgeschrieben ist[3].

1 §§ 79ff. Keine Anfechtung im Wege des Rechtsstreites, z. B. wegen Irrtums, E.R. 54^{308}, 57^{209}, 73^{194}, § 44 A. 3, § 71 A. 1. — Die Entscheidung über den Zuschl. ist materieller Rechtskraft fähig und für das Verhältnis unter den Beteiligten maßgebend, E.R. 74^{205}. 2 §§ 567ff., insbesondere § 577 ZPO. Einwendungen aus §§ 766ff. ZPO. ausgeschlossen.

3 Wegen der Gerichtskosten und Rechtsanwaltsgebühren in der Beschwerdeinstanz § 135 Pr. GKG. (unter VI), a. 1 Pr. G. über Rechtsanwaltsgebühren (insbes. A. 2 aaO. unter VII).

a) Berechtigte.

§ 97. Die Beschwerde steht im Falle der Erteilung des Zuschlags jedem Beteiligten[1] sowie dem Ersteher[2] und dem für zahlungspflichtig erklärten Dritten[3], im Falle der Versagung dem Gläubiger[4] zu, in beiden Fällen auch dem Bieter, dessen Gebot nicht erloschen ist[5], sowie demjenigen, welcher nach § 81 an die Stelle des Bieters treten soll[6].

Im Falle des § 9 Nr. 2 genügt es, wenn die Anmeldung und Glaubhaftmachung des Rechtes bei dem Beschwerdegericht[7] erfolgt.

1 § 9 E.R. 59[274]. Für den Fall der Nr. 2 des § 9 Abs. 2. — § 26 A. 3. 2 § 82. Auch wegen der Modalitäten des Zuschl. E.R. 60[52]. 3 §§ 61, 82. 4 § 9 A. 1. 5 § 72. — In den Fällen des § 81[2, 3] ist auch der neben dem Ersteher haftende Meistbietende selbst beschwerdeberechtigt.

6 § 102. — Andere Beteiligte, insbesondere der Schuldner und der Bürge des Bieters (§ 10 Nr. 2 EG., a. 10 Pr. AGZVG.), haben gegen die Versagung des Zuschl. keine Beschwerde. — Aufforderung zur Gegenerklärung (§ 99) gibt noch kein Beschwerderecht. 7 §§ 568, 570 ZPO. Suspensivwirkung der Beschwerde eines Beteiligten für andere Beteiligte.

b) Frist.

§ 98. Die Frist für die Beschwerde[1] gegen einen Beschluß des Vollstreckungsgerichts, durch welchen der Zuschlag versagt wird, beginnt mit der Verkündung des Beschlusses[2]. Das Gleiche gilt im Falle der Erteilung des Zuschlags für die Beteiligten, welche im Versteigerungstermin oder im Verkündungstermin erschienen waren[3].

1 Einlegung § 569 (§ 577[2] Satz 2) ZPO. — Notfrist von zwei Wochen, § 577[2] Satz 1. Daneben außerordentliche sofortige Beschwerde bei Vorhandensein der Erfordernisse einer Nichtigkeits- oder Restitutionsklage mit besonderer Frist, E.R. 73[194]. — Die Beschwerde ist, da § 571 Halbsatz 1 durch § 577[3] ZPO. ausgeschlossen ist, in jedem Falle vor Ablauf einer Woche

dem Beschwerdegericht vorzulegen. Aufschiebende Wirkung hat sie nicht, § 572[1] ZPO.; §§ 102, 105, 117, § 101 A. 1.

2 Auch für die nicht erschienenen Beschwerdeberechtigten (§ 97 A. 4—6).

3 Abweichung von § 577[2] Satz 1 ZPO. Für die nichterschienenen Beteiligten, für den Ersteher, für den für zahlungspflichtig erklärten Dritten (§§ 61, 82) sowie für den neben dem Ersteher haftenden Meistbietenden (§ 81[2-4]) ist die Zustellung (§ 88) maßgebend. Verschiedener Beginn der Beschwerdefrist für den erschienenen Beteiligten, der zugleich Ersteher ist.

c) Gegenerklärung. Beschwerdenverbindung.

§ 99. Erachtet das Beschwerdegericht eine Gegenerklärung für erforderlich[1], so hat es zu bestimmen, wer als Gegner des Beschwerdeführers zuzuziehen ist.

Mehrere Beschwerden sind miteinander zu verbinden.

1 § 573 ZPO.

d) Begründung.

§ 100. Die Beschwerde kann nur[1] darauf gestützt werden, daß eine der Vorschriften der §§ 81, 83 bis 85 verletzt oder daß der Zuschlag unter anderen als den der Versteigerung zugrunde gelegten Bedingungen erteilt ist[2].

Auf einen Grund, der nur das Recht eines anderen betrifft[3], kann weder die Beschwerde noch ein Antrag auf deren Zurückweisung gestützt werden.

Die im § 83 Nr. 6, 7 bezeichneten Versagungsgründe hat das Beschwerdegericht von Amts wegen zu berücksichtigen[4].

1 E.R. 59[274]. Jeder andere Beschwerdegrund ist ausgeschlossen. Für den Fall des § 83 Nr. 3 § 101 A. 3.

2 Oder unter Weglassung von Bedingungen, E.R. 60[52].

3 § 84. Z. B. unzulässige ZuschlBed., welche aber das Interesse des Beschwerdeführers nicht berühren. Ein durch das Meistgebot jedenfalls gedeckter Gläubiger hat kein Beschwerderecht wegen Nichtaufnahme der Zwangsverwaltungskosten in das gG., E.R. 73[397]. 4 Nach § 570 ZPO. kann aber die Beschwerde auf neue Behauptungen und Beweismittel gestützt werden.

e) Entscheidung.

§ 101. Wird die Beschwerde[1] für begründet erachtet, so hat das Beschwerdegericht unter Aufhebung des angefochtenen Beschlusses in der Sache selbst zu entscheiden[2, 3].

Wird ein Beschluß, durch welchen der Zuschlag erteilt ist, aufgehoben, auf weitere Beschwerde[4] aber für begründet erachtet, so ist unter Aufhebung des Beschlusses des Beschwerdegerichts die gegen die Erteilung des Zuschlags erhobene Beschwerde zurückzuweisen[5].

1 Bezüglich deren zunächst Statthaftigkeit, Frist und Form zu prüfen sind. § 574 ZPO. Über einstweilige Anordnungen § 572[2], [3] ZPO. — Über Beschwerde gegen ZuschlBescheid § 38[2] G. v. 1. 6. 09 (Einl. 19).

2 § 575 ZPO. erscheint damit unanwendbar. Die Sachlage ergibt sich im wesentlichen aus dem Terminsprotokoll und anderem urkundlichen Material (§§ 78, 80, 81, 97[2]). Ein besonderer Antrag in der Beschwerde erscheint unnötig.

3 In dem KB. (Nr. 41) ist unter Zustimmung der Regierungsvertreter festgestellt, daß, wenn im Falle des § 64 die Beschwerde zur Aufhebung des Zuschl. bezüglich eines der mit der Gesamthypothek belasteten Grundstücke führt, in Konsequenz der Vorschrift in § 83 Nr. 3 auch der Zuschl. wegen der übrigen Grundstücke aufgehoben werden muß, falls die erforderliche Deckung nicht mehr vorliegt; daß ferner, falls der Zuschl. bei dem einen Grund-

stücke zu Unrecht versagt und deshalb auch für die anderen Grundstücke nicht erteilt wurde, das Beschwerdegericht aber den Zuschl. für das erste Grundstück erteilt, dieser auch für die übrigen Grundstücke zu erteilen ist.

4 Für welche gemäß § 568[2] ZPO. ein neuer selbständiger Beschwerdegrund (d. h. Beschwerdepunkt) erforderlich ist. Zuständig ist das OLG., eine Anrufung des Reichsgerichts ist ausgeschlossen (§ 568[4] ZPO.).

5 Für den Eigentumsübergang und für die sonstigen Wirkungen des Zuschl. (§ 91) bleibt der ZuschlB. des VollstrGerichts maßgebend, wie wenn der Aufhebungsbeschluß des Beschwerdegerichts nicht erfolgt wäre.

f) Berechtigte bei der weiteren Beschwerde.

§ 102. Hat das Beschwerdegericht den Beschluß, durch welchen der Zuschlag erteilt war, nach der Verteilung des Versteigerungserlöses aufgehoben, so steht die weitere Beschwerde[1] auch[2] denjenigen zu, welchen der Erlös zugeteilt ist[3].

1 Gegen die Versagung des Zuschl. — § 101 A. 4; §§ 105, 117.

2 Neben den nach § 97 Berechtigten, d. h. dem Gläubiger und dem Bieter, dessen Gebot nicht erloschen ist, und demjenigen, der nach § 81 an die Stelle des Bieters treten soll.

3 (§§ 117 ff.); und die den zugeteilten Erlös wieder herausgeben müssen.

g) Zustellung.

§ 103. Der Beschluß des Beschwerdegerichts ist, wenn der angefochtene Beschluß aufgehoben oder[1] abgeändert wird, allen Beteiligten[2] und demjenigen Bieter, welchem der Zuschlag verweigert oder erteilt wird, sowie im Falle des § 61 dem für zahlungspflichtig erklärten Dritten und in den Fällen des § 81 Abs. 2, 3 dem Meistbietenden zuzustellen[3]. Wird die Beschwerde[4] zurückgewiesen,

9*

so erfolgt die Zustellung des Beschlusses nur an den Beschwerdeführer und den zugezogenen Gegner.

1 In irgendeiner Weise. 2 § 9. 3 Auch wenn der Beschluß auf mündliche Verhandlung erfolgt und verkündet ist; also abweichend von § 329 ZPO. — Zustellung §§ 3ff.

4 Auch die weitere Beschwerde.

h) Wirksamkeit.

§ 104. Der Beschluß, durch welchen das Beschwerdegericht den Zuschlag erteilt, wird[1] erst mit der Zustellung[2] an den Ersteher wirksam.

1 Abweichend von § 89.

2 § 103. — Zurückweisung der Beschwerde gegen die Erteilung des Zuschl. ist auch im Falle des § 101[2] nicht als Beschluß, durch welchen der Zuschl. erteilt wird, anzusehen. — Über die Wirksamkeit eines solchen Beschl. § 96 A. 1, § 101 A. 5.

VIII. Verteilung des Erlöses.

Verteilungstermin.

§ 105. Nach der Erteilung des Zuschlags[1] hat das Gericht einen Termin zur Verteilung des Versteigerungserlöses zu bestimmen[2].

Die Terminsbestimmung ist den Beteiligten[3] und dem Ersteher sowie im Falle des § 61 dem für zahlungspflichtig erklärten Dritten und in den Fällen des § 81 Abs. 2, 3 dem Meistbietenden zuzustellen[4]. Als Beteiligte gelten auch diejenigen, welche das angemeldete Recht noch glaubhaft zu machen haben.

Die Terminsbestimmung soll an die Gerichtstafel angeheftet werden.

Ist die Terminsbestimmung dem Ersteher und im Falle des § 61 auch dem für zahlungspflichtig erklärten Dritten sowie in den Fällen des § 81 Abs. 2, 3 auch dem Meistbietenden nicht zwei Wochen vor dem Termine zugestellt, so ist der Termin aufzuheben und von neuem zu bestimmen, sofern nicht das Verfahren genehmigt wird[5].

1 §§ 89, 104 — ohne die Rechtskraft abzuwarten (§ 572 ZPO.).

2 Obwohl die Beschwerde gegen den ZuschlB. aufschiebende Wirkung nicht hat, kann die Anberaumung des Verteilungstermines hinausgeschoben werden bzw. die Aufhebung nach § 572² ZPO. erfolgen. — §§ 143, 144.

3 § 9, insbesondere Nr. 2; auch wenn sie erst nach der Terminsbestimmung dem Gerichte bekannt werden (§ 41 A. 1). Zu den Beteiligten gehört auch der Eigentümer des Grundstücks z. Zt. des Zuschl. (§§ 26, 128², 139, 141). Der Schlußsatz dieses Absatzes findet auch für die ZwVerw. entsprechende Anwendung, § 156² Schlußsatz. 4 Nach §§ 3—7. Insbesondere § 3 A. 1. 5 § 43².

Vorbereitung des Verteilungsverfahrens.

§ 106. Zur Vorbereitung des Verteilungsverfahrens kann das Gericht in der Terminsbestimmung die Beteiligten auffordern, binnen zwei Wochen eine Berechnung ihrer Ansprüche einzureichen[1]. In diesem Falle hat das Gericht nach dem Ablaufe der Frist den Teilungsplan[2] anzufertigen und ihn spätestens drei Tage vor dem Termin auf der Gerichtsschreiberei zur Einsicht der Beteiligten niederzulegen.

1 § 62. 2 §§ 113 ff.

Feststellung der Teilungsmasse.
Zahlung und Hinterlegung des Erlöses.

§ 107. In dem Verteilungstermin ist festzustellen, wieviel die zu verteilende Masse beträgt[1]. Zu der Masse gehört auch der Erlös aus denjenigen Gegenständen, welche im Falle des § 65 besonders versteigert oder anderweit verwertet sind[2].

Die von dem Ersteher im Termine zu leistende Zahlung erfolgt an das Gericht[3].

Ein Geldbetrag, der zur Sicherheit für das Gebot des Erstehers[4] hinterlegt ist[5], gilt als gezahlt[6].

1 Die zu verteilende Masse entfällt ganz (die Verst. ist fruchtlos) oder verringert sich, soweit für einen Dritten sein der ZwVerst. entgegenstehendes Recht auf das Grundstück oder bewegliche Zubehörstück im Verteilungstermin anerkannt und die Herausgabe des Erlöses von allen interessierten Beteiligten bewilligt wird. — Sonst wird, wenn nicht inzwischen eine Einstellung oder Aufhebung des Verfahrens herbeigeführt ist, das Verfahren durch Verteilung des Erlöses unter die durch Zahlung zu deckenden Rechte (§ 109 A. 2) fortgesetzt und der Dritteigentümer kann (ebenso wie der Schuldner-Eigentümer, § 117 A. 2) im Verteilungsverfahren nur auf den Überschuß angesetzt werden — vorausgesetzt, daß er sein Recht auf Verlangen glaubhaft macht (§ 9 Nr. 2; sonst ist er nicht beteiligt — § 128[3]); dagegen bleibt ihm außerhalb des Verfahrens sein Anspruch gegen denjenigen, der durch die Verteilung des zu seinem Vermögen gehörigen VerstErl. (§ 37 A. 13) eine grundlose Bereicherung erfahren hat (E.R. 40[288]).

2 Über die Ersatzzahlungen nach §§ 50, 51 unten § 125.

3 § 49. Sowohl der Anspruch auf den an Stelle des Grundstücks tretenden Erlös, wie der gezahlte Erlös, gehören zum Vermögen des Schuldners (§ 37 A. 13, § 117 A. 2).

Der Ersteher steht vor einer Überweisung gemäß § 118 in keinem Schuldverhältnisse zu den dinglich Berechtigten, E.R. 64[311], 70[279]. Das Gericht übt nur ein Amt aus.

Pfändung des Anspruchs auf den auf eine Eigentümerhypothek (-grundschuld) entfallenden Erlös ist vor dem Zuschl. nur in den Formen der Pfändung der Eigentümerhypothek (bei Briefschulden also unter Briefübergabe) zulässig, E.R. 70[278]; solche Pfändung erstreckt sich ohne weiteres auf den Erlösanspruch. Nach dem Zuschl. erfolgt die Pfändung wie bei ge-

wöhnlichen Geldforderungen; sie wird, da ein Drittschuldner nicht vorhanden ist (§ 857[2] ZPO.; oder dieser mit der Person des Schuldners zusammenfällt, E.R. 71[183]) mit der Zustellung an den Subhastaten wirksam, einerlei, ob sich der Erlös noch im Besitz des Erstehers, in der vorläufigen Verwahrung des Vollstr-Gerichts oder in der Verwahrung der Hinterlegungsstelle befindet, E.R. 63[214], 64[216], 75[313]. Wird nach dem Zuschl. die — erloschene — Eigentümerhypothek als gepfändet bezeichnet, so kann diese Ungenauigkeit unschädlich sein, E.R. 71[183], 75[313]. — Bei Pfändung des auf andere dinglich Berechtigte entfallenden Erlöses ist der Subhastat als Drittschuldner anzusehen. E.R. 40[396]. — Aufrechnungsbefugnis des Erstehers § 118 A. 4.
4 §§ 67 ff. 5 §§ 372 ff. BGB. — Pr. HO. 6 d. h. als im Verteilungstermin gezahlt.

Verwertung der zur Sicherheit für das Gebot hinterlegten Papiere.

§ 108. Soweit das Bargebot nicht berichtigt wird, hat das Gericht, wenn Wertpapiere zur Sicherheit für das Gebot des Erstehers hinterlegt sind[1], die Veräußerung der Papiere nach Maßgabe der Vorschriften über die Zwangsvollstreckung[2] anzuordnen. Der Erlös ist nach Anordnung des Gerichts auszuzahlen oder zu hinterlegen.

Ist der Beschluß, durch welchen der Zuschlag erteilt wird, noch nicht rechtskräftig[3], so soll auf Antrag desjenigen, welcher die Sicherheit geleistet hat, die Veräußerung bis zur Rechtskraft ausgesetzt werden.

1 §§ 69 ff. 2 durch den Gerichtsvollzieher (§ 821 ZPO.). 3 § 90 A. 3.

Entnahme der Kosten des Verfahrens aus dem Erlöse. Verteilung des Überschusses.

§ 109. Aus dem Versteigerungserlöse sind die Kosten des Verfahrens[1] vorweg[2] zu entnehmen, mit

Ausnahme der durch die Anordnung des Verfahrens oder den Beitritt eines Gläubigers[3], durch den Zuschlag[4] oder durch nachträgliche Verteilungsverhandlungen[5] entstehenden Kosten.

Der Überschuß wird auf die Rechte, welche durch Zahlung zu decken sind[6], verteilt.

1 Das GKG. findet keine Anwendung; auch nicht hinsichtlich der Kosten für Anordnung der ZwVollstr. — Durch § 869 ZPO. ist auch diese in dem früheren § 755 geregelte und in § 35 GKG. mit reichsgesetzlicher Gebühr belegte Handlung der ZwVollstr. aus der ZPO. ausgeschieden; die Gebühr ist landesgesetzlich zu bestimmen (§§ 1, 35 Nr. 2 GKG.). Über Gerichtskosten in Pr. unter V. — Pr. KassenO. v. 28. 3. 07 — 19. 3. 10 §§ 12, 15. — Erinnerungen und Beschwerden gegen den Kostenansatz nach §§ 25—28 des Pr. GKG. (unter V).

2 — auch vor den in § 10 gedachten Ansprüchen, die erst aus dem Überschusse befriedigt werden. Die Gerichtskasse gehört nicht zu den Beteiligten im Sinne des § 9. — Soweit die Kosten für bare Auslagen vom Gläubiger vorgeschossen sind, wird er vorweg befriedigt, sofern es sich nicht um die zu A. 3 erwähnten Kosten handelt.

3 welche der Gläubiger zu tragen hat, und wegen deren er nicht vorweg, sondern nach §§ 10², 12 aus dem Überschusse befriedigt wird. 4 die dem Ersteher zur Last fallen (§ 58).

5 die aus der nachträglich zu verteilenden Masse vorweg entnommen werden.

6 §§ 49, 52. — § 44 A. 3, § 91 A. 2. Zu den durch Zahlung zu deckenden (aus dem Grundstücke zu befriedigenden § 10) Rechten gehört das Recht des Dritteigentümers nach § 37 Nr. 5 nicht. (§ 92 A. 3, § 107 A. 1).

Behandlung nicht angemeldeter Rechte.

§ 110. Rechte, die ungeachtet der im § 37 Nr. 4 bestimmten Aufforderung nicht rechtzeitig angemeldet oder glaubhaft gemacht worden sind, stehen bei der Verteilung den übrigen Rechten[1] nach.

1 also nicht bloß den bei Feststellung des gG. berücksichtigten, sondern auch dem Anspruch des Gläubigers und den diesem gleich- oder nachstehenden Rechten (§ 37 Nr. 4; §§ 10—12). Kein Bereicherungsanspruch des durch nicht rechtzeitige Anmeldung Benachteiligten gegen den dadurch Begünstigten (§ 37 A. 9). — § 8 EG. und a. 33 Pr. AGZVG. wegen Bezirk Kassel. — Auf das Recht des Dritteigentümers auf den Versteigerungserlös (§ 37 Nr. 5) bezieht sich § 110 nicht. (§ 107 A. 1 u. 3).

Behandlung betagter Ansprüche.

§ 111. Ein betagter Anspruch gilt als fällig. Ist der Anspruch unverzinslich, so gebührt dem Berechtigten nur die Summe, welche mit Hinzurechnung der gesetzlichen Zinsen[1] für die Zeit von der Zahlung bis zur Fälligkeit dem Betrage des Anspruchs gleichkommt[2]; solange die Zeit der Fälligkeit ungewiß ist, gilt der Anspruch als aufschiebend bedingt[3].

1 § 246 BGB.: 4%.

2 Vgl. § 65 KO., § 1133 BGB. — Hoffmannsche Methode. — Formel:

$$x \text{ (gesuchter Betrag)} = \frac{100 \text{ K (voller Betrag der Forderung)}}{100 + 4z \text{ (Zahl der Jahre bis zur Fälligkeit).}}$$

3 Hat ein Hypothekengläubiger, der zugleich besitzender Mieter ist (§ 57), sich verpflichtet, seine Hypothek für x Jahre stehen zu lassen, so bleibt sie, auch wenn sie, weil außerhalb des gG. stehend, als fällig zu gelten hätte, dem Ersteher gegenüber bestehen. E.R. 71[404].

Verteilung des Gesamterlöses auf mehrere Grundstücke.

§ 112. Ist bei der Versteigerung mehrerer Grundstücke der Zuschlag auf Grund eines Gesamtausgebots erteilt und wird eine Verteilung des

Erlöses[1] auf die einzelnen Grundstücke notwendig, so wird aus dem Erlöse zunächst der Betrag entnommen, welcher zur Deckung der Kosten sowie zur Befriedigung derjenigen bei der Feststellung des geringsten Gebots berücksichtigten und durch Zahlung zu deckenden Rechte erforderlich ist, für welche die Grundstücke ungeteilt haften[2].

Der Überschuß[3] wird auf die einzelnen Grundstücke nach dem Verhältnisse des Wertes der Grundstücke verteilt[4]. Dem Überschusse[3] wird der Betrag der Rechte, welche nach § 91 nicht erlöschen[5], hinzugerechnet[6]. Auf den einem Grundstücke zufallenden Anteil am Erlöse[7] wird der Betrag der Rechte, welche an diesem Grundstücke bestehen bleiben, angerechnet. Besteht ein solches Recht an mehreren der versteigerten Grundstücke, so ist bei jedem von ihnen nur ein dem Verhältnisse des Wertes der Grundstücke entsprechender Teilbetrag in Anrechnung zu bringen.

Reicht der nach Abs. 2 auf das einzelne Grundstück entfallende Anteil am Erlöse nicht zur Befriedigung derjenigen Ansprüche aus, welche nach Maßgabe des geringsten Gebots durch Zahlung zu berichtigen sind oder welche durch das bei dem Einzelausgebote für das Grundstück erzielte Meistgebot gedeckt werden, so erhöht sich der Anteil um den Fehlbetrag[8].

1 Wenn auch unter Erlös im allgemeinen das Entgelt zu verstehen ist, welches der Ersteher für die Überlassung der mehreren Grundstücke zu entrichten hat, und welches sich zusammensetzt: aus dem Bargebote (§ 49; dem durch das Gesamtausgebot festgestellten VerstErl.) und den Rechten, welche an

den einzelnen Grundstücken bestehen bleiben (§ 44 A. 3), so ist doch im Abs. 1 unter Erlös der allein den Gegenstand der Verteilung bildende barzuzahlende VerstErl. (§§ 105ff.) zu begreifen. Diesem tritt unter Umständen der Erlös aus der Sonderverwertung mithaftender Gegenstände hinzu (§§ 65, 107); der Betrag, der sich aus der erhöhten Zahlungspflicht des Erstehers nach §§ 50, 51 ergibt, gehört nicht hierher. Für das Verfahren nach § 112 wird das wegfallende Recht als bestehend behandelt (vgl. § 125). — Die nach § 109 aus dem Erlöse zu entnehmenden Kosten sind auch hier vorweg zu entnehmen. (§ 128 Pr. GKG. unter V.)

2 Dazu gehören auch die Zinsen der bei Feststellung des gG. berücksichtigten Gesamthypotheken. Im Entw. II lautete der Relativsatz: „welcher zur Befriedigung der bei der Feststellung des gG. berücksichtigten, durch Zahlung zu deckenden Rechte erforderlich ist" — also ohne Unterschied, ob für diese Rechte die einzelnen Grundstücke ungeteilt haften. — Die Reichstagskommission erblickte darin eine unbillige Benachteiligung des nicht mit demselben Rechte belasteten anderen Grundstücks (KB. S. 33). —

3 d. h. der nach Abs. 1 verbleibende Rest des VerstErl. (der zu verteilenden Masse § 107).

4 Die Ausführung der Verteilung dieses Überschusses (A. 3) auf die einzelnen Grundstücke geschieht nach Maßgabe der folgenden Sätze. Gegen die Art der Verteilung ist Widerspruch (§ 876 ZPO.) mit anschließender Widerspruchsklage (§ 878 aaO.) zulässig. — Bez. des Wertes § 42², § 11 EG., § 64 A. 4.

5 d. h. der kraft Gesetzes nach § 52, sowie der nach den VerstBed. in Abweichung von § 52 für das Gesamtausgebot bestehen bleibenden und deshalb nicht erlöschenden Rechte (§§ 59, 91¹). § 64 A. 3. — Nicht hierher gehören die kraft der Vereinbarung mit dem Ersteher bestehen bleibenden Rechte, deren Deckung, soweit sie überhaupt zur Hebung gelangen, durch das Bargebot erfolgt sein muß, und deren Betrag schon in dem Überschusse (A. 3) enthalten ist.

6 Die nach Satz 2 ermittelte Summe (A. 3 u. 5) gibt den nach Satz 1 zu verteilenden Gesamtbetrag (die Teilungsmasse).

7 Der Anteil der einzelnen Grundstücke an dem Erlöse (dem Entgelt für die Überlassung der mehreren Grundstücke an den Ersteher) berechnet sich nach dem Verhältnisse des Wertes der Grundstücke. Auf diese Anteilsquote der einzelnen Grundstücke werden die an jedem derselben bestehen bleibenden Rechte (Gesamthypotheken nach Verhältnis § 64[1]) angerechnet. — Im Berichte der Reichstagskommission wird diese Anrechnung als „Vorempfang aus dem Erlöse" bezeichnet und auf diese Vorschrift über die Erbauseinandersetzung (§§ 2055, 2056 BGB.) hingewiesen.

8 Es dürfen weder die Beteiligten, die nach § 49 einen Anspruch auf Berücksichtigung beim gG. haben, benachteiligt werden, noch diejenigen, welche, wenn der Zuschl. für das Meistgebot des Einzelgrundstücks erfolgt wäre, mit ihrem Anspruch zur Hebung gelangt sein würden. — Der Fehlbetrag kann nur aus dem Erlösanteile der anderen Grundstücke (nach Verhältnis der Anteile) durch entsprechende Kürzung aufgebracht werden. — § 112[3] findet auch Anwendung, wenn neben dem Gesamtausgebote nur ein Gruppenausgebot (§ 63[2]) stattgefunden hat. E.R. 66[391].

Teilungsplan.

§ 113. In dem Verteilungstermine wird nach Anhörung der anwesenden Beteiligten von dem Gerichte, nötigenfalls mit Hilfe eines Rechnungsverständigen[1], der Teilungsplan aufgestellt[2].

In dem Plane sind auch die nach § 91 nicht erlöschenden Rechte anzugeben[3].

1 AV. v. 28. 6. 07.

2 unten § 156[2] Schlußsatz. — Die Verteilung durch den TPl. enthält eine im Verfahren ergehende gerichtliche Entscheidung, gegen welche sofortige Beschwerde (§ 793 ZPO.) deshalb zulässig ist, weil der Richter die maßgebenden Ver-

fahrensvorschriften verletzt hat. Die Beschwerdefrist (§ 577 Abs. 2 ZPO.) beginnt, da der TPl. nicht zugestellt wird, mit dem Schlusse des Verteilungstermins. — Bei ordnungsmäßiger Aufstellung ist eine sachliche Änderung nur nach § 115 zu erreichen.

3 § 112 A. 5—7. — Eine Verteilung dieser Rechte oder eine Erklärung des Gerichts, daß diese Forderungen vom Ersteher zu übernehmen sind, findet nicht statt; sie stehen außerhalb des Verteilungsverfahrens (§ 44 A. 3), aber sie können noch bestritten werden (§§ 50, 51, 125, insbesondere § 50 A. 2—8). — Die Wirkung des Stehenbleibens ist für die nach § 52 und den VerstBed. (§ 59) nicht erlöschenden Rechte (§ 91[1]) eine andere als für die auf Grund der Vereinbarung mit dem Ersteher bestehenbleibenden (§ 91[2, 3]). In dem TPl. ist deshalb ersichtlich zu machen, ob es sich um nach § 91[1] oder nach § 91[2, 3] stehenbleibende Rechte handelt.

§ 114. In den Teilungsplan sind Ansprüche, soweit ihr Betrag oder ihr Höchstbetrag zur Zeit der Eintragung des Versteigerungsvermerkes aus dem Grundbuch ersichtlich war[1], nach dem Inhalte des Buches, im übrigen nur dann aufzunehmen, wenn sie spätestens in dem Termin angemeldet sind[2]. Die Ansprüche des Gläubigers gelten als angemeldet, soweit sie sich aus dem Versteigerungsantrag[3] ergeben.

Laufende Beträge wiederkehrender Leistungen[4], die nach dem Inhalte des Grundbuchs zu entrichten sind, brauchen nicht angemeldet zu werden[5].

1 § 19. Auch die nach der Eintragung des VerstVerm. eingetragenen Rechte müssen angemeldet werden. — Bei gewöhnlichen Sicherungshypotheken (§ 1184 BGB., §§ 866, 867 ZPO.) ist ohne besonderen Nachweis der eingetragene Gläubiger als hebungsberechtigt zu behandeln, sofern nicht der Schuldner Widerspruch erhebt. Bei Höchstbetragshypotheken ist schon, wenn nicht bestellender Eigentümer und Gläubiger über die

Höhe der Forderung **einig** sind oder diese nachgewiesen wird, der auf den Höchstbetrag entfallende Erlös als Streitmasse zu hinterlegen. E.Gr. 52[1072]. Wird ein abweichendes Recht angemeldet und glaubhaft gemacht, so ist dieses zu berücksichtigen, E.Gr. 58[463]. Bez. der Höchstbetragshypotheken §§ 14, 48 A. 1, 119 A. 1. Ist die Höchstbetragshypothek nicht von dem Schuldner, sondern von einem früheren Eigentümer bestellt worden, so steht sie als Grundschuld dem bestellenden Eigentümer in Höhe des nicht ausgefüllten Betrages zu. Dieser tritt im Verteilungsverfahren wegen des nicht ausgefüllten Betrages an die Stelle des Schuldners (§ 1163[1] Satz 1 BGB., E.R. 55[220]); er muß, um berücksichtigt zu werden, seinen Anspruch anmelden.

2 § 37 Nr. 4 und § 110 ergeben die Rangstellung der nicht bereits im **Versteigerungstermine** angemeldeten, der Anmeldung bedürfenden Rechte. Auch der Dritteigentümer (§ 37 Nr. 5) muß, um im Verfahren die Auszahlung des ihm gehörigen Teils des VerstErl. (§§ 107 A. 1, 117 A. 2) zu erlangen, seinen Anspruch anmelden. — Einigen sich die betroffenen Beteiligten über die Art der Verteilung, so ist dies für das Gericht bindend.

3 § 16. 4 §§ 13, 45[2]. 5 § 156[2] Schlußsatz.

Verhandlung über den Teilungsplan. Erledigung von Widersprüchen.

§ 115. Über den Teilungsplan wird sofort verhandelt. Auf die Verhandlung sowie auf die Erledigung erhobener Widersprüche und die Ausführung des Planes finden die §§ 876 bis 882 der Zivilprozeßordnung entsprechende Anwendung[1].

Ist ein vor dem Termin angemeldeter Anspruch nicht nach dem Antrag in den Plan aufgenommen, so gilt die Anmeldung als Widerspruch gegen den Plan[2].

Der Widerspruch des Schuldners gegen einen vollstreckbaren Anspruch wird nach den §§ 767, 769, 770 der Zivilprozeßordnung erledigt[3].

Soweit der Schuldner durch Sicherheitsleistung oder Hinterlegung die Befriedigung eines solchen Anspruchs abwenden darf[4], unterbleibt die Ausführung des Planes, wenn die Sicherheit geleistet oder die Hinterlegung erfolgt ist[5].

1 Die Klage ist (mangels gegenteiliger, die Beweislast aber nicht beeinflussender Vereinbarung, E.R. 52[336]) von dem Widersprechenden zu erheben.

Zum Widerspruch berechtigt ist jeder Beteiligte mit Einschluß des Schuldners (§ 9; nur Mieter und Pächter scheiden, weil am Erlös nicht interessiert, aus). Ein an einer gültigen Vorhypothek nicht beteiligter Nachhypothekar hat kein Widerspruchsrecht wegen Zuteilung an einen unrichtigen Berechtigten, E.Gr. 58[465]. Rein persönliche Ansprüche können zum Widerspruch berechtigen, sofern der Widersprechende ein Recht auf Befriedigung aus dem Erlöse gegen den Gegner hat. E.R. 65[64], 71[426], Gr. 55[675]. Bezüglich des Schuldners Abs. 3. Der Ersteher als solcher hat kein Widerspruchsrecht. — Auf den Mangel der Aktivlegitimation des Liquidanten allein kann der Widerspruch nicht gestützt werden, E.R. 62[171], 78[63], JW. 11[953]. — Bei nicht valutierter Grundschuld kein Nachrücken der Nachhypothekare (§ 50 A. 3). Der auf die Grundschuld entfallende Erlös ist zu hinterlegen; der Schuldner (oder dessen Rechtsnachfolger) können nach Vertrag oder § 812 BGB. vom Grundschuldgläubiger Übertragung verlangen, E.R. 78[60]. — Keine Widerspruchsklage auf Grund einer Pfändung, die dem Verteilungstermine nachfolgte, E.R. 62[171]. — Über die Behandlung von Widersprüchen im TPl. § 124; über die Einrede der Rechtshängigkeit gegenüber einer Klage aus § 878 ZPO. E.R. 72[49]. Maßgebend für den Widerspruchsstreit ist die Rechtslage zur Zeit der Feststellung des Teilungsplans, spätere Änderungen bleiben außer Betracht, E.R. 84[10]. Ein bei Verteilung des VerstErl. übergangener Gläubiger kann, obwohl er keinen Widerspruch gegen den TPl. erhoben hat, sein besseres Recht gegen den an seiner Stelle befriedigten Gläubiger im Klagewege geltend machen. E.R. 58[157]; anders bei nicht rechtzeitiger Anmeldung § 37 A. 9, § 110 A. 1. — Der Widerspruch gegen einen Anspruch, wegen dessen einer bei dem Inkrafttreten des BGB. in Pr. bestehenden öffentlichen landschaftlichen (ritterschaftlichen) Kreditanstalt das ZwVollstrRecht satzungsmäßig oder nach kgl. Verordnung zusteht, hält die Ausführung des TPl. nicht auf. Dem Widersprechenden bleibt überlassen, sein Recht nach erfolgter Auszahlung im Wege der Klage geltend zu machen (§§ 1, 2, 8, 12, 13 G. v. 3. 8. 97, §§ 7, 4 V. v. 5. 11. 98 und v. 10. 8. 99, betr. die Nassauische Landesbank bzw. die Landeskreditkasse zu Kassel).

2 E.JW. 15[598]. 3 Abs. 3 bezieht sich nur auf den Widerspruch gegen Bestehen und Höhe des Anspruchs. Der Widerspruch des Schuldners gegen den Rang sowie gegen einen nicht vollstreckbaren Anspruch (z. B. § 10 Nr. 1—3) ist nach Abs. 1 zu behandeln. 4 §§ 707, 713, 769, 775 Nr. 3 ZPO.

5 § 156[2] Schlußsatz.

Ausführung des Teilungsplans.

§ 116. Die Ausführung des Teilungsplans soll bis zur Rechtskraft des Zuschlags[1] ausgesetzt werden, wenn der Ersteher oder im Falle des § 61 der für zahlungspflichtig erklärte Dritte sowie in den Fällen des § 81 Abs. 2, 3 der Meistbietende die Aussetzung beantragt.

1 also bis zum Ablauf der Notfrist (§ 577[2] ZPO.) bzw. bis zur rechtskräftigen Zurückweisung der rechtzeitig angebrachten Beschwerde (§§ 96ff., 101). — Sofortige Beschwerde gegen Nichtaussetzung (§ 793 ZPO.), gegen ungerechtfertigte Aussetzung; Einwendungen nach § 766 ZPO. und demnächst sofortige Beschwerde.

Zahlung, Hinterlegung.

§ 117. Soweit der Versteigerungserlös in Geld vorhanden ist[1], wird der Teilungsplan durch Zahlung an die Berechtigten[2] ausgeführt.

Die Auszahlung an einen im Termine nicht erschienenen Berechtigten ist von Amts wegen anzuordnen. Die Art der Auszahlung bestimmt sich nach den Landesgesetzen[3]. Kann die Auszahlung nicht erfolgen, so ist der Betrag für den Berechtigten zu hinterlegen[4].

Im Falle der Hinterlegung des Erlöses kann statt der Zahlung eine Anweisung auf den hinterlegten Betrag erteilt werden.

1 §§ 107, 108. 2 Dazu gehört auch hinsichtlich des Überschusses der Schuldner (Grundstückseigentümer z. B. des Zuschl.), bzw. der Dritteigentümer (§ 37 Nr. 5), § 107 A. 1, § 128². Der VerstErl. tritt an die Stelle des Grundstücks bzw. des einem Dritteigentümer gehörigen mitversteigerten Zubehörstücks (§ 55²). Der Anspruch auf Zahlung des Bargebots gehört wie der gezahlte Geldbetrag zum Vermögen des Schuldners (Grundstückseigentümers z. B. des Zuschl., §§ 128², 142), der aber die freie Verfügung darüber erst dadurch erhält, daß das Gericht zur Ausführung des TPl. ihm den zur Befriedigung der Gläubiger nicht erforderlichen Rest zahlt bzw. überträgt (§ 118, E.R. 72³⁴⁵.) Dasselbe gilt bez. des Anspruchs des Dritteigentümers des Grundstücks oder mitversteigerten Zubehörstücks (§ 37 Nr. 5). — Die Auszahlung erfolgt an den gegenwärtig Berechtigten, E.R. 73²⁹⁸ (betr. Buchhypothek). — Der bloße Prozeßbevollmächtigte ist zum Geldempfang nicht berechtigt, E.Bay. 14⁶⁴⁹.

3. Pr. AGZVG. Art. 11. **Ist in dem Termine zur Verteilung des Versteigerungserlöses oder eines im Zwangsverwaltungsverfahren erzielten Überschusses ein Berechtigter, dem nach dem Teilungsplan ein Betrag zugeteilt ist, nicht erschienen, so**

erfolgt die Übersendung des Betrags nach Massgabe der §§ 25, 26 der Hinterlegungsordnung vom 14. März 1879 (GS S. 249) a durch die Post; Beträge von nicht mehr als dreihundert Mark können innerhalb des Gebiets des Deutschen Reichs dem Berechtigten auch ohne Antrag übersandt werden. Die nach § 25 Abs. 2 erforderliche Beglaubigung der Unterschrift des Berechtigten ist stempelfrei; geschieht sie durch ein Gericht oder einen Notar, so ist dafür eine Gebühr von drei Mark zu entrichten.

Auf Antrag des Berechtigten ist die Auszahlung durch ein ersuchtes Gericht zu bewirken. Die Kosten und die Gefahr der Übersendung an das ersuchte Gericht trägt der Berechtigte.

a) §§ 46, 47 HO. u. § 54 AVf. v. 5. II. 14.

4. Für Pr. §§ 4 ff. HO. — Wegen des Aufgebots eines nach § 117[2] hinterlegten Betrages §§ 29 ff. HO.

Übertragung der Forderung gegen den Ersteher aus dem Meistgebot.

§ 118. Soweit das Bargebot nicht berichtigt wird[1], ist der Teilungsplan dadurch auszuführen, daß die Forderung gegen den Ersteher[2] auf die Berechtigten[3] übertragen wird; die Übertragung erfolgt durch Anordnung des Gerichts[4]. Das Gleiche gilt, soweit Zahlungsfristen festgesetzt worden sind[5].

Die Übertragung wirkt wie die Befriedigung aus dem Grundstücke[6]. Diese Wirkung tritt[7] jedoch im Falle des Abs. 1 Satz 1 nicht ein[8], wenn vor dem Ablaufe von drei Monaten[9] der Berechtigte dem Gerichte gegenüber den Verzicht auf die Rechte aus der Übertragung erklärt oder die Zwangsversteigerung[10] beantragt. Wird der Antrag auf Zwangsversteigerung zurückgenommen oder das Verfahren nach § 31 Abs. 2 aufgehoben, so gilt er als nicht gestellt. Im Falle des Verzichts soll das Gericht die Erklärung dem Ersteher sowie demjenigen

mitteilen, auf welchen die Forderung infolge des Verzichts übergeht.

1 D. h. die von dem Ersteher im Termin an das Gericht zu zahlende Leistung unterbleibt (§ $107^{2,3}$). — § 134.

2 d. h. der aus der Barzahlungspflicht des Erstehers nach §§ $49^{1,3}$, 59 sich ergebende Anspruch auf Erfüllung. — § 125 A. 1 — auch § 117 A. 2.

3 Dazu gehört auch hinsichtlich des Überschusses der Schuldner (Grundstückseigentümer z. Z. des Zuschl.), bzw. der Dritteigentümer des Grundstücks oder mitversteigerten Zubehörstücks (§ 37 Nr. 5, § 55^{2}). — § 117 A. 2, § 107 A. 1.

4 Die Forderung gegen den Ersteher ist an die Stelle des Grundstückes getreten und — in gleicher Weise wie dieses vor dem Zuschl. — der Beschlagnahme unterworfen. Die Übertragung auf die Hebungsberechtigten erfolgt durch die Anordnung des Gerichts (nicht kraft Gesetzes § 412 BGB. E.R. 84^{12}); sie wird durch die Verkündung im Verteilungstermin wirksam; nur bei Nachtragsverteilungen, wenn ein VertTerm. nicht stattfindet (§ 139^{1} Satz 1), durch die Zustellung an den Empfangsberechtigten (§ 329 ZPO.). Der Gläubiger erwirbt die Forderung als eigene, nicht nur das Recht zur Einziehung. Die Anordnung ist kein Überweisungsbeschluß im Sinne der §§ 835, 836 ZPO. und der §§ 408, 1155 BGB. — Auch bez. des Schuldners (Eigentümers) oder des Dritteigentümers (A. 3) ist die Übertragung erforderlich, um ihm die freie Verfügung über den betr. Teil des Erlöses zu verschaffen (§ 117 A. 2). — Erst durch die Übertragung tritt der Ersteher in ein unmittelbares Schuldverhältnis zu dem Hebungsberechtigten und erlangt er die Möglichkeit, seine Schuld aus dem Meistgebot durch Aufrechnung von Ansprüchen gegen den Hebungsberechtigten zu tilgen, E.R. 64^{308}, 72^{344}. — Wenn die Forderung dem Schuldner gebührte, aber auf Grund einer unwirksamen Abtretung des Schuldners gerichtlich einem Dritten übertragen ist, so kann der Ersteher im Rahmen des § 406 BGB. mit Forderungen

gegen den Schuldner aufrechnen, L.R. 84[3]. Einwendungen gegen den ursprünglichen Anspruch bei ZwV. aus der übertragenen Forderung § 132 A. 4.

5 §§ 60, 61. 6 § 91 A. 2 u. 10. Abs. 2 bezieht sich nur auf die aus dem Grundstücke zu befriedigenden Interessenten (§ 10), § 128[2]. 7 im Falle des Abs. 1 Satz 2 tritt sie stets und unbedingt ein.

8 im Falle des Abs. 1 Satz 1 steht die Wirkung unter einer aufschiebenden Bedingung. In der Zwischenzeit besteht der bisherige Anspruch des Berechtigten gegen einen persönlichen Schuldner fort, desgleichen Bürgschaft, Pfandrechte und Mithaft mitbelasteter Grundstücke. — Erst mit Ablauf der Frist tritt die Wirkung der Befriedigung ein.

9 von der Verkündung der Anordnung im VerteilungsT. bzw. von ihrer Zustellung an (A. 4). 10 §§ 132, 133.

Behandlung bedingter Ansprüche.

§ 119. Wird auf einen bedingten Anspruch ein Betrag zugeteilt[1], so ist durch den Teilungsplan festzustellen, wie der Betrag anderweit verteilt werden soll, wenn der Anspruch wegfällt[2].

1 nach § 117 oder § 118. — § 14. — Auf Sicherungs-, insbesondere Höchstbetragshypotheken (§§ 1184, 1190 BGB., auch Arresthypotheken § 932 ZPO.) findet, soweit nachstehende Berechtigte in Betracht kommen, § 119 keine Anwendung, weil der nicht von der Forderung des Gläubigers ergriffene Teil der Hypothek dem Grundstückseigentümer als Grundschuld zufällt. Anders, wenn die Höchstbetragshypothek von einem früheren Eigentümer bestellt ist. § 114 A. 1, § 50 A. 3. Dagegen gelangt der nach § 882 BGB. bei Rechten anderer Art eingetragene Höchstbetrag der Ersatzsumme, soweit der zu ersetzende Wert dahinter zurückbleibt, unter die nachstehenden Berechtigten zur Verteilung.

2 bei auflösend bedingten Ansprüchen durch Eintritt der Bedingung; bei aufschiebend bedingten Ansprüchen durch Ausfall der Bedingung.

§ 120. Ist der Anspruch aufschiebend bedingt, so ist der Betrag für die Berechtigten zu hinterlegen[1]. Soweit der Betrag nicht gezahlt ist, wird die Forderung gegen den Ersteher auf die Berechtigten übertragen. Die Hinterlegung sowie die Übertragung erfolgt für jeden unter der entsprechenden Bedingung[2].

Während der Schwebezeit gelten für die Anlegung des hinterlegten Geldes, für die Kündigung und Einziehung der übertragenen Forderung sowie für die Anlegung des eingezogenen Geldes die Vorschriften der §§ 1077 bis 1079 des Bürgerlichen Gesetzbuchs[3]; die Art der Anlegung bestimmt derjenige, welchem der Betrag gebührt, wenn die Bedingung ausfällt[4].

1 § 117 A. 4. 2 also für den aufschiebend bedingten Berechtigten unter der Bedingung des Eintritts der Bedingung; für den anderen unter der Bedingung des Ausfalls der Bedingung. — Letzterer ist der zunächst Berechtigte, hat Anspruch auf die Zinsen während der Schwebezeit (gemäß §§ 158[1], 159 BGB.) und bestimmt über die Art der Anlegung im Falle des § 1079 BGB. (Abs. 2 Schlußsatz).

3 d. h. die beim Nießbrauch eines Kapitals für Nießbraucher und Kapitalgläubiger in diesen Beziehungen geltenden Vorschriften.

4 Über die Behandlung eines Anspruchs unter auflösender Bedingung bei Ausführung des Teilungsplans enthält das Gesetz keine besondere Bestimmung. Er ist wie ein unbedingter zu behandeln. Doch muß auch in diesem Falle für den Eintritt der Bedingung eine anderweite Verteilung gemäß

§ 119 erfolgen. Der Teilungsplan ergibt diejenigen Berechtigten, denen der Anspruch auf Herausgabe des Empfangenen zusteht. Über die Wirkung der Löschungsvormerkung (§ 1179 BGB.) bei einer Hypothek E.R. 57[209].

Behandlung nicht auf Zahlung von Kapital gerichteter Rechte.

§ 121. In den Fällen des § 92 Abs. 2 ist für den Ersatzanspruch in den Teilungsplan ein Betrag aufzunehmen, welcher der Summe aller künftigen Leistungen gleichkommt, den fünfundzwanzigfachen Betrag einer Jahresleistung jedoch nicht übersteigt; zugleich ist zu bestimmen, daß aus den Zinsen und dem Betrage selbst die einzelnen Leistungen zur Zeit der Fälligkeit zu entnehmen sind.

Die Vorschriften der §§ 119, 120[1] finden entsprechende Anwendung; die Art der Anlegung des Geldes bestimmt der zunächst Berechtigte[2, 3].

1 hinsichtlich der Feststellung des beim Wegfall des Anspruchs (§ 92²) Berechtigten und der Anlegung usw. des Geldes.

2 d. h. der in den Fällen des § 92² Berechtigte (Nießbraucher usw.). § 1079 BGB.

3 Auch hinsichtlich des Aufgebots des nach Maßgabe des § 121 hinterlegten Geldes gilt dasselbe wie im Falle des § 120 (§ 117 A. 4).

Behandlung von Gesamtbelastungen.

§ 122. Sind mehrere für den Anspruch eines Beteiligten[1] haftende Grundstücke in demselben Verfahren versteigert worden[2], so ist unbeschadet der Vorschrift des § 1132 Abs. 1 Satz 2 des Bürgerlichen Gesetzbuchs[3], bei jedem einzelnen Grundstücke nur ein nach dem Verhältnisse der Erlöse[4] zu bestimmender Betrag[5] in den Teilungsplan aufzunehmen[6]. Der Erlös wird unter Abzug des Betrags der Ansprüche berechnet, welche dem Anspruche des Beteiligten vorgehen.

Unterbleibt die Zahlung eines auf den Anspruch des Beteiligten zugeteilten Betrags, so ist der Anspruch bei jedem Grundstück in Höhe dieses Betrags in den Plan aufzunehmen.

1 § 9, nicht bloß des oder der betreibenden Gläubiger.

2 §§ 18, 63, 64. 3 d. h. des Rechtes des Gläubigers, die Befriedigung nach seinem Belieben aus jedem der Grundstücke ganz oder zum Teile zu suchen.

4 welche bei dem regelmäßig stattfindenden Einzelausgebot (§ 63) bzw. beim Zuschl. zu einem Gesamtgebote sich durch die Verteilung des Überschusses (§ 112) ergeben haben und nach Befriedigung der vorgehenden Ansprüche übrigbleiben (Satz 2).

5 der Gesamtbelastung (Hypothek, Grundschuld, Rentenschuld, Reallast). 6 Dies Verfahren setzt voraus, daß der Gläubiger von seinem Wahlrecht (§ 1132 BGB.) keinen Gebrauch gemacht hat.

§ 123. Soweit auf einen Anspruch, für den auch ein anderes Grundstück haftet, der zugeteilte Betrag nicht gezahlt wird[1], ist durch den Teilungsplan festzustellen, wie der Betrag anderweit verteilt werden soll, wenn das Recht auf Befriedigung aus dem zugeteilten Betrage nach Maßgabe der besonderen Vorschriften über die Gesamthypothek erlischt[2].

Die Zuteilung ist dadurch auszuführen, daß die Forderung gegen den Ersteher unter der entsprechenden Bedingung übertragen wird[3].

1 d. h. der nach dem Teilungsplan auf den Anspruch entfallende Teil des VerstErl. — § 123 findet nicht bloß auf den im § 122 behandelten Fall der gleichzeitigen Verst. sämtlicher mit-

haftender Grundstücke und der verhältnismäßigen Verteilung auf jedes dieser Grundstücke Anwendung.

2 §§ 1173, 1174, 1175, 1181 BGB. — Diese Vorschriften finden nur entsprechende Anwendung; denn die Gesamthypothek ist nach § 91 erloschen und an ihre Stelle die nach § 118 übertragene durch Sicherungshypothek gesicherte Forderung gegen den Ersteher getreten. § 50² Nr. 2 mit A. 8.

3 Die Zuteilung an den anderweit Berechtigten geschieht unter der Bedingung, daß der Gläubiger nach §§ 1173, 1174, 1181 BGB. anderweit befriedigt wird oder auf sein Recht an dem versteigerten einen der mithaftenden Grundstücke verzichtet oder mit diesem ausgeschlossen wird (§ 1175 BGB.). Die Eventualverteilung verliert ihre Bedeutung, wenn nach § 118 die Übertragung der Forderung an die Ersteher als Befriedigung aus dem versteigerten Grundstück wirkt (§ 118 A. 8).

Behandlung von Widersprüchen.

§ 124. Im Falle eines Widerspruchs gegen den Teilungsplan[1] ist durch den Plan festzustellen, wie der streitige Betrag verteilt werden soll, wenn der Widerspruch für begründet erklärt wird[2].

Die Vorschriften des § 120 finden entsprechende Anwendung[3]; die Art der Anlegung bestimmt derjenige, welcher den Anspruch geltend macht[4].

Das Gleiche gilt, soweit nach § 115 Abs. 4 die Ausführung des Planes unterbleibt[5].

1 §§ 115, 156 und über den Widerspruch eines Baugläubigers gegen die Aufnahme eines anderen in den Verteilungsplan. § 40 G. v. 1. 6. 09 u. Einl. 7.

2 Verfahrensanweisung; unterbliebene Eventualverteilung wird durch die vom Prozeßgericht vorzunehmende Zuweisung an den erfolgreich Widersprechenden nachgeholt (§ 880 ZPO., § 115). Ein Gläubiger, der einem Liquidat nicht widersprochen hat, ist bei der anderweitigen Verteilung nicht zu berücksichtigen.

E.R. 26[420]. 3 Der von dem Widerspruch betroffene Anspruch wird wie ein aufschiebend bedingter behandelt.

4 Wegen des Aufgebots des hinterlegten Geldes gilt dasselbe wie im Falle des § 120 (§ 117 A. 4).

5 d. h. wenn der Schuldner durch Sicherheitsleistung oder Hinterlegung die Befriedigung eines gegen ihn vollstreckbaren Anspruchs abwenden darf und durch Leistung der Sicherheit oder Hinterlegung die Ausführung des Planes verhindert.

Verteilung eines Betrages außer dem Bargebote.

§ 125. Hat der Ersteher außer dem durch Zahlung zu berichtigenden Teile des Meistgebots einen weiteren Betrag nach den §§ 50, 51 zu zahlen, so ist durch den Teilungsplan festzustellen, wem dieser Betrag zugeteilt werden soll. Die Zuteilung ist dadurch auszuführen, daß die Forderung gegen den Ersteher übertragen wird[1].

Ist ungewiß oder streitig, ob der weitere Betrag zu zahlen ist, so erfolgt die Zuteilung und Übertragung unter der entsprechenden Bedingung. Die §§ 878 bis 882 der Zivilprozeßordnung[2] finden keine Anwendung[3].

Die Übertragung hat nicht die Wirkung der Befriedigung aus dem Grundstücke[4, 5].

1 Die §§ 117–124 beziehen sich nur auf Ansprüche, welche nach § 49 bzw. den VerstBed. bar zu zahlen waren. – Hier handelt es sich um Ansprüche, welche als bestehenbleibende Belastung auf den Ersteher übergehen sollten und für welche in den Fällen der §§ 50, 51 eine Zahlungspflicht des Erstehers (eine Forderung gegen den Ersteher) begründet ist, für die aber § 49[1, 2] nicht gilt (§ 50[1] Satz 2). Die Voraussetzung der Anwendung des § 125 ist, daß das Nichtbestehen der in §§ 50, 51 erwähnten Rechte bis zur Aufstellung des Teilungsplanes festgestellt (Abs. 1) oder doch ihr Fortbestehen ungewiß oder streitig

geworden ist (Abs. 2), was für die Fälle des § 50² Nr. 1 und 2 ohne weiteres zutrifft. Ergibt sich ein Fall der §§ 50, 51 erst nach Schluß des Verteilungsverfahrens, so hat der Nächstberechtigte nur noch einen nötigenfalls im Prozeßwege geltend zu machenden Bereicherungsanspruch gegen den Ersteher (§§ 812, 818 BGB.); die Eintragung einer Sicherungshypothek (§ 128) kann er nicht mehr verlangen. — Nach Abs. 1 findet unmittelbar eine Zuteilung und Übertragung der Forderung gegen den Ersteher an den Nächstberechtigten durch den Teilungsplan statt (wie nach § 118¹); in den Fällen des Abs. 2 muß die Zuteilung und Übertragung an den Nächstberechtigten unter der Bedingung geschehen, daß die Belastung als stehenbleibende in Fortfall kommt (also die Zahlungspflicht des Erstehers nach §§ 50, 51 begründet wird). § 50 A. 6—10, § 52 A. 1.

2 betr. den Verteilungsstreit.

3 Dem Nächstberechtigten bleibt es überlassen, im Prozeßwege den Fortfall des der Geltendmachung seiner Forderung gegen den Ersteher entgegenstehenden Rechtes, und dadurch die Unbedingtheit seiner Forderung gegen den Ersteher herbeizuführen. Das fortgefallene Recht und die der Zuteilung beigefügte Bedingung sind demnächst zur Löschung zu bringen, und zwar auf Antrag des Berechtigten und auf Grund des § 894 BGB. (§ 130² findet keine Anwendung.)

4 § 118² findet also keine Anwendung. — Die Übertragung der Forderung an den Ersteher berührt weder das persönliche Forderungsrecht des Berechtigten gegen seinen Schuldner noch die Mithaftung anderer Grundstücke. — Seine Forderung an dem versteigerten Grundstücke ist aber nach §§ 52, 91 erloschen.

5 Sie gewährt auch nicht unmittelbare Vollstreckbarkeit. § 132¹ Satz 2.

Unbekanntschaft des Berechtigten.
Nichtvorlegung des Hypothekenbriefes.

§ 126. Ist für einen zugeteilten Betrag die Person des Berechtigten unbekannt, insbesondere bei einer Hypothek, Grundschuld oder Rentenschuld der Brief nicht vorgelegt[1], so ist durch den Teilungsplan festzustellen, wie der Betrag verteilt werden soll, wenn der Berechtigte nicht ermittelt wird.

Der Betrag ist für den unbekannten Berechtigten zu hinterlegen[2]. Soweit der Betrag nicht gezahlt wird, ist die Forderung gegen den Ersteher auf den Berechtigten zu übertragen[3].

1 §§ 1116, 1117, 1144, 1154, 1155 BGB.; §§ 42—44, 56ff., 70 GBO. 2 Wegen des Aufgebots des hinterlegten Geldes §§ 29ff. pr. HO. 3 § 118. — Wegen Ermittelung des Berechtigten u. weiterer Ausführung des Teilungsplanes §§ 135 bis 142; wegen Kraftloserklärung des Hypothekenbriefes § 136. — § 156.

Behandlung vorgelegter Urkunden.

§ 127. Wird der Brief über eine infolge der Versteigerung erloschene Hypothek, Grundschuld oder Rentenschuld[1] vorgelegt, so hat das Gericht ihn unbrauchbar zu machen[2]. Ist das Recht nur zum Teil erloschen, so ist dies auf dem Briefe zu vermerken[3]. Wird der Brief nicht vorgelegt, so kann das Gericht ihn von dem Berechtigten einfordern[4].

Im Falle der Vorlegung eines vollstreckbaren Titels über einen Anspruch, auf welchen ein Betrag zugeteilt wird, hat das Gericht auf dem Titel zu vermerken, in welchem Umfange der Betrag durch Zahlung, Hinterlegung oder Übertragung gedeckt worden ist[5].

Der Wortlaut der Vermerke ist durch das Protokoll festzustellen[6].

1 §§ 52, 91. 2 § 69 GBO. § 42 AVf. v. 20. 11. 99. — Über die weitere Behandlung der unbrauchbar gemachten Briefe ist nichts bestimmt. 3 §§ 1140, 1145 BGB. — § 62 GBO. — § 39 AVf. v. 20. 11. 99.

4 Nötig ist die Einforderung nicht, ebensowenig die Vorlegung erzwingbar. Für etwaigen Mißbrauch des Briefes haftet der Berechtigte. Die Vorlegung des Briefes beim GBA. (§ 130) ist nicht erforderlich (§ 131). 5 § 757[1] ZPO. 6 § 158[3].

Sicherungshypothek für die Forderung gegen den Ersteher.

§ 128. Soweit für einen Anspruch die Forderung gegen den Ersteher übertragen wird[1], ist für die Forderung eine Sicherungshypothek[2] an dem Grundstücke mit dem Range des Anspruchs[3] einzutragen. War das Recht, aus welchem der Anspruch herrührt, nach dem Inhalte des Grundbuchs mit dem Rechte eines Dritten belastet, so wird dieses Recht als Recht an der Forderung miteingetragen[4].

Soweit die Forderung gegen den Ersteher unverteilt bleibt, wird eine Sicherungshypothek für denjenigen eingetragen, welcher zur Zeit des Zuschlags Eigentümer des Grundstücks war[5].

Mit der Eintragung entsteht die Hypothek[6]. Vereinigt sich die Hypothek[6] mit dem Eigentum in einer Person[7], so kann sie nicht zum Nachteil eines Rechtes, das bestehen geblieben ist, oder einer nach Abs. 1, 2 eingetragenen Sicherungshypothek geltend gemacht werden.

Wird das Grundstück von neuem versteigert, so ist der zur Deckung der Hypothek[6] erforderliche Betrag bar zu berichtigen[8].

1 § 118 mit A. 4, §§ 119–126. – Gilt auch, wenn der Ersteher selbst der Forderungsberechtigte ist trotz § 118 A. 3, E.FG. 12[274].

2 § 132. – §§ 1184ff. BGB., §§ 866, 867 ZPO. (oben S. 16, 17). Ist bei der ZwVerst. eines Bruchteils der Miteigentümer Ersteher, so ist die Sicherungshypothek auf dem ganzen

Grundstücke einzutragen, E.K. 23 A[230], 26 A[157]. — Besonderes gilt in Pr. bei Verschuldungsgrenze. § 8 G. v. 20. 8. 06 § 2 EGZVG. A. 1 (unter III).

3 § 10; aber auch Abs. 3 und § 129. Für jedes selbständige Recht ist eine besondere Sicherungshypothek einzutragen, E.K. 20 A[101]. Der Anspruch des Schuldnereigentümers bzw. Dritteigentümers auf den Überschuß rangiert an letzter Stelle, s. a. Abs. 2. — Wegen der Eintragung des Ranges §§ 130, 131.

4 Alle Rechte Dritter an dem Anspruch, für den die Forderung übertragen wird, setzen sich an der Forderung gegen den Ersteher und der Sicherungshypothek fort. — E.R. 60[221].

5 § 117 A. 2. 6 Sicherungshypothek.

7 §§ 889, 1143, 1153, 1163, 1168, 1170, 1173, 1175, 1177 BGB. — Die Hypothek wird Eigentümerhypothek (§§ 1184, 1185² BGB.), aber der mit derselben verbundene Rang (A. 3) kann nicht zum Nachteil der in Abs. 3 erwähnten Rechte geltend gemacht werden. Diese sind bei einer neuen Verst. des Grundstücks vor der Eigentümerhypothek zu befriedigen.

8 auch wenn dies sonst nach §§ 44, 49 nicht der Fall sein würde. Daß die neue Verst. wegen eines durch die Sicherungshypothek gedeckten Anspruchs erfolgt (§ 133), ist nicht erforderlich.

§ 129. Die Sicherungshypothek für die im § 10 Nr. 1 bis 3 bezeichneten Ansprüche, für die im § 10 Nr. 4 bezeichneten Ansprüche auf wiederkehrende Leistungen und für die im § 10 Abs. 2 bezeichneten Kosten[1] kann nicht zum Nachteile der Rechte, welche bestehen geblieben sind, und der übrigen nach § 128 Abs. 1, 2 eingetragenen Sicherungshypotheken geltend gemacht werden[2], es sei denn, daß vor dem Ablaufe von sechs Monaten nach der Eintragung derjenige, welchem die Hypothek[3] zusteht, die Zwangsversteigerung des Grundstücks beantragt[4]. Wird der Antrag auf Zwangsversteigerung zurückgenommen oder das Verfahren[5] nach § 31 Abs. 2 aufgehoben, so gilt er als nicht gestellt[6].

1 welche im Range den übrigen nachstehend erwähnten Rechten an sich vorgehen. 2 § 128[3]. 3 für die in § 10 Nr. 1—3 bezeichneten Ansprüche, für die in § 10 Nr. 4 bezeichneten Ansprüche auf wiederkehrende Leistungen und für die in § 10[2] bezeichneten Kosten.

4 § 133 — In diesem Falle verbleibt also den in A. 3 gedachten Rechten ihr Vorrang bei der Verteilung des Barbetrages (§ 128[4]), den sie sonst, d. h. wenn das Grundstück auf Antrag eines anderen Gläubigers, oder auf Antrag der in A. 3 bezeichneten Berechtigten aber nach Ablauf von sechs Monaten (Satz 2) versteigert wird — zum Nachteil der übrigen Sicherungshypotheken nicht geltend machen können. (§ 128 A. 6.)

5 d. h. das auf rechtzeitigen Antrag (Satz 1) eingeleitete Verfahren. 6 § 118[2] Satz 2

Berichtigung des Grundbuchs.

§ 130. Ist der Teilungsplan ausgeführt[1] und der Zuschlag rechtskräftig[2], so ist das Grundbuchamt zu ersuchen[3], den Ersteher als Eigentümer einzutragen[4], den Versteigerungsvermerk[5] sowie die durch den Zuschlag erloschenen Rechte[6] zu löschen[7] und die Eintragung der Sicherungshypotheken für die Forderung gegen den Ersteher[8] zu bewirken. Bei der Eintragung der Hypotheken soll im Grundbuch ersichtlich gemacht werden, daß sie auf Grund eines Zwangsversteigerungsverfahrens erfolgt ist[9].

Ergibt sich, daß ein bei der Feststellung des geringsten Gebots berücksichtigtes Recht nicht zur Entstehung gelangt oder daß es erloschen ist[10], so ist das Ersuchen auch auf die Löschung dieses Rechtes zu richten[11].

Hat der Ersteher, bevor er als Eigentümer eingetragen worden ist, die Eintragung eines Rechtes an dem versteigerten Grundstücke bewilligt, so darf die Eintragung nicht vor der Erledigung des im Abs. 1 bezeichneten Ersuchens erfolgen[12].

1 nach §§ 117–126, 128. 2 § 116 A. 1.

3 § 39 GBO. – Das Ersuchen muß inhaltlich den Vorschriften der GBO. entsprechen. Ersuchen um Eintragung mehrerer Berechtigter ohne Angabe des Gemeinschaftsverhältnisses (§ 48 GBO.) hat das GBA. daher abzulehnen. In den Eintragungsvermerk ist das Datum des ZuschlB. aufzunehmen.

4 § 90; auch der bisherige Eigentümer, dem der Zuschl. erteilt ist (§ 81[1]); die Neueintragung macht den Ausschluß der Rechte dritter Eigentumsprätendenten ersichtlich (§ 37 Nr. 5); § 81 A. 1. Um Eintragung eines Rechtsnachfolgers kann er nicht ersuchen, sondern nur den dahingehenden Antrag des Rechtsnachfolgers mit seinem Ersuchen um Eintragung des verstorbenen Erstehers dem GBA. übermitteln, E.FG. 13[147]. – Landesrecht kann die Vollziehung der Eigentumseintragung von der Zahlung oder Sicherstellung landesrechtlicher Gebühren und Stempel abhängig machen (so BayGebO. §§ 252, 293) E.Bay. 10[146]. Für Pr. ist dies nicht geschehen. Keine Pflicht, die Eintragung von der Sicherstellung des Reichsstempels abhängig zu machen, § 91[3] RStempG. 5 § 19.

6 §§ 91, 127. Darunter sind nicht bloß dingliche, sondern alle im GB. eingetragenen oder vorgemerkten Rechte (z. B. §§ 1179 BGB.) zu verstehen, soweit sie durch den Zuschl. erlöschen E.Bay. 11[665]. Nur der VerstRichter, nicht der GBBeamte hat zu prüfen, welche Rechte erloschen sind. E.K. 23 A[252]. – Die Löschung der zur Hebung gelangten Gesamthypothek auf mithaftenden Grundstücken hat der VollstrRichter nicht zu betreiben, E.K. 23 A[254]. – Bez. der Nichtlöschung einer unter der Herrschaft des früheren Rechts begründeten Grunddienstbarkeit unter III § 9 A. 1.

7 § 131. — Über Wiedereintragung irrtümlich gelöschter Rechte, E.R. 25 A[311].

8 §§ 128, 131. Wegen der Form dieser Eintragung § 128 A. 3. — Für den Fall des Bestehens einer Verschuldungsgrenze (§ 8 Nr. 1 Abs. 2 Pr. G. v. 20. 8. 06), § 7[2] AVf. v. 22. 4. 08. Bei Bahneinheiten nötigenfalls vorherige Anlegung eines Bahngrundbuchs BahnG. § 24.

9 Damit ist auf die aus §§ 128, 129, 132 sich ergebenden Besonderheiten hingewiesen. Auch die Ansprüche, zu deren Deckung die Übertragung erfolgt, sind anzugeben, weil auch dies für deren Rechtsstellung bedeutsam ist (§§ 123, 129, 132[1] Satz 2). — Bei Weigerung des GBAmts, dem Ersuchen stattzugeben, hat auch der VollstrRichter das Beschwerderecht. E.R. 20 A[10], Bay. 14[258]. 10 §§ 50, 51. 11 § 131 A. 1, § 125 A. 1.

12 Solange muß der GBBeamte die Eintragungsanträge liegen lassen. § 18 Abs. 1 Satz 1 GBO. greift nicht Platz. E.R. 62[140]. Vor Erledigung des Ersuchens auf Grund der Bewilligung des Erstehers erfolgte Eintragungen sind nicht nichtig. Abs. 3 soll nur den nach § 128 einzutragenden Sicherungshypotheken den Vorrang wahren. E.FG. 8[65], R. 34 A[282]. — Abs. 3 Zusatz der Reichstagskommission (KB. 32, 34).

§ 131. In den Fällen des § 130 Abs. 1[1] ist zur Löschung einer Hypothek, einer Grundschuld oder einer Rentenschuld, im Falle des § 128 zur Eintragung des Vorranges einer Sicherungshypothek[2] die Vorlegung des über das Recht erteilten Briefes nicht erforderlich[3].

1 nicht aber auch in den Fällen des § 130[2], für welche die §§ 42—44 GBO. zur Anwendung gelangen.

2 Die Sicherungshypotheken werden an der nächst offenen Stelle, also hinter den bestehenbleibenden Hypotheken usw. eingetragen. Soweit sie aber Ansprüche betreffen, die den bestehenbleibenden Hypotheken (nach § 10) vorgehen, muß gleichzeitig dieser Vorrang eingetragen werden.

3 In der Vorlage an den Reichstag enthielt § 131 in Abs. 1 die Vorschrift, daß dem GBA. mit dem Ersuchen eine Ausfertigung des ZuschlB. und des Protokolls über den VerstT. übersendet werden solle. Der Satz ist von der Reichstagskommission gestrichen, um zum Ausdruck zu bringen, daß das GBA. die Grundlagen des Ersuchens nicht zu prüfen habe (§ 39 GBO.). Aber § 130 A. 3.

Vollstreckbarkeit des Anspruchs aus der Sicherungshypothek.

§ 132. Nach der Ausführung des Teilungsplans ist die Forderung gegen den Ersteher und im Falle des § 81 Abs. 4 auch gegen den für mithaftend erklärten Meistbietenden[1], der Anspruch aus der Sicherungshypothek gegen den Ersteher und jeden späteren Eigentümer[2] vollstreckbar. Diese Vorschrift findet keine Anwendung, soweit der Ersteher einen weiteren Betrag nach den §§ 50, 51 zu zahlen hat[3].

Die Zwangsvollstreckung[4] erfolgt auf Grund einer vollstreckbaren Ausfertigung des Beschlusses, durch welchen der Zuschlag erteilt ist[5]. In der Vollstreckungsklausel[6] ist der Berechtigte[7] sowie der Betrag der Forderung anzugeben; der Zustellung einer Urkunde über die Übertragung der Forderung bedarf es nicht.

1 nach a. 10[2] Pr. AGZVG. (§ 69 A. 5) auch gegen den für mithaftend erklärten Bürgen.

2 Die Sicherungshypothek begründet einen dinglichen Anspruch, der in seiner Wirksamkeit durch den Eigentumswechsel nicht beeinträchtigt wird; dem neuen Eigentümer war die Vollstreckbarkeit durch den Eintragungsvermerk bekannt (§ 130[1] a. E.).

3 § 125 A. 1—3. 4 wegen der persönlichen Forderung gegen den Ersteher und den für mithaftend erklärten Meistbietenden (und Bürgen) nach den Vorschriften der ZPO.; wegen des dinglichen Anspruchs aus der Sicherungshypothek

nach diesem Gesetz. Siehe auch § 133. — Auf Einwendungen, welche den beizutreibenden ursprünglichen Anspruch selbst betreffen, findet § 767 Abs. 1 und 3 ZPO. — nicht aber Abs. 2 — Anwendung, E.R. 71[404]. 5 §§ 725, 727 ZPO. 6 §§ 725, 732 ZPO. 7 Wegen des Überschusses ist dies der Schuldner.

§ 133. Die Zwangsvollstreckung in das Grundstück ist gegen den Ersteher ohne Zustellung des vollstreckbaren Titels oder der nach § 132 erteilten Vollstreckungsklausel zulässig[1]; sie kann erfolgen, auch wenn der Ersteher noch nicht als Eigentümer eingetragen ist[2]. Der Vorlegung des im § 17 Abs. 2 bezeichneten Zeugnisses bedarf es nicht, solange das Grundbuchamt noch nicht um die Eintragung ersucht ist.

1 Abweichung von § 750 ZPO. — Gegen den späteren Eigentümer bedarf es solcher Zustellung; ebenso bedarf es derselben gegen den Ersteher, wenn die ZwVollstr. in dessen bewegliches Vermögen erfolgen soll (§ 132 A. 4).

2 Abweichung von § 17.

Behandlung der Forderung gegen den Dritten im Falle des § 61.

§ 134. Im Falle des § 61 tritt für das Verteilungsverfahren an die Stelle der Forderung gegen den Ersteher die Forderung gegen den für zahlungspflichtig erklärten Dritten. Wird von dem Dritten die ihm obliegende Zahlung im Verteilungstermine bewirkt, so ist für seine Forderung gegen den Ersteher[1] eine Sicherungshypothek an dem versteigerten Grundstück einzutragen. Auf die Hypothek finden die Vorschriften des § 128 Abs. 3 Satz 1, des § 130 Abs. 1 und des § 132 entsprechende Anwendung[2].

1 § 61 Schlußsatz. 2 Satz 2 u. 3 Zusatz der Reichstagskommission (KB. 84). — § 130 A. 9.

Ermittelung des unbekannten Berechtigten.

§ 135. Ist für einen zugeteilten Betrag die Person des Berechtigten unbekannt[1], so hat das Vollstreckungsgericht zur Ermittelung des Berechtigten einen Vertreter zu bestellen[2]. Die Vorschriften des § 7 Abs. 2 finden entsprechende Anwendung. Die Auslagen und Gebühren des Vertreters sind aus dem zugeteilten Betrage vorweg zu entnehmen.

1 § 126. Die §§ 135—141 gelten an und für sich nur für die Verteilung eines aus dem Bargebote zu entnehmenden Betrages, entsprechende Anwendbarkeit im Falle des § 125[2].

2 § 138 u. § 157[2].

Kraftloserklärung des Hypothekenbriefes.

§ 136. Ist der Nachweis des Berechtigten von der Beibringung des Briefes über eine Hypothek, Grundschuld oder Rentenschuld abhängig[1], so kann der Brief im Wege des Aufgebotsverfahrens[2] auch dann für kraftlos erklärt werden[3], wenn das Recht bereits gelöscht ist[4, 5].

1 § 126. 2 nach §§ 1003 ff. ZPO.; auch §§ 1020, 1024 ZPO. — § 12 EG. — und für Pr. a. 1 Nr. IV Pr. AGZPO., wonach an die Stelle der §§ 20—22 des Pr. AGZPO. die dort angegebenen Vorschriften treten. Sie lauten jetzt:

§ 9. Bei Aufgeboten, welche auf Grund des § 1162 des Bürgerlichen Gesetzbuchs oder des § 136 des Reichsgesetzes über die Zwangsversteigerung und die Zwangsverwaltung vom 24. März 1897 ergehen, erfolgt die Veröffentlichung des Aufgebots, des Ausschlussurteils und des im § 1017 Abs. 3 der Zivilprozessordnung bezeichneten Urteils in der im § 7 Abs. 1 bestimmten Art.

Die Aufgebotsfrist (§§ 1014, 1015 der Zivilprozessordnung) muss mindestens drei Monate betragen. Die Vorschriften des § 7 Abs. 3 finden Anwendung.

11*

§ 7 Abs. 3. Unterbleibt die Bekanntmachung des Aufgebots im Deutschen Reichsanzeiger, so beginnt die Aufgebotsfrist mit der ersten Einrückung in den öffentlichen Anzeiger des Amtsblatts. Diese Einrückung tritt in dem bezeichneten Falle bei Anwendung des § 1014 der Zivilprozessordnung an die Stelle der Einrückung in den Reichsanzeiger.

3 § 1162 BGB. — Einer Erneuerung des Briefes (§ 67 GBO.) bedarf es zur Legitimationsführung nicht. (§ 42[2] GBO.)

4 was ohne Vorlegung des Briefes geschehen kann (§ 131).

5 § 157[2].

Nachträgliche Ermittelung des Berechtigten.

§ 137. Wird der Berechtigte nachträglich ermittelt[1], so ist der Teilungsplan weiter auszuführen[2].

Liegt ein Widerspruch gegen den Anspruch vor[3], so ist derjenige, welcher den Widerspruch erhoben hat, von der Ermittelung des Berechtigten zu benachrichtigen. Die im § 878 der Zivilprozeßordnung bestimmte Frist zur Erhebung der Klage beginnt mit der Zustellung der Benachrichtigung[4].

1 nach § 135; bzw. wird die Kraftloserklärung des Briefes vorgelegt (§ 136).

2 Durch Auszahlung des hinterlegten Betrages § 117 bzw. Umwandlung der bedingten Übertragung in eine unbedingte und nötigenfalls durch Berichtigung des Grundbuchs (§§ 126, 130). 3 § 115. 4 § 157[2].

Ermächtigung zum Aufgebot des unbekannten Berechtigten.

§ 138. Wird der Berechtigte nicht vor dem Ablaufe von drei Monaten seit dem Verteilungstermin ermittelt[1], so hat auf Antrag das Gericht den Beteiligten, welchem der Betrag anderweit zugeteilt ist[2], zu ermächtigen, das Aufgebotsverfahren zum Zwecke der Ausschließung des unbekannten Berechtigten von der Befriedigung aus dem zugeteilten Betrage zu beantragen[3].

Wird nach der Erteilung der Ermächtigung der Berechtigte ermittelt, so hat das Gericht den Ermächtigten hiervon zu benachrichtigen[4]. Mit der Benachrichtigung erlischt die Ermächtigung[5].

1 nach § 135; bzw. wird bis dahin nicht die Kraftloserklärung des Briefes (§ 136) beigebracht. 2 § 126. 3 § 12 EG. und für Pr.:

Pr. AGZVG. Art. 14. In dem Aufgebotsverfahren zum Zwecke der Ausschliessung eines unbekannten Berechtigten von der Befriedigung aus einem zugeteilten Betrag erfolgt die öffentliche Bekanntmachung des Aufgebots nach den für die öffentliche Bekanntmachung eines Versteigerungstermins geltenden Vorschriften a.

Die Aufgebotsfrist muss mindestens drei Monate betragen

a) Handelt es sich um einen geringfügigen Betrag, so findet § 39² entsprechende Anwendung.

4 Jedoch § 139 A. 2. 5 § 157².

§ 139. Das Gericht kann im Falle der nachträglichen[1] Ermittelung des Berechtigten zur weiteren Ausführung des Teilungsplans einen Termin bestimmen[2]. Die Terminsbestimmung ist dem Berechtigten und dessen Vertreter, dem Beteiligten, welchem der Betrag anderweit zugeteilt ist[3], und demjenigen zuzustellen, welcher zur Zeit des Zuschlags Eigentümer des Grundstücks war.

Liegt ein Widerspruch gegen den Anspruch vor, so erfolgt die Zustellung der Terminsbestimmung auch an denjenigen, welcher den Widerspruch erhoben hat. Die im § 878 der Zivilprozeßordnung bestimmte Frist zur Erhebung der Klage beginnt mit dem Termine[4, 5].

1 d. h. nach Erteilung der Ermächtigung (§ 138²).

2 Die Anberaumung des Termins steht im Ermessen des Gerichts, welches dann die Benachrichtigung nach § 138² zu

unterlassen hat; denn der Termin soll gerade den Beteiligten Gelegenheit geben, sich darüber zu äußern, ob der Ermittelte auch wirklich der Berechtigte ist. 3 § 126. 4 sowohl für einen im ersten Verteilungstermin erfolgten „vorliegenden" (Satz 1) Widerspruch als für einen im neuen Termin erhobenen Widerspruch. 5 § 157[2].

Aufgebotsverfahren.

§ 140. Für das Aufgebotsverfahren[1] ist das Vollstreckungsgericht zuständig.

Der Antragsteller[2] hat zur Begründung des Antrags die ihm bekannten Rechtsnachfolger desjenigen anzugeben, welcher als letzter Berechtigter ermittelt ist.

In dem Aufgebot ist der unbekannte Berechtigte aufzufordern, sein Recht spätestens im Aufgebotstermin anzumelden, widrigenfalls seine Ausschließung von der Befriedigung aus dem zugeteilten Betrag erfolgen werde.

Das Aufgebot ist demjenigen, welcher als letzter Berechtigter ermittelt ist, den angezeigten Rechtsnachfolgern sowie dem Vertreter des unbekannten Berechtigten zuzustellen.

Eine im Vollstreckungsverfahren erfolgte Anmeldung gilt auch für das Aufgebotsverfahren.

Der Antragsteller kann die Erstattung der Kosten des Verfahrens aus dem zugeteilten Betrage verlangen[3].

1 Das Aufgebotsverfahren erfolgt nach §§ 946ff. ZPO.; unten § 12 EG. und über die Bekanntmachung des Aufgebots sowie die Aufgebotsfrist a. 4 Pr. AGZPO. (§ 138 A. 3).

2 Antragsteller ist der Beteiligte, welchem der Betrag anderweit zugeteilt ist (§ 126); der indes der Ermächtigung des VollstrGerichts bedarf (§ 138). 3 § 157[2].

Neuer Termin zur Ausführung.

§ 141. Nach der Erlassung des Ausschlußurteils hat das Gericht einen Termin zur weiteren Ausführung des Teilungsplans[1] zu bestimmen. Die Terminsbestimmung ist dem Antragsteller[2] und den Personen, welchen Rechte in dem Urteile vorbehalten sind, dem Vertreter des unbekannten Berechtigten sowie demjenigen zuzustellen, welcher zur Zeit des Zuschlags Eigentümer des Grundstücks war[3].

1 Die Anberaumung des Termins hat ohne besonderen Antrag zu erfolgen. 2 des Aufgebotsverfahrens (§ 140[2]). 3 § 157[2].

Verjährung der Rechte auf die hinterlegten Beträge.

§ 142. In den Fällen des § 117 Abs. 2 und der §§ 120, 121, 124, 126 erlöschen die Rechte auf den hinterlegten Betrag mit dem Ablaufe von dreißig Jahren, wenn nicht der Empfangsberechtigte sich vorher bei der Hinterlegungsstelle meldet[1]; derjenige, welcher zur Zeit des Zuschlags Eigentümer des Grundstücks war[2], ist zur Erhebung berechtigt. Die dreißigjährige Frist beginnt mit der Hinterlegung, in den Fällen der §§ 120, 121 mit dem Eintritte der Bedingung, unter welcher die Hinterlegung erfolgt ist[3, 4].

1 §§ 382, 1171[3] BGB. 2 § 117 A. 2. 3 § 157[2].
4 Aufgebot des Betrages §§ 29—32 HO. Ersatz durch bloßen Beschluß bei Beträgen unter 300 M. § 33.

Außergerichtliche Verteilung des Erlöses[1].

§ 143. Die Verteilung des Versteigerungserlöses durch das Gericht findet nicht statt, wenn dem Gerichte durch öffentliche[2] oder öffentlich beglaubigte[3]

Urkunden nachgewiesen wird, daß sich die Beteiligten[4] über die Verteilung des Erlöses geeinigt haben.

1 Einigung nach § 143 schließt die Abhaltung des Verteilungstermins und demgemäß auch die Entgegennahme des VerstErl. durch das Gericht (§ 107²) sowie die Anwendbarkeit des § 118 und die Eintragung einer Sicherungshypothek nach § 128 aus, deren entsprechende Anwendung § 145 nicht vorsieht. 2 § 415 ZPO. 3 § 129 BGB., § 183 FGG.

4 §§ 9, 26, 105² Satz 2 (§ 145).

§ 144. Weist der Ersteher oder im Falle des § 61 der für zahlungspflichtig erklärte Dritte dem Gerichte durch öffentliche[1] oder öffentlich beglaubigte[2] Urkunden nach, daß er diejenigen Berechtigten, deren Ansprüche durch das Gebot gedeckt sind, befriedigt hat[3] oder daß er von ihnen als alleiniger Schuldner angenommen ist[4], so sind auf Anordnung des Gerichts die Urkunden nebst der Erklärung des Erstehers oder des Dritten zur Einsicht der Beteiligten auf der Gerichtsschreiberei niederzulegen. Die Beteiligten[5] sind von der Niederlegung zu benachrichtigen und aufzufordern, Erinnerungen binnen zwei Wochen geltend zu machen.

Werden Erinnerungen nicht innerhalb der zweiwöchigen Frist erhoben, so beschränkt sich das Verteilungsverfahren auf die Verteilung des Erlöses aus denjenigen Gegenständen, welche im Falle des § 65 besonders versteigert oder anderweit verwertet worden sind[6].

1 § 415 ZPO. 2 § 129 BGB., § 183 FGG.

3 Durch Barzahlung oder in anderer dem Berechtigten genehmer Weise. Der Nachweis erübrigt die Zahlung des bar zu zahlenden Erlöses an das Gericht (§ 107²).

4 § 91²,³. 5 § 143 A. 4. 6 § 107¹ Satz 2.

§ 145. Die Vorschriften des § 105 Abs. 2 Satz 2[1] und der §§ 127[2], 130 bis 134[3–5] finden in den Fällen der §§ 143, 144 entsprechende Anwendung[6].

1 wonach als Beteiligte auch diejenigen gelten, die das angemeldete Recht noch glaubhaft zu machen haben.

2 über die Unbrauchbarmachung der Briefe über erloschene Hypotheken usw. durch das Gericht sowie die auf diese und die vorgelegten vollstreckbaren Titel durch das Gericht zu setzenden Vermerke.

3 über die Berichtigung des GB. auf Ersuchen des Gerichts usw. (§§ 130, 131), welches mit dem Ersuchen die Verantwortung übernimmt, daß durch die Einigung der Beteiligten (§ 143) die Verteilung erfolgt bzw. daß die Verteilung unter Berücksichtigung der gesetzlichen Vorschriften ausgeführt ist (§ 144). Das GBA. hat auch in diesem Falle mit der Prüfung der Gesetzmäßigkeit des Ersuchens nichts zu tun (§ 131 A. 3).

4 über die Vollstreckbarkeit der Forderung gegen den Ersteher und die ZwVollstr. auf Grund einer vollstreckbaren Ausfertigung des ZuschlBescheides (§§ 132, 133). — § 143 A. 1.

5 Die entsprechende Anwendung des § 134 ergibt, daß im Falle des § 61 auch für das außergerichtliche Verteilungsverfahren die Forderung gegen den für zahlungspflichtig erklärten Dritten an die Stelle der Forderung gegen den Ersteher tritt.

6 Der § 128 ist nicht für entsprechend anwendbar erklärt. Aus § 130[1], welcher für den Fall der gerichtlichen Verteilung des Erlöses die in § 128 vorgesehene Eintragung einer Sicherungshypothek vorsieht, ist für die Fälle des § 143 eine Verpflichtung des VollstrGerichts nicht herzuleiten, die Eintragung einer Sicherungshypothek, wenn das Bargebot nicht berichtigt wird, herbeizuführen.

Dritter Titel.

Zwangsverwaltung.

Anordnung.

§ 146. Auf die Anordnung der Zwangsverwaltung[1] finden die Vorschriften über die Anordnung der Zwangsversteigerung[2] entsprechende Anwendung, soweit sich nicht aus den §§ 147 bis 151 ein anderes ergibt[3].

Von der Anordnung sind nach dem Eingange der im § 19 Abs. 2 bezeichneten Mitteilungen des Grundbuchamts die Beteiligten zu benachrichtigen[4. 5].

1 Neben den unverändert zur Anwendung gelangenden allgemeinen Bestimmungen §§ 1—14. Auch im Wege der einstweiligen Verfügung (§ 938 ZPO.) kann eine ZwVerw. angeordnet werden, E.FG. 9[130]. Die §§ 146ff. finden dabei Anwendung, soweit sich nicht Abweichungen daraus ergeben, daß der Zweck nicht auf Befriedigung, sondern nur auf Sicherung gerichtet ist. — Bei Bahneinheiten Erklärung der Aufsichtsbehörde wegen der Kosten Voraussetzung der Anordnung. BahnG § 33. — Anordnung auf Ersuchen der Aufsichtsbehörde bei Bahneinheiten im Falle des Konkurses des Eigentümers, BahnG. § 34.

2 §§ 15—27; insbesondere Gericht § 15, Antrag und Anlagen §§ 16—18 (dazu § 147), Vermerkung und Mitteilung des GBA. § 19 (dazu § 146[2]), Beschlagnahme §§ 20—25 (dazu §§ 148—151, welche den § 24 außer Kraft setzen und die übrigen Vorschriften modifizieren. — §§ 156[2], 157[2], 158[3], 161[2], Anh. VII, 4.

3 Über die ausschließliche Zulässigkeit der ZwVerw. bei landesgesetzlichen Revenuenhypotheken a. 60 EGBGB. — § 155 A. 4. 4 An Stelle der nach § 41 vorgeschriebenen Zustellung der Bestimmung des VerstT. Die Benachrichtigung ist von Amts wegen zuzustellen. §§ 3—7. § 3 A. 1.

5 In Pr. ist das Gesetz betr. die ZwVollstr. aus Forderungen landschaftlicher (ritterschaftlicher) Kreditanstalten v. 3. 8. 97 zu beachten. (§ 2 EG. A. 3). — Soweit den gedachten Anstalten

satzungsmäßig oder durch Kgl. Verordnung das Recht beigelegt ist, die beliehenen Grundstücke selbst in ZwVerw. zu nehmen, erfolgt diese nach Maßgabe der Satzung. Die Einleitung einer ZwVerw. durch die Anstalt ist ausgeschlossen, solange eine gerichtliche ZwVerw. anhängig ist. Eine durch die Anstalt eingeleitete ZwVerw. endet, wenn wegen des Anspruchs eines anderen Gläubigers die gerichtliche ZwVerw. angeordnet wird. Die Befugnis zur selbständigen ZwVerw. beliehener Grundstücke kann auch den nach dem Inkrafttreten des BGB. begründeten Kreditanstalten beigelegt werden (§§ 1—3, 5, 6, 12, 13 aaO.).

Zwangsverwaltung gegen den Eigenbesitzer.

§ 147. Wegen des Anspruchs aus einem eingetragenen Rechte[1] findet die Zwangsverwaltung auch[2] dann statt, wenn die Voraussetzungen des § 17 Abs. 1 nicht vorliegen, der Schuldner[3] aber das Grundstück im Eigenbesitze[4] hat.

Der Besitz ist durch Urkunden glaubhaft[5] zu machen, sofern er nicht bei dem Gericht offenkundig ist[6].

1 Im Gegensatze zu bloß persönlichen Forderungen, bei denen lediglich § 17 gilt.

2 Abweichung bzw. Erweiterung gegenüber § 17, nach welchem der Schuldner als Eigentümer des Grundstücks eingetragen oder Erbe des eingetragenen Eigentümers sein muß.

3 D. h. der in dem vollstreckbaren Schuldtitel bezeichnete Schuldner. Aus einem gegen den Eigentümer erlangten Titel kann auch nur gegen die als Eigentümer bezeichnete Person die ZwVerw. angeordnet werden. Ob im ersten Falle der Eigentümer, im anderen der Besitzer dem Verfahren widersprechen kann, richtet sich nach § 771 ZPO. 4 § 872 BGB.

5 § 294 ZPO. 6 § 291 ZPO.

Umfang der Beschlagnahme.

§ 148. Die Beschlagnahme[1] des Grundstücks umfaßt auch die im § 21 Abs. 1, 2 bezeichneten Gegenstände[2]. Die Vorschrift des § 23 Abs. 1 Satz 2 findet keine Anwendung[3].

Durch die Beschlagnahme wird dem Schuldner die Verwaltung und Benutzung[4] des Grundstücks entzogen[5, 6].

1 Zu bewirken gemäß § 22 oder gemäß § 151. — Durch rechtsgeschäftliche Bestellung eines Nießbrauchs kann sie nicht ersetzt werden, E.JW. 14[679].

2 Abweichung vom Rechte der ZwVerst., E.R. 76[118]. Hier werden also sämtliche Gegenstände von der Beschlagnahme ergriffen, welche nach § 865 ZPO. (oben S. 14) die ZwVollstr. in das unbewegliche Vermögen umfassen soll, E.R. 52[139], 59[91]. Sie umfaßt aber nicht Zubehörstücke, die nicht Eigentum des Schuldners sind; § 55 Abs. 2 findet keine Anwendung. Eine dem Eigentümer persönlich erteilte Schankkonzession wird durch die Beschlagnahme nicht ergriffen (JMBl. 04, 105). Vor der Beschlagnahme erfolgende Verfügungen über den Mietzins — auch solche im Wege der ZwVollstr. — wirken im Umfange des § 1124 Abs. 2 BGB. fort. — § 21 A. 8.

3 § 23 A. 2. 4 Ausnahme in § 149[1]; dagegen ist § 24 bei der ZwVerw. unanwendbar. 5 Welche auf den Verwalter übergeht. § 152.

6 Die ZwVerw. wird durch ein der Forderung des betreibenden Gläubigers vorgehendes Nießbrauchsrecht nicht ausgeschlossen, wohl aber in ihrer Wirkung eingeschränkt. E.R. 56[389].

Wohnungsräume des Schuldners.

§ 149. Wohnt der Schuldner zur Zeit der Beschlagnahme auf dem Grundstücke, so sind ihm[1] die für seinen Hausstand unentbehrlichen[2] Räume[3] zu belassen[4].

Gefährdet der Schuldner oder ein Mitglied seines Hausstandes[5] das Grundstück oder die Verwaltung, so hat auf Antrag das Gericht dem Schuldner die Räumung des Grundstücks aufzugeben[6].

1 Auch ohne Antrag. Dem Schuldner steht gegen zurückweisende Bescheide sofortige Beschwerde, dem Gläubiger gegen anordnende Gegenvorstellung nach § 766 ZPO. und gegen die darauf ergehende Entscheidung sofortige Beschwerde zu.

2 Nach dem Ermessen des Gerichts. 3 Auch Hof- und Gartenräume. 4 Selbst wenn sie für die Verwaltung erforderlich sein sollten. 5 Wenn auch ohne Verschulden des Schuldners. 6 Außerdem auch § 25.

Bestellung und Einsetzung des Verwalters.

§ 150. Der Verwalter wird von dem Gerichte[1] bestellt[2].

Das Gericht hat dem Verwalter durch einen Gerichtsvollzieher oder durch einen sonstigen Beamten[3] das Grundstück zu übergeben oder ihm die Ermächtigung zu erteilen, sich selbst den Besitz zu verschaffen[4, 5].

1 § 1. — Bei Bahneinheiten Aufsichtsbehörde § 35 BahnG.

2 Eine besondere Verpflichtung findet nicht statt. Auch erhält der Verwalter keine Bestallung. Über seine Legitimationsurkunde auch Anh. VII, 3 § 1. — Bestellung des Schuldners (mit einer Aufsichtsperson), der Angestellten einer beteiligten, unter Staatsaufsicht stehenden Anstalt, des Gläubigers §§ 1—4 d. Bek. d. Reichskanzlers v. 22. 4. 15. Für Beamte v. Hypothekenbanken auch AVerf. v. 3. 11. 14.

3 Richter, Gerichtsschreiber. 4 Bedeutung des Besitzes für die Beschlagnahme in § 151, E.R. 84[203].

5 In Pr. können die zur Zeit des Inkrafttretens des BGB. bestehenden landschaftlichen (ritterschaftlichen) Kreditanstalten auf Ersuchen des Gerichts die diesen in §§ 150, 153, 154 dieses

Gesetzes zugewiesene Tätigkeit bezüglich land- und forstwirtschaftlicher Grundstücke übernehmen; es kann ihnen auch bezüglich der von ihnen beliehenen Grundstücke mit landesherrlicher Genehmigung durch Satzung ein Recht auf Überweisung dieser Tätigkeit beigelegt werden; — soweit ihnen solches Recht oder auch weitergehende Befugnisse verfassungs- oder satzungsgemäß zustehen, behält es dabei sein Bewenden (§§ 6, 12, 13 G. v. 3. 8. 97). — § 146 A. 5, § 2 EG. A. 3, a. 34 Pr. AGZVG.

Wirksamkeit der Beschlagnahme.

§ 151. Die Beschlagnahme wird auch[1] dadurch wirksam, daß der Verwalter nach § 150 den Besitz des Grundstücks erlangt.

Der Beschluß, durch welchen der Beitritt eines Gläubigers zugelassen wird[2], soll dem Verwalter zugestellt werden[3]; die Beschlagnahme wird zugunsten des Gläubigers auch mit dieser Zustellung wirksam, wenn der Verwalter sich bereits im Besitze des Grundstücks befindet.

Das Zahlungsverbot an den Drittschuldner ist auch auf Antrag des Verwalters zu erlassen[4].

1 Neben der in § 22 vorgesehenen Art. 2 § 27. 3 § 157[1]. 4 § 22[2].

Verwaltung. 1. Stellung des Verwalters.

§ 152. Der Verwalter hat das Recht und die Pflicht[1], alle Handlungen[2] vorzunehmen, die erforderlich sind, um das Grundstück in seinem wirtschaftlichen Bestande zu erhalten und ordnungsmäßig zu benutzen[3]; er hat die Ansprüche, auf welche sich die Beschlagnahme erstreckt[4], geltend zu machen und die für die Verwaltung entbehrlichen Nutzungen in Geld umzusetzen.

Ist das Grundstück vor der Beschlagnahme einem Mieter oder Pächter überlassen[5], so ist der Miet- oder Pachtvertrag auch dem Verwalter gegenüber wirksam[6].

1 §§ 1627, 1793 BGB. — a. 43 Pr. AGZVG. (unter IV).

2 Tatsächlicher oder rechtlicher Art, z. B. Abschluß neuer Mietverträge oder Versicherungsverträge. Einreichung des Mietsvertragsverzeichnisses bei der Steuerbehörde E.R. 46[346]. — Haftbarkeit des Verwalters § 154.

3 Auch Versicherungen zu nehmen nach Maßgabe des § 1045 BGB. Wegen der Schankkonzession § 148 A. 2. Auch Vollendung eines angefangenen Baues kann in Frage kommen, E.R. 73[400]. Der Verwalter als solcher ist der richtige Beklagte bezüglich des Streites über Zugehörigkeit von Gegenständen, insbesondere eingezogene Mietszinsen zur Masse, E.Gr. 55[679], R. 80[314]. — Ein Streit zwischen Konkursverwalter und Zw-Verwalter darüber, zu welcher Masse einzelne Sachen gehören, ist nicht im Klagewege, sondern durch Erinnerung und Beschwerde des Konkursverwalters beim VollstrGericht (§ 766 ZPO., § 95 ZVG.) auszutragen. — Veranlagungen zu Anliegerbeiträgen sind dem ZwVerwalter zuzustellen, E.R. 83[92].

4 Also auch Versicherungsgelder gemäß §§ 21, 148. Hauptsächlich aber handelt es sich um die gerichtliche oder außergerichtliche Einziehung der Einkünfte, zu welcher er an Stelle des Schuldners (nicht aber als dessen Vertreter, sondern als zur Durchführung der ZwVerw. bestelltes VollstrOrgan) berechtigt ist. Die Anfechtung von Rechtshandlungen wegen Verkürzung der Gläubiger steht ihm nicht zu, wohl aber Geltendmachung eines Anspruchs auf Herausgabe der von anderen, z. B. dem Konkursverwalter, nach der Beschlagnahme gezogenen Nutzungen, E.JW. 03B[101], auch Klagen gegen unzulässige Verfügungen über den Mietzins vor der Beschlagnahme. — Über sein Verhältnis zu einem Nießbraucher E.R. 56[388].

5 § 571 BGB. Vgl. auch § 57. — Ist das Grundstück vor der Beschlagnahme dem Mieter oder Pächter noch nicht überlassen, so ist der Miet- oder Pachtvertrag dem Verwalter gegenüber nicht wirksam; weder kann der Mieter oder Pächter von dem Verwalter die Überlassung des Grundstücks noch dieser von jenem die Erfüllung des Vertrages fordern. — Wegen der Verfügungen und sonstigen Rechtsgeschäfte hinsichtlich des Miet- oder Pachtzinses § 57b Abs. 3.

6 Auch im übrigen kann der Verwalter nicht ohne weiteres in die Rechtssphäre eines Dritten eingreifen. Der Verwalter hat anderseits alle aus dem Vertrage hervorgehenden Rechte des Schuldners, z. B. auf Räumung oder Kündigung, wahrzunehmen.

2. Stellung des Gerichts.

§ 153. Das Gericht hat den Verwalter nach Anhörung des Gläubigers und des Schuldners[1] mit der erforderlichen Anweisung für die Verwaltung zu versehen[2], die dem Verwalter zu gewährende Vergütung[3] festzusetzen und die Geschäftsführung zu beaufsichtigen; in geeigneten Fällen[4] ist ein Sachverständiger zuzuziehen.

Das Gericht kann dem Verwalter die Leistung einer Sicherheit[5] auferlegen, gegen ihn Ordnungsstrafen bis zu zweihundert Mark verhängen und ihn entlassen[6, 7].

1 ist obligatorisch, wenn das Gericht eine Anweisung an den Verwalter überhaupt für erforderlich hält.— Bei Bahneinheiten tritt die Aufsichtsbehörde an Stelle des Gerichts, BahnG. § 35. 2 Außerdem hat die Landesjustizverwaltung die Befugnis zum Erlaß allgemeiner Anordnungen, § 14 EG., Anh. VII, 3. — Über Nachprüfung der Anordnung im Prozeßwege E.R. 73[400]. 3 Nach freiem Ermessen, soweit nicht die Landesjustizverwaltung eine Anordnung nach § 14 EG. erlassen hat. Der Staat haftet nicht für die Vergütung.

4 Nach dem Ermessen des Gerichts. 5 Ausnahme für die nach §§ 1, 3, 4 der Bek. v. 22. 4. 15 (§ 150 A. 2) bestellten Verwalter in § 5[2] der Bek. 6 Die vorherige Anhörung des Verwalters ist nicht obligatorisch. §§ 78, 84 KO. 7 Wegen der Befugnisse der Kreditanstalten in Preußen § 150 A. 5.

3. Verantwortlichkeit und Rechnungslegung des Verwalters.

§ 154. Der Verwalter ist für die Erfüllung der ihm obliegenden Verpflichtungen allen Beteiligten[1] gegenüber verantwortlich[2]. Er hat dem Gläubiger und dem Schuldner jährlich und nach der Beendigung der Verwaltung Rechnung zu legen. Die Rechnung ist dem Gericht einzureichen und von diesem dem Gläubiger und dem Schuldner vorzulegen[3, 4].

1 Im Sinne des § 9, E.R. 74[258].

2 Haftung für jede Fahrlässigkeit, § 276 BGB. — § 839 aaO. findet keine Anwendung, da der Verwalter nicht Beamter ist (§ 150 A. 2, § 152 A. 4).

3 Erteilung der Entlastung ist Sache des Gläubigers und des Schuldners, nicht des Gerichts. Zur Vorlegung ist Anberaumung eines Termins nicht unbedingt erforderlich.

4 Wegen der Befugnisse der Kreditanstalten in Preußen § 150 A. 5. — Bei Bahneinheiten tritt die Aufsichtsbehörde an die Stelle des Gerichts, § 35 BahnG.

Verteilung der Nutzungen.
1. Grundsätze, Recht auf Befriedigung.

§ 155. Aus den Nutzungen des Grundstücks sind die Ausgaben der Verwaltung[1] sowie die Kosten des Verfahrens mit Ausnahme derjenigen, welche durch die Anordnung des Verfahrens oder den Beitritt eines Gläubigers entstehen[2], vorweg zu bestreiten.

Die Überschüsse werden auf die im § 10 Nr. 1 bis 5 bezeichneten Ansprüche verteilt, auf die Ansprüche der zweiten, dritten und vierten Klasse jedoch nur insoweit, als laufende Beträge wiederkehrender Leistungen zu berichtigen sind[3–5]

1 Welche sich gemäß §§ 152, 153 als solche darstellen. — a. 12 Pr. AGZVG. § 10 A. 5. 2 Diese fallen zunächst dem Gläubiger zur Last, der sie gemäß §§ 10², 12 mit dem Range des Hauptanspruchs, aber vor demselben, erhält. (§ 109 A. 2, 3.)

3 E.R. 59⁹⁰. Dagegen erhalten die betreibenden Gläubiger auch ihre Kapitalforderungen, aber nur an der durch § 10 Nr. 5 bestimmten Stelle, selbst wenn die nach § 10 Nr. 4 hinsichtlich der wiederkehrenden Leistungen zu befriedigenden Gläubiger ihnen im Range nachstehen. — Die unter § 10 Nr. 6—8 genannten Ansprüche kommen bei der ZwVerw. überhaupt nicht in Betracht (§ 161²). Einen etwaigen Überschuß würde der Schuldner erhalten. Er kann von seinen Gläubigern nur im Wege der Pfändung in Anspruch genommen werden, E.Gr. 57⁷²⁹. Eine Abführung dieses Überschusses an eine vorhandene ZwVerstMasse findet nicht statt. Jedoch § 161 A. 1.

4 Bei sog. Revenuenhypotheken (a. 60 EG. z. BGB.) verordnet

Pr. AGZVG. Art. 13. Ist bei der Verteilung eines im Zwangsverwaltungsverfahren erzielten Überschusses ein Anspruch aus einem eingetragenen Rechte zu berücksichtigen, wegen dessen der Berechtigte Befriedigung aus dem Grundstücke lediglich im Wege der Zwangsverwaltung suchen kann, so ist in den Teilungsplan der ganze Betrag des Anspruchs a) aufzunehmen.

a) also auch Kapital und rückständige Zinsen.

5 Abweichungen bei Bahneinheiten § 36 BahnG.

2. Verfahren. a) Teilungsplan.

§ 156. Die laufenden Beträge der öffentlichen Lasten[1] sind von dem Verwalter ohne weiteres Verfahren[2] zu berichtigen.

Ist zu erwarten, daß auch auf andere Ansprüche Zahlungen geleistet werden können, so wird nach dem Eingange der im § 19 Abs. 2 bezeichneten Mitteilungen des Grundbuchamts[3] der Verteilungstermin bestimmt[4]. In dem Termine wird der Teilungsplan für die ganze Dauer des Verfahrens aufgestellt[5]. Die Terminsbestimmung ist den Beteiligten sowie dem Verwalter zuzustellen[6]. Die Vorschriften des § 105 Abs. 2 Satz 2[7], des § 113 Abs. 1[8] und der §§ 114[9], 115[10], 124[11], 126[12] finden entsprechende Anwendung.

1 § 10 Nr. 3. — E.R. 59[402]. 2 Also auch ohne jede gerichtliche Mitwirkung. 3 Und nach weiterem Eingang einer entsprechenden Anzeige des Verwalters über das Vorhandensein genügender Einkünfte. 4 Entsprechend dem § 105. 5 Ergänzung nach § 157[1]. 6 Diese Bestimmung tritt hier an die Stelle des § 105[2] Satz 1. 7 Über die Beteiligten. Abs. 3 und 4 des § 105 fallen weg, so daß insbesondere Anheftung an die Gerichtstafel nicht stattfindet. §§ 107—112 sind nicht anwendbar. 8 Aufstellung des Plans. Für Abs. 2 des § 113 ist kein Raum. 9 Erfordernis der Anmeldung. 10 Verhandlung über den Plan, Behandlung der Widersprüche. — § 159 A. 2. — Über die Anwendung von § 117 § 158[3]; §§ 116, 118—123, 125 sind hier nicht anwendbar.

11 Besondere Feststellung im Falle des Widerspruchs.

12 Unbekanntsein der Person des Berechtigten. § 157[1].

b) Auszahlung.

§ 157. Nach der Feststellung des Teilungsplans hat das Gericht die planmäßige Zahlung[1] der Beträge an die Berechtigten anzuordnen[2]; die Anordnung ist zu ergänzen, wenn nachträglich der Beitritt eines Gläubigers zugelassen wird[3]. Die

Auszahlungen erfolgen zur Zeit ihrer Fälligkeit durch den Verwalter[4], soweit die Bestände hinreichen.

Im Falle der Hinterlegung eines zugeteilten Betrags für den unbekannten Berechtigten[5] ist nach den Vorschriften der §§ 135 bis 141 zu verfahren[6]. Die Vorschriften des § 142[7] finden Anwendung.

1 Bzw. Hinterlegung § 126, zu § 156 A. 12.

2 Also — außer ob Zahlung oder Hinterlegung — auch wohl Empfänger, Betrag, Fälligkeitstermin, Reihenfolge anzugeben. Diese Anordnung ist die Richtschnur für den Verwalter, von welcher er nicht abweichen darf. 3 § 151[2].

4 Ohne gerichtliche Mitwirkung. Anders im Falle des § 150. — Durch den Zuschl. in die ZwVerst. werden sämtliche Hypothekenzinsen fällig. 5 A. 1. 6 In Pr. findet wegen des Aufgebotsverfahrens zum Zwecke der Ausschließung eines unbekannten Berechtigten a. 14 Pr. AGZVG. Anwendung (§ 138 A. 3). 7 Über Verjährung der Rechte auf die hinterlegten Beträge.

c) Insbesondere eingetragene Kapitalforderungen.

§ 158. Zur Leistung von Zahlungen auf das Kapital einer Hypothek[1] oder Grundschuld[2] oder auf die Ablösungssumme einer Rentenschuld[3] hat das Gericht einen Termin zu bestimmen. Die Terminsbestimmung ist von dem Verwalter zu beantragen[4].

Soweit der Berechtigte Befriedigung erlangt hat, ist das Grundbuchamt von dem Gericht um die Löschung des Rechtes zu ersuchen. Eine Ausfertigung des Protokolls ist beizufügen; die Vorlegung des über das Recht erteilten Briefes ist zur Löschung nicht erforderlich[5].

Im übrigen finden die Vorschriften der §§ 117[6], 127[7] entsprechende Anwendung.

1 §§ 1113 ff. BGB. 2 § 1191 BGB. 3 § 1199 BGB. 4 Sobald bei Berücksichtigung von § 155 A. 3 eine Zahlung auf Kapital möglich ist. — Es kommt überhaupt nur ein Kapital in Betracht, wegen dessen der Gläubiger die ZwVerw. betreibt (§ 155²). 5 Entsprechend den §§ 130, 131.

6 Über Auszahlung und Hinterlegung des Überschusses. Pr. AGZVG. a. 11 in § 117 A. 3.

7 Über die Behandlung vorgelegter Urkunden.

d) Änderung des Teilungsplans.

§ 159. Jeder Beteiligte kann eine Änderung des Teilungsplans im Wege der Klage erwirken, auch wenn er Widerspruch gegen den Plan nicht erhoben hat[1].

Eine planmäßig geleistete Zahlung kann auf Grund einer späteren Änderung des Planes nicht zurückgefordert werden[2].

1 Mit Rücksicht auf § 156² Satz 2. Weil der Plan auch für die Zukunft, solange die ZwVerw. dauert, maßgebend sein soll, kann die Zulässigkeit einer späteren Änderung nicht von der Erhebung eines Widerspruchs abhängig gemacht werden. — Gegen die Anfertigung des Plans kann aber auch sofortige Beschwerde wegen Verletzung von Vorschriften des Verfahrens erhoben werden, § 793 ZPO.

2 § 878² ZPO., der gemäß §§ 115, 156 anwendbar ist, wird aber nicht berührt.

e) Außergerichtliche Verteilung.

§ 160. Die Vorschriften der §§ 143 bis 145 über die außergerichtliche Verteilung finden entsprechende Anwendung.

Aufhebung der Zwangsverwaltung.

§ 161. Die Aufhebung des Verfahrens erfolgt[1] durch Beschluß des Gerichts.

Das Verfahren ist aufzuheben, wenn der Gläubiger befriedigt ist[2].

Das Gericht kann die Aufhebung anordnen, wenn die Fortsetzung des Verfahrens besondere Aufwendungen erfordert und der Gläubiger den nötigen Geldbetrag nicht vorschießt[3].

Im übrigen finden auf die Aufhebung des Verfahrens die Vorschriften der §§ 28, 29, 32, 34 entsprechende Anwendung[4–7].

1 In allen Fällen, insbesondere auch wenn die ZwVerw. mit der Veräußerung des Grundstücks im Wege der ZwVerst. ihr Ende erreicht; jedoch ist die ZwVerw. in diesem Falle erst aufzuheben, wenn sämtliche vor dem Zuschl. gezogenen Nutzungen verwertet und verteilt sind. Ein durch die Zuschlagserteilung veranlaßter Aufhebungsbeschluß ist zu behandeln, als wenn er unter Vorbehalt dieser Verteilung erlassen wäre, E.Gr. 56[1102]. Sind an der Verteilung dieselben Personen beteiligt wie beim VerstErl., so kann das Gericht nach seinem Ermessen die beiden Verteilungen derart miteinander verbinden, daß in dem einen Verfahren auf das andere Rücksicht genommen wird (D. 54).

2 E.R. 59[90]. 3 § 25.

4 Außerdem (Abs. 2–4; zu Abs. 4 § 28 A. 3) ist das Verfahren aufzuheben, wenn das Grundstück im Wege der ZwVerst. veräußert ist und die vor dem Zuschl. gezogenen Nutzungen verwertet und verteilt sind (A. 1). Ähnlich bei Eigentumsverlust durch Enteignung oder Zusammenlegung (a. 109, 113 EGBGB.).

5 Einstweilige Einstellung der ZwVerw. auf Grund des § 775 ZPO. oder auf Grund der Bewilligung des Gläubigers (§§ 30, 31). 6 §§ 32, 34 betreffen die Zustellung des Aufhebungsbeschlusses und die Löschung des Vermerks im GB.

7 Mit der Aufhebung erlischt noch nicht notwendig die amtliche Tätigkeit des Verwalters und seine Sachlegitimation für Prozesse, E.R. 53[263], 59[88].

Zweiter Abschnitt.

Zwangsversteigerung von Schiffen im Wege der Zwangsvollstreckung.

I. Inländische Schiffe.

§ 162. Auf die Zwangsversteigerung[1] eines im Schiffsregister eingetragenen[2] Schiffes[3] finden die Vorschriften des ersten Abschnitts[4] entsprechende Anwendung, soweit sich nicht aus den §§ 163 bis 170 ein anderes ergibt[4–6].

1 ZwVerw. ist hier ausgeschlossen (§ 870[2] ZPO., oben S. 21). 2 Nur inländische Schiffe können eingetragen werden, A. 3. Für ausländische § 171.

3 Zur Seefahrt (Kauffahrteischiff § 474 HGB., G. v. 22. 6. 99) oder zur Binnenschiffahrt (§§ 120—130 BSchG.). Für beide gelten hinsichtlich der Verpfändung §§ 1259—1271 BGB. Den Vorrang aber haben die Rechte der Schiffsgläubiger für die Seefahrt §§ 754—777 HGB. und für die Binnenschiffahrt §§ 102—117 BSchG. Die Befriedigung beider Arten von Pfandgläubigern kann ebenso wie die persönlicher Gläubiger nur im Wege der ZwVollstr. erfolgen (§ 1268 BGB., § 761 HGB., § 103 BSchG.). — E.FG. 4[221]. — Wegen der Kriegsschiffe E.R. 72[352], 79[178]. 4 §§ 1—145.

5 Die für die ZwVollstr. dem Hauptgegenstande hinzutretenden Gegenstände ergeben sich aus § 865 ZPO. (oben S. 14) in Verbindung mit § 1265 BGB. und § 478 HGB.; § 21 ist nicht anwendbar. Das Pfandrecht der Schiffsgläubiger an der Fracht (§ 758 HGB., § 104 BSchG.) ist im Wege der ZwVollstr. in das bewegliche Vermögen zu verfolgen.

6 Für Anteile an dem Eigentum eines eingetragenen Schiffes (Schiffsparten § 474 HGB.) gilt der Abschnitt nicht. Sie unterliegen der ZwVollstr. in das bewegliche Vermögen nach § 858 ZPO.

1. Zuständigkeit, Schiffsregister, Beteiligte.

§ 163. Als Vollstreckungsgericht ist das Amtsgericht[1] zuständig, in dessen Bezirke sich das Schiff befindet[2].

Für das Verfahren tritt an die Stelle des Grundbuchs[3] das Schiffsregister[4, 5].

Die Berufsgenossenschaft für die Unfallversicherung und die Versicherungsanstalt für die Invaliditäts- und Altersversicherung gelten als Beteiligte, auch wenn sie eine Forderung nicht angemeldet haben[6].

1 Bzw. die in den Konsularbezirken und Schutzgebieten an dessen Stelle tretende Behörde.

2 Die Bestimmung ersetzt den § 1. — Für § 2 ist kein Raum.

3 Z. B. für §§ 9, 17, 19, 27, 28, 36, 37, 38, 114, 130.

4 Für Seeschiffe §§ 44ff. G. v. 22. 6. 99; für die Binnenschiffahrt §§ 120—130 BSchG.

5 Zustellungen gemäß §§ 3—8.

6 Diese Genossenschaft bzw. Anstalt hat als Schiffsgläubigerin ein Pfandrecht an dem Schiff für ihre Forderungen (§ 754 Nr. 10 HGB., § 102 Nr. 6 BSchG. mit den betr. Bestimmungen der Reichsversicherungsordnung.) Sie erhält hier den Vorzug, daß sie ohne Anmeldung bei dem Verfahren zugezogen wird, was aber nicht ausschließt, daß sie ihre Forderungen rechtzeitig anmelden muß (§ 167²). Im übrigen ergibt die entsprechende Anwendung des § 9, daß beteiligt sind, außer dem betreibenden Gläubiger und dem Schuldner (§ 164 A. 4), gemäß § 9 Nr. 1 die im SchR. eingetragenen Pfandgläubiger, auch wenn sie Forderungen nicht angemeldet haben und gemäß § 9 Nr. 2 auf Anmeldung und Glaubhaftmachung auch die Schiffsgläubiger (§ 754 HGB., § 102 BSchG. A. 3). — Das Recht auf Befriedigung und die Rangordnung richten sich unter Berücksichtigung der entsprechenden materiellen Bestimmungen (§ 162 A. 3) nach §§ 10—14, wobei jedoch für § 10 Nr. 1 und 2 kein Raum ist.

2. Voraussetzung der Anordnung[1].

§ 164. Die Zwangsversteigerung darf, soweit sich nicht aus den Vorschriften des Handelsgesetzbuchs oder des Gesetzes, betreffend die privatrechtlichen Verhältnisse der Binnenschiffahrt, ein anderes ergibt, nur angeordnet werden, wenn der Schuldner das Schiff im Eigenbesitze[2] hat[3]. Die hiernach zur Begründung des Antrags auf Zwangsversteigerung erforderlichen Tatsachen sind durch Urkunden glaubhaft zu machen, soweit sie nicht bei dem Gericht offenkundig sind[4]. Dem Antrag auf Zwangsversteigerung ist ein Zeugnis der Registerbehörde über die Eintragung des Schiffes in das Schiffsregister beizufügen[5].

1 In erster Linie sind §§ 15—18 entsprechend anwendbar. Außerdem § 482 HGB.:

„Die ZwVerst. eines Schiffes im Wege der ZwVollstr. darf nicht angeordnet werden, wenn das Schiff zum Abgehen fertig (segelfertig) ist. Auch darf ein segelfertiges Schiff nicht mit Arrest belegt werden.

Diese Vorschriften finden keine Anwendung, wenn die Schuld, wegen deren die ZwVerst. oder der Arrest stattfinden soll, zum Behufe der bevorstehenden Reise eingegangen ist."

Die Bestimmung gilt gleichmäßig für persönliche Forderungen und dingliche Verhaftung.

2 § 872 BGB. Es erübrigt sich also der im § 17[1] geforderte Nachweis des Eigentums (Reeder § 484 HGB. Schiffseigner §§ 1, 2 BSchG.). Eigentum, selbst Bucheigentum, würden aber ohne Besitz nicht genügen.

3 Nach Satz 1 können also neben dem Eigenbesitzer in Betracht kommen: der Schiffer (§§ 696, 751, 755, 761[2] HGB. — §§ 97[2], 103[3] BSchG.), der Ausrüster (§ 510 HGB., § 2

BSchG.) und ein dritter Besitzer (§ 755 HGB., § 103[2] BSchG.). Bezüglich des Schiffers § 166. — Für herrenlose Schiffe will die Praxis § 787 ZPO. entsprechend anwenden.

4 Entsprechend § 17[3]. 5 Entsprechend § 17[2]. Auch hier dürfte Bezugnahme genügen, wenn das VollstrGericht zugleich Registerbehörde ist.

3. **Bewachung und Verwahrung.**

§ 165. Bei der Anordnung der Zwangsversteigerung[1] hat das Gericht[2] zugleich die Bewachung und Verwahrung des Schiffes anzuordnen[3]. Die Beschlagnahme[4] wird auch[5] mit der Vollziehung dieser Anordnung wirksam[6].

1 § 15. Das Ersuchen gemäß § 19 geht an die Registerbehörde (§ 163 A. 4). Für Beitritt § 27. — Aufhebung und Einstellung gemäß §§ 28—34 nebst Ergänzungen.

2 Ohne Antrag.

3 Die Bewachung des Schiffes, welches im Hafen verbleiben muß, dauert fort bis zum Erwerb durch den Ersteher. (aber § 170.) Der Wächter ist aus der Gerichtskasse zu bezahlen. Der Gläubiger hat Kostenvorschuß zu leisten, der ihm bei der Verteilung des Erlöses vorweg zu erstatten ist. (§ 109 A. 2.) Auf das Verbleiben des Schuldners im Schiff finden §§ 24, 25 Anwendung.

4 §§ 20, 22, 23, 26. 5 Neben der durch § 22 bestimmten Art. 6 § 151[1].

4. **Verfahren gegen den Schiffer.**

§ 166. Ist gegen den Schiffer auf Grund eines vollstreckbaren Titels, der auch gegenüber dem Reeder oder Schiffseigner wirksam ist[1], das Verfahren angeordnet, so wirkt die Beschlagnahme zugleich gegen den Reeder oder Schiffseigner.

Der Schiffer gilt in diesem Falle als Beteiligter nur so lange, als er das Schiff führt; ein neuer

Schiffer gilt als Beteiligter, wenn er sich bei dem Gerichte meldet und seine Angabe auf Verlangen des Gerichts oder eines Beteiligten glaubhaft macht[2, 3].

1 Bei Seeschiffen gemäß §§ 696, 751, 761 HGB. — bei Binnenfahrzeugen § 97² BSchG. — auch § 164 A. 3.

2 Gemäß § 9 Nr. 2.

3 Der Reeder ist gemäß § 9 als Beteiligter nur anzusehen, soweit er im SchR. eingetragen ist oder sein Eigentum anmeldet und auf Verlangen glaubhaft macht. Ein gegen den Schiffer eingeleitetes Verfahren kann aber auch auf Grund neuer VollstrKlausel gegen den Reeder als Eigenbesitzer fortgeführt werden.

5. Bestimmung des Versteigerungstermins[1].

a) Inhalt.

§ 167. Die Bezeichnung des Schiffes in der Bestimmung des Versteigerungstermins[2] soll nach dem Schiffsregister erfolgen.

Die Terminsbestimmung muß die Aufforderung an die Schiffsgläubiger und die sonstigen Berechtigten enthalten, ihre Rechte, soweit sie zur Zeit der Eintragung des Versteigerungsvermerkes aus dem Schiffsregister nicht ersichtlich waren, spätestens im Verteilungstermin anzumelden, widrigenfalls die Rechte bei der Verteilung des Versteigerungserlöses nicht berücksichtigt werden würden[3].

1 Die §§ 35—43 finden entsprechende Anwendung. Modifiziert werden § 37 durch § 167 und § 39 durch § 168. — § 163 A. 6.

2 § 37 Nr. 1. 3 An Stelle von § 37 Nr. 4.

b) Bekanntmachung.

§ 168. Befindet sich der Heimatshafen[1] oder Heimatsort[2] des Schiffes in dem Bezirk eines anderen Gerichts, so soll die Terminsbestimmung auch[3] durch das für Bekanntmachungen dieses Gerichts bestimmte Blatt bekannt gemacht werden.

Die im § 39 Abs. 2 vorgesehene Anordnung ist unzulässig.

1 § 480 HGB., §§ 6, 7 Nr. 4 G. v. 22. 6. 99. 2 §§ 6, 124 Nr. 4 BSchG. 3 Neben der Bekanntmachung nach § 39[1].

Berichtigung des Meistgebots.

§ 169. Die Vorschriften über das geringste Gebot finden keine Anwendung[1]. Das Meistgebot ist in seinem ganzen Betrage durch Zahlung zu berichtigen[2].

Soweit die Berichtigung nicht im Verteilungstermin[3] erfolgt, ist für die Forderung gegen den Ersteher ein Pfandrecht an dem Schiffe in das Schiffsregister einzutragen. Das Pfandrecht entsteht mit der Eintragung, auch wenn der Ersteher das Schiff inzwischen veräußert hat[4]. Im übrigen[5] finden die Vorschriften des Bürgerlichen Gesetzbuchs über das durch Rechtsgeschäft bestellte Pfandrecht an einem Schiffe Anwendung[6].

1 Dem Meistbietenden wird der Zuschl. ohne Rücksicht auf die Höhe seines Gebots erteilt. Unanwendbar werden §§ 44 bis 51, 53, 54, 64, modifiziert §§ 52, 59—63, 65, unberührt bleiben §§ 55—58. Durch die ZwVerst. erlöschen gemäß §§ 52, 91, in Verbindung mit § 169[1] sämtliche Pfandrechte, sowohl die der Schiffsgläubiger als auch die im SchR. eingetragenen. § 764 in Verbindung mit § 773 HGB. und § 110 in Verbindung mit § 114 BSchG. — Ausnahmsweise werden die Vorschriften über das gG. berücksichtigt bei der Aufhebung einer Gemeinschaft § 182[3].

2 Soweit nicht gemäß §§ 60ff. Zahlungsfristen als Verst.-Bed. festgestellt sind.

3 Auf die Verteilung des Erlöses finden die §§ 105—145 entsprechende Anwendung. (§ 165 A. 3, über den Vorrang des Pfandrechts der Schiffsgläubiger vor sonstigen Pfandrechten § 776 HGB., § 109 BSchG. und über die Rangstellung der Schiffsgläubiger §§ 766—770 HGB., §§ 106—108 BSchG.) Die Anwendung wird ganz oder teilweise eingeschränkt, namentlich bei §§ 112, 118, 125, 127—132, 136. — Eine WiederVerst. wegen Nichtberichtigung des Erlöses findet nicht statt.

4 Diese Vorschrift tritt an die Stelle der §§ 118, 128; § 108 bleibt unberührt. 5 D. h. mit der aus Satz 2 sich ergebenden Abweichung von § 1260 BGB. 6 §§ 1259—1291 BGB.

§ 170. An die Stelle der nach § 94 Abs. 1 zulässigen Verwaltung tritt[1] die gerichtliche Bewachung und Verwahrung des versteigerten Schiffes.

Das Gericht hat die[2] getroffenen Maßregeln aufzuheben, wenn der zu ihrer Fortsetzung erforderliche Geldbetrag nicht vorgeschossen wird[3].

1 Auf Antrag eines Beteiligten und für Rechnung des Erstehers. — § 165 A. 3. 2 Nach Abs. 1.

3 Im übrigen finden auf Verst., Entscheidung über den Zuschl. und Beschwerde gegen diese Entscheidung die §§ 66—104 entsprechende Anwendung. Auch hier ist zu beachten, daß ein gG. nicht in Frage kommt, namentlich bei §§ 66, 71, 83. Für § 77[2] ist kein Raum.

II. Ausländische Schiffe.

§ 171. Auf die Zwangsversteigerung eines ausländischen Schiffes, das, wenn es ein deutsches Schiff wäre, in das Schiffsregister eingetragen werden müßte[1], finden die Vorschriften der §§ 162 bis 167, 169, 170 insoweit Anwendung, als sie nicht die Eintragung in das Schiffsregister voraussetzen[2].

Die Terminsbestimmung[3] soll, soweit es ohne erhebliche Verzögerung des Verfahrens tunlich ist, auch den aus den Schiffspapieren ersichtlichen Schiffsgläubigern und sonstigen Beteiligten zugestellt und, wenn das Schiff im Schiffsregister eines fremden Staates eingetragen ist, der Registerbehörde mitgeteilt werden[4].

Die Aufhebung der vom Gericht angeordneten Überwachung und Verwahrung des Schiffes[5] sowie die Übergabe an den Ersteher[6] darf erst erfolgen, wenn die Berichtigung des Meistgebots oder die Einwilligung der Beteiligten nachgewiesen wird[7].

1 § 162 A. 2 u. 3. 2 Gleichwohl kann die Berücksichtigung eines Pfandrechts von der Eintragung in ein ausländisches SchR. abhängig sein, E.R. 80[134]. Mitteilung an das ausl. SchR. Abs. 2. 3 §§ 37, 176. 4 Um die an dem Schiffe bestehenden Rechte nach Möglichkeit berücksichtigen zu können. 5 § 165 A. 3. 6 Modifikationen der §§ 93, 94. 7 § 169[2] findet keine Anwendung.

Dritter Abschnitt.

Zwangsversteigerung und Zwangsverwaltung in besonderen Fällen.

Dieser Abschnitt betrifft solche Fälle, in denen reichsgesetzlich die Verst. oder die Verwaltung eines Vermögensgegenstandes im Wege des rechtlichen Zwanges zugelassen wird, ohne daß eine ZwVollstr. in diesen Gegenstand in Frage steht. (D. 59.) – Er gilt auch für pr. Bahneinheiten, § 38 BahnG. Hier treten aber noch die Fälle der §§ 21, 47 Pr. G. v. 3. 11. 38 hinzu (§ 39 BahnG.).

Auf Antrag des Konkursverwalters.

§ 172. Wird die Zwangsversteigerung oder die Zwangsverwaltung von dem Konkursverwalter beantragt[1], so finden die Vorschriften des ersten und zweiten Abschnitts entsprechende Anwendung[2], soweit sich nicht aus den §§ 173, 174 ein anderes ergibt.

1 § 126 KO. — Wegen der Fortdauer eines von einem Gläubiger beantragten Verfahrens und der Unzulässigkeit eines solchen Antrags nach der Konkurseröffnung § 28 A. 3. Ist das Verfahren auf Antrag eines Gläubigers angeordnet, so findet auf den Antrag des Verwalters der § 27 Anwendung. Wegen der Fortdauer einer ZwVerst. zur Deckung von Nachlaßverbindlichkeiten § 178[2].

2 Es fehlt in diesem Falle sowohl an dem betreibenden Gläubiger als an dem Schuldner im Sinne dieses Gesetzes. An die Stelle des vollstreckbaren Titels tritt der Nachweis, daß der Antragsteller Verwalter in dem Konkurse über das Vermögen desjenigen ist, gegen den eine ZwVollstr. in die betreffende Sache gerichtet werden könnte. Wenn die Sache in anfechtbarer Weise veräußert war, so muß zuvor der Erwerber zur Duldung der ZwVollstr. verurteilt werden, E.R. 56[144]. Zuständigkeitsstreitigkeiten zwischen dem Konkurs- und Zwangsverwalter § 152 A. 3.

§ 173. Der Beschluß, durch welchen das Verfahren angeordnet wird, gilt nicht als Beschlagnahme[1]. Im Sinne der §§ 13, 55 ist jedoch die Zustellung des Beschlusses an den Konkursverwalter als Beschlagnahme anzusehen[2].

1 Abweichung von § 20 mit Rücksicht darauf, daß der Gemeinschuldner bereits das Verfügungsrecht verloren hat (§§ 6, 7 KO.) und eine besondere Beschlagnahme gegen den Verwalter keinen Sinn hätte.

2 D. h. für die Bestimmung des Anfangstermins der laufenden Beträge bei wiederkehrenden Leistungen und des für den Umfang der Beschlagnahme erheblichen Zeitpunkts, auch § 176 und a. 26 Pr. AGZVG.

§ 174. Hat ein Gläubiger für seine Forderung gegen den Gemeinschuldner[1] ein von dem Konkursverwalter anerkanntes[2] Recht auf Befriedigung aus dem Grundstücke, so kann er[3] bis zum Schlusse der Verhandlung im Versteigerungstermine verlangen, daß bei der Feststellung des geringsten Gebots nur die seinem Anspruche vorgehenden Rechte berücksichtigt werden[4]; in diesem Falle ist das Grundstück auch mit der verlangten Abweichung auszubieten[5].

1 Der absonderungsberechtigte Gläubiger muß also eine persönliche Forderung gegen den Gemeinschuldner haben. Die Bestimmung soll die Anwendung der §§ 64, 153 KO. erleichtern.

2 Es genügt selbst eine Anerkenntnis durch schlüssiges Verhalten, also die Nichterhebung eines Widerspruchs gegen das Verlangen des Gläubigers. 3 Ohne vollstreckbaren Titel und ohne betreibender Gläubiger zu werden, E.R. 75[138].

4 An und für sich werden in entsprechender Anwendung des § 44 sämtliche an dem Grundstücke bestehenden Rechte bei der Feststellung des gG. berücksichtigt.

5 Der Gläubiger hat dann die Wahl, ob der Zuschl. für das eine oder das andere Höchstgebot erteilt werden soll.

Zur Deckung der Nachlaßverbindlichkeiten.

§ 175. Hat ein Nachlaßgläubiger für seine Forderung ein Recht auf Befriedigung aus einem zum Nachlasse gehörenden Grundstücke, so kann der Erbe nach der Annahme der Erbschaft die Zwangsversteigerung[1] des Grundstücks beantragen[2]. Zu dem Antrag ist auch jeder andere berechtigt, welcher das Aufgebot der Nachlaßgläubiger beantragen kann[3].

Diese Vorschriften finden keine Anwendung, wenn der Erbe für die Nachlaßverbindlichkeiten unbeschränkt haftet[4] oder wenn der Nachlaßgläubiger[5] im Aufgebotsverfahren ausgeschlossen ist[6] oder nach den §§ 1974, 1989 des Bürgerlichen Gesetzbuchs einem ausgeschlossenen Gläubiger gleichsteht.

1 Der Fall liegt außerhalb der ZwVollstr. (Vorbemerkung zu diesem Abschnitt). Dennoch analoge Anwendung der Vorschriften der ZPO. über ZwVerst. (§§ 864², 865, 866², 870), der §§ 766 (Einwendungen und Erinnerungen), 793 (sofortige Beschwerde) in Verbindung mit § 95 dieses Gesetzes.

2 Ausnahmen in Abs. 2. — Diese Befugnis ergänzt das Recht des Erben, das Aufgebot der Nachlaßgläubiger zu beantragen (§§ 1970—1974 BGB.), insofern bei solchen persönlichen Gläubigern des Erblassers, welche zugleich ein dingliches Recht auf Befriedigung aus einem Nachlaßgrundstücke haben, das Maß der persönlichen Haftung des Erben sich erst erkennen läßt, wenn feststeht, ob und inwieweit der Gläubiger aus dem Grundstück befriedigt wird (§ 1971 BGB.). — Dem Antrage soll nicht entsprochen werden, wenn Nachlaßkonkurs beantragt ist (§ 178). 3 §§ 991, 999, 1000 ZPO.

4 § 1994 mit § 2000 BGB. — Dann findet auch kein Aufgebotsverfahren und Ausschluß durch das Aufgebot statt. § 2013¹ BGB. u. § 991 ZPO. 5 D. h. sämtliche Nachlaßgläubiger, welche ein Recht auf Befriedigung aus dem Grundstücke haben. 6 § 1973 BGB., §§ 989 ff. ZPO.

§ 176. Wird die Zwangsversteigerung nach § 175 beantragt[1], so finden die Vorschriften des ersten und zweiten Abschnitts sowie der §§ 173, 174¹ entsprechende Anwendung[2], soweit sich nicht aus den §§ 177, 178 ein anderes ergibt.

1 § 173 A. 2, § 174 A. 1—4 u. § 179 A. 1.

2 Der Fall steht insofern der ZwVerst. auf Antrag des Konkursverwalters gleich, als auch hier Gläubiger und Schuldner im Sinne dieses Gesetzes nicht vorhanden sind. § 172 A. 2 § 178 A. 1.

§ 177. Der Antragsteller hat die Tatsachen, welche sein Recht zur Stellung des Antrags begründen[1], durch Urkunden glaubhaft zu machen, soweit sie nicht bei dem Gericht offenkundig sind[2].

1 § 175. 2 Modifikation der §§ 16—18.

§ 178. Die Zwangsversteigerung soll nicht angeordnet werden, wenn die Eröffnung des Nachlaßkonkurses beantragt ist[1].

Durch die Eröffnung des Nachlaßkonkurses wird die Zwangsversteigerung nicht beendigt; für das weitere Verfahren gilt der Konkursverwalter als Antragsteller[2].

1 Es ist dann abzuwarten, ob der Konkursverwalter gemäß § 172 den Antrag stellt. Schwebt eine Zwangsvollstreckungsversteigerung (nach Abschn. I), so ist Beitritt des Erben oder sonstigen Antragsberechtigten (§ 175) gemäß § 27 zulässig. § 172 A. 2.

2 Er wird prozeßrechtlicher Nachfolger des bisherigen Antragstellers (Erben usw.).

§ 179. Ist ein Nachlaßgläubiger, der verlangen konnte, daß das geringste Gebot nach Maßgabe des § 174 ohne Berücksichtigung seines Anspruchs festgestellt werde, bei der Feststellung des geringsten Gebots berücksichtigt[1], so kann ihm die Befriedigung aus dem übrigen Nachlasse verweigert werden[2].

1 § 174 A. 4. 2 Deshalb muß er in seinem eigenen Interesse von der ihm durch § 174 (176) gegebenen Befugnis Gebrauch machen, sofern er sich nicht mit der dinglichen Verhaftung genügen lassen will.

Zum Zwecke der Aufhebung einer Gemeinschaft.

§ 180. Soll die Zwangsversteigerung zum Zwecke der Aufhebung einer Gemeinschaft[1] erfolgen, so finden die Vorschriften des ersten und zweiten Abschnitts entsprechende Anwendung, soweit sich nicht aus den §§ 181 bis 184 ein anderes ergibt[2].

1 § 753 BGB. — E.R. 52[177]. — Auch diese ZwVerst. liegt an sich außerhalb des Gebietes der streitigen Gerichtsbarkeit. § 175 A. 1 und Vorbemerkung zu diesem Abschnitt.

2 Unanwendbar nach der Natur der Sache § 27, sofern es sich nicht um den Beitritt eines Miteigentümers zu dem bereits von einem anderen Miteigentümer beantragten Verfahren nach § 180 handelt. Ist bereits eine Zwangsversteigerung anderer Art bezüglich der ganzen Sache eingeleitet, so kann die Verst. gemäß §§ 180—184 nicht stattfinden. Sie ist aufzuheben, sobald eine ZwVerst. anderer Art angeordnet wird. — Eine Anteilszwangsversteigerung und eine ZwVerst. der ganzen Sache zum Zwecke der Aufhebung der Gemeinschaft berühren sich gegenseitig nicht.

§ 181. Ein vollstreckbarer Titel ist nicht erforderlich[1].

Die Zwangsversteigerung eines Grundstücks darf nur angeordnet werden, wenn der Antragsteller als Eigentümer[2] im Grundbuch eingetragen oder Erbe eines eingetragenen Eigentümers ist oder wenn er das Recht des Eigentümers oder des Erben auf Aufhebung der Gemeinschaft ausübt[3]. Von dem Vormund eines Miteigentümers kann der Antrag nur mit Genehmigung des Vormundschaftsgerichts gestellt werden[4].

Betrifft der Antrag ein Schiff, so ist durch Urkunden glaubhaft zu machen, daß das Eigentum dem Antragsteller und denjenigen, gegen welche sich der Antrag richtet, gemeinschaftlich zusteht und daß einer von ihnen im Besitze des Schiffes ist.

Die Vorschrift des § 17 Abs. 3 findet auch auf die Erbfolge des Antragstellers Anwendung.

1 An seine Stelle treten für Grundstücke die Erfordernisse des Abs. 2 und für Schiffe die des Abs. 3. — Wenn die Unzulässigkeit der Teilung sich aus dem GB. ergibt, so ist gemäß § 28 zu verfahren. Im übrigen muß ihre Geltendmachung im besonderen Rechtsstreit (entsprechende Anwendung von § 771 ZPO.) erfolgen. Der Testamentsvollstrecker, dem die Auseinandersetzung obliegt, kann dem Antrage der Erben widersprechen. Über das Widerspruchsrecht des gütergemeinschaftlichen Ehegatten, der das Grundstück übernehmen will, E.R. 73[43].

2 D. h. Miteigentümer. Über TeilungsZwVerst. eines von Eheleuten gemeinschaftlich erworbenen Grundstücks, insbesondere die Rechte der Frau in solchem Verfahren E.R. 67[396]. Der Gläubiger eines Miterben wird durch die Pfändung des Erbteils antragsberechtigt.

3 Z. B. infolge einer Überweisung im Wege der ZwVollstr. gemäß §§ 857, 835ff. ZPO.

4 § 1821 Nr. 1 BGB. Die Genehmigung kann bis zur Verst. zurückgezogen werden, E.FG. 6[9].

§ 182. Bei der Feststellung des geringsten Gebots sind die den Anteil des Antragstellers belastenden oder mitbelastenden Rechte an dem Grundstücke sowie alle Rechte zu berücksichtigen, die einem dieser Rechte vorgehen oder gleichstehen[1].

Ist hiernach bei einem Anteil ein größerer Betrag zu berücksichtigen als bei einem anderen Anteile, so erhöht sich das geringste Gebot um den zur Ausgleichung unter den Miteigentümern erforderlichen Betrag[2].

Auf die Versteigerung eines Schiffes finden die Vorschriften über das geringste Gebot entsprechende Anwendung[3].

1 Ausgeschlossen von der Berücksichtigung bleiben also diejenigen lediglich fremde Anteile belastenden Rechte, welche im Range dem letzten den Anteil des Antragstellers mitbelastenden Rechte nachstehen. Zwischen einem nur den Anteil eines anderen Miteigentümers belastenden Rechts und einem nur auf dem Anteil des Antragstellers eingetragenen Rechte besteht überhaupt kein Rangverhältnis im Sinne des § 879 BGB. Ersteres kommt daher für die Feststellung des gG. nach § 182 Abs. 1 nicht in Betracht. Mit Zustimmung aller Beteiligten kann aber auch als Bedingung aufgestellt werden, daß alle Pfandrechte gelöscht werden müssen. — Die Verteilung des nach Befriedigung der Gläubiger verbleibenden Überschusses ist nicht Sache des Verfahrens. Er ist mangels einer Einigung der Miteigentümer zu hinterlegen. § 753 BGB.

2 Damit auf jeden Anteil ein seiner Größe entsprechender Bruchteil des VerstErl. entfalle, muß bei ungleicher Belastung der Anteile durch die bei der Feststellung des gG. zu berücksichtigenden Rechte für eine Ausgleichung gesorgt werden. Diese geschieht dadurch, daß dem gG. diejenigen Beträge hinzuzurechnen sind, um welche die Belastungen des am stärksten belasteten Anteils die Belastungen eines jeden der übrigen Anteile verhältnismäßig übersteigen. (D.) Diese Beträge sind aber trotz ihrer Zugehörigkeit zum gG. bar zu zahlen (§§ 49, 180).

3 Abweichung vom Rechte der ZwVollstr. § 169[1]. Auch bei Schiffen gelten aber Abs. 1 und 2 dieses Paragraphen.

§ 183[1]. Im Falle der Vermietung oder Verpachtung des Grundstücks finden die in den §§ 57a und 57b vorgesehenen Maßgaben keine Anwendung.[2]

1 Abgeändert in den gesperrt gedruckten Worten durch G. v. 8. 6. 15 (Einl. 20). Sachlich ist nichts geändert.

2 Demgemäß äußert die ZwVerst. keinen anderen Einfluß wie ein (freiwilliger) Kaufvertrag nach §§ 571 ff. BGB.

§ 184. Ein Miteigentümer braucht[1] für sein Gebot keine Sicherheit zu leisten, wenn ihm eine durch das Gebot ganz oder teilweise gedeckte Hypothek, Grundschuld oder Rentenschuld zusteht.

1 Abweichung von §§ 67ff. — Über den Gegenstandswert im Falle der Erstehung durch einen Miteigentümer E.R. 41 B[290].

Urkundlich usw.

III.

Einführungsgesetz
zu dem
Gesetz über die Zwangsversteigerung und die Zwangsverwaltung.
Vom 24. März 1897.

Wir **Wilhelm**, von Gottes Gnaden Deutscher Kaiser, König von Preußen ꝛc.

verordnen im Namen des Reichs, nach erfolgter Zustimmung des Bundesrats und des Reichstags, was folgt:

Inkrafttreten.

§ 1. Das Gesetz über die Zwangsversteigerung und die Zwangsverwaltung tritt, soweit es die Schiffe[1] betrifft, gleichzeitig mit dem Bürgerlichen Gesetzbuch[2], im übrigen für jeden Grundbuchbezirk[3] mit dem Zeitpunkt in Kraft, in welchem das Grundbuch als angelegt anzusehen ist[4].

Die Artikel 2 bis 5, 32, 55 des Einführungsgesetzes zum Bürgerlichen Gesetzbuche finden entsprechende Anwendung[5].

1 Da die SchR. bereits überall bestehen. 2 Also am 1. 1. 00. a. 1 EGBGB. 3 § 2[1] BGO.

4 a. 186[1] auch 187 ff. EGBGB. und für Pr. V. v. 13. 11. 99, sowie die ergänzenden V. für Nassau und Helgoland v. 1. 12. 99 u. 10. 4. 00. Danach war am 1. 1. 15 das GB. in Pr. als an-

gelegt anzusehen, außer in einer Anzahl von Anlegungsbezirken in den Landgerichtsbezirken Aachen, Koblenz, Limburg, Neuwied, Trier und Wiesbaden, dem Bezirk Obereisenhausen des Amtsgerichts Biedenkopf und dem Bezirk Niederembt des Amtsgerichts Bergheim. — Den Fortgang ergeben die alljährlich im Januar erscheinenden Bekanntmachungen des JustMin. — Das Landesrecht kann aber schon früher gänzliche oder teilweise Anwendung anordnen. E.R. 55[248]. — A. 5 a. E.

5 Es bleiben also die Vorschriften der Reichsgesetze über ZwVerst. und ZwVerw. grundsätzlich in Kraft (a. 32), während die entsprechenden landesrechtlichen Vorschriften grundsätzlich außer Kraft treten (a. 55). Aus der entsprechenden Anwendung der a. 4 und 55 folgt insbesondere, daß mit dem Inkrafttreten des Reichsgesetzes die Vorschriften des Pr. G. v. 13. 7. 83 mit dem in Abs. 1 angegebenen Zeitpunkt aufgehoben, und daß die entsprechenden Vorschriften des Reichsgesetzes an ihre Stelle getreten sind, auch wo in anderen Landesgesetzen auf sie Bezug genommen ist. — Indessen eröffnen die §§ 2—6 und 8—14 dieses EG. (für § 7 A. 1. zu § 7) dem Landesrecht dauernd einen nicht unerheblichen Spielraum. Dazu die Übergangsbestimmung in § 15. — Macht die Landesgesetzgebung von dem Vorbehalte keinen Gebrauch und sind die Grundstücke nach dem bisherigen Rechte in Ansehung der ZwVollstr. den gleichen Vorschriften unterworfen wie andere Grundstücke, so bleibt dies Verhältnis auch nach dem Inkrafttreten des Reichsgesetzes unverändert bestehen; es kommt daher bei jenen Grundstücken an Stelle des bisherigen Landesrechtes das Reichsrecht zur Anwendung (D. 65). — Über die spätere Änderung der auf Grund des Vorbehalts ergangenen landesgesetzlichen Bestimmungen a. 218 EGBGB. — Für das Verfahren *bei nicht vollendetem Grundbuch* bewendet es in Preußen bei dem Abschn. IV des G. v. 13. 7. 83 bis zu dem Zeitpunkte, in welchem nach a. 186[2] BGB. auch für diese Grundstücke, obwohl sie noch kein Blatt im GB. haben, das Reichsgesetz nach Abs. 1 Anwendung findet. (Pr. V., betr. das Grundbuchwesen, v. 13. 11. 99 a. 3, 4, 16, 35, 36.) — Die

im Abschn. IV aaO. angezogenen Vorschriften der beiden ersten Abschnitte des G. v. 13. 7. 83 werden aber auch hier ohne weiteres durch die neuen Vorschriften ersetzt. (Begründung zu a. 48 des Entw. des Pr. AGZVG.)

Vorbehalte zugunsten des Landesrechts.

1. Im allgemeinen. Vorrechte der Kreditanstalten.

§ 2. Soweit in dem Einführungsgesetze zum Bürgerlichen Gesetzbuche zugunsten der Landesgesetze Vorbehalte gemacht sind[1], gelten sie auch für die Vorschriften der Landesgesetze über die Zwangsversteigerung und die Zwangsverwaltung. Den Landesgesetzen stehen nach Maßgabe der Artikel 57, 58 des Einführungsgesetzes zum Bürgerlichen Gesetzbuche die Hausverfassungen gleich.

Es treten jedoch die landesgesetzlichen Vorschriften außer Kraft, nach welchen den landschaftlichen und ritterschaftlichen Kreditanstalten für den Anspruch auf ältere als zweijährige Rückstände wiederkehrender Leistungen ein Vorrecht vor den im § 10 Nr. 1 bis 6 des Gesetzes über die Zwangsversteigerung und die Zwangsverwaltung bezeichneten Ansprüchen beigelegt ist[2, 3].

1 E.R. 84[349]. Von a. 55 EGBGB. ab. Daraus ergibt sich zugleich die Befugnis zum Erlaß von Übergangsbestimmungen innerhalb dieses Rahmens. Ein abweichendes Verfahren ist demnach namentlich möglich für Eisenbahngrundstücke, Bergwerke, Familienfideikommisse, Lehen, Stammgüter und Familienvermögen des hohen Adels, Rentengüter, in Erbpacht stehende oder dem Anerbrecht unterworfene Grundstücke. Wegen Unzulässigkeit der Löschung der Anerbeneigenschaft auf Ersuchen des Vollstreckungsgerichts E.R. 42 A[205]. Wegen des Eisenbahnbetriebsnutzungsrechts § 871 ZPO. (unter I).

Für Pr. unten IV, Abschn. 2 u. 3 u. für den Übergang 4.

Sondervorschriften in dem auf Grund des a. 117[1] EGBGB. erlassenen Pr. G., betr. die Zulassung einer Verschuldungsgrenze v. 20. 8. 06 in den §§ 3, 5 Abs. 4, 8. Es gilt seit dem 1. 7. 13 in allen Landesteilen mit Ausnahme des Stadtkreises Berlin V. v. 5. 5. 13. Dazu AVf. v. 22. 4. 08 u. 10. 8. 09.

2 Nach a. 167 EGBGB. bleiben die landesgesetzlichen Vorschriften, welche die zur Zeit des Inkrafttretens des BGB. bestehenden landschaftlichen oder ritterschaftlichen Kreditanstalten betreffen, in Kraft. a. 34 Pr. AGZVG. unter IV. — Hiervon macht aber dieser Abs. 2 eine Ausnahme. — § 3 a. E.

3 Für Pr. G., betr. die ZwVollstr. aus Forderungen landschaftlicher (ritterschaftlicher) Kreditanstalten, v. 3. 8. 97 ergangen, dessen Vorschriften über die ZwVerst. und die gerichtliche ZwVerw. von Grundstücken aber nach Inkrafttreten des BGB. nur für die Zeit dieses Inkrafttretens bestehenden Kreditanstalten gelten (§ 13 aaO., a. 167 EGBGB.). Auf Grund jenes Gesetzes sind die V., betr. die Nassauische Landesbank v. 5. 11. 98 und die Landeskreditkasse zu Kassel v. 10. 8. 99 erlassen. Oben unter II § 10 A. 5, § 16 A. 4, § 37 A. 7, § 117 A. 1, § 146 A. 5, § 150 A. 5.

2. Zusammenlegung der Grundstücke und Verwandtes.

§ 3. Die im Artikel 113 des Einführungsgesetzes zum Bürgerlichen Gesetzbuche bezeichneten Vorschriften[1] bleiben auch insoweit unberührt, als sie für den Anspruch des Entschädigungsberechtigten oder des Dritten, welcher die Entschädigung geleistet hat, ein Recht auf Befriedigung aus dem Grundstücke gewähren und den Rang dieses Rechtes bestimmen[2]. Jedoch kann dem Anspruch auf Rückstände wiederkehrender Leistungen ein Vorrecht nur mit der im § 2 Abs. 2 bezeichneten Einschränkung beigelegt werden.

1 Über die Zusammenlegung von Grundstücken, über die Gemeinheitsteilung, die Regulierung der Wege, die Ordnung der gutsherrlich bäuerlichen Verhältnisse sowie über die Ablösung, Umwandlung und Einschränkung von Dienstbarkeiten und Reallasten.

Daneben ist auch a. 114 EGBGB. zu berücksichtigen, nach welchem die landesgesetzlichen Vorschriften unberührt bleiben, nach denen die staatlichen usw. Anstalten zustehenden Ablösungsrenten und sonstigen Reallasten zur Wirksamkeit gegenüber dem öffentlichen Glauben nicht der Eintragung bedürfen.

2 a. 3 Pr. AGZVG. oben § 10 A. 7.

3. Öffentliche Lasten.

§ 4. Durch Landesgesetz kann bestimmt werden, daß gewisse öffentliche Lasten anderen[1] im Range vorgehen.

In denjenigen Bundesstaaten, in welchen die Besteuerung des inländischen Bieres der Landesgesetzgebung vorbehalten ist, bleiben auch die Vorschriften unberührt, nach welchen bei der Zwangsvollstreckung in ein der Brauerei dienendes Grundstück oder in ein mit diesem räumlich verbundenes Grundstück die zum Zwecke der Besteuerung des Bieres zu entrichtenden Abgaben den öffentlichen Lasten des Grundstücks gleichstehen[2].

1 öffentlichen Lasten innerhalb der 3. Klasse (§ 10 Nr. 3). a. 1—3 Pr. AGZVG. oben § 10 A. 7.

2 a. 46 des Bayerisch. G. v. 29. 5. 86 sowie a. 24 des Bayerisch. G. v. 9. 6. 99 (AG. z. GBO. und z. ZVG.).

4. Auszug aus dem Steuerbuche.

§ 5. Durch Landesgesetz kann bestimmt werden, daß dem Antrag auf Zwangsversteigerung[1] ein Auszug aus einem Steuerbuche beigefügt werden soll[2].

1 § 16. 2 a. 4 Pr. AGZVG. oben § 16 A. 9.

5. **Inhalt der Bestimmung des Versteigerungstermins.**

§ 6. Durch die Landesjustizverwaltung kann angeordnet werden, daß die Bestimmung des Versteigerungstermins noch andere als die im § 38 des Gesetzes über die Zwangsversteigerung und die Zwangsverwaltung vorgeschriebenen Angaben über das Grundstück[1] enthalten soll.

1 z. B. Bodenbeschaffenheit, Gebäude. — (Anhang VII, 2).

6. **Bekanntmachung der Terminsbestimmung.**

§ 7. Unberührt bleiben die bestehenden[1] landesgesetzlichen Vorschriften, nach welchen noch andere als die in den §§ 39, 40 des Gesetzes über die Zwangsversteigerung und die Zwangsverwaltung bezeichneten Veröffentlichungen der Terminsbestimmung zu erfolgen haben.

1 Der Erlaß neuer derartiger Vorschriften (§ 1 EG. A. 5) ausgeschlossen.

7. **Anmeldungszwang für Hypotheken.**

§ 8. Durch Landesgesetz kann für die Zwangsversteigerung bestimmt werden, daß die vor dem Inkrafttreten des Bürgerlichen Gesetzbuchs eingetragenen Hypotheken bei der Feststellung des geringsten Gebots und bei der Aufstellung des Teilungsplans nur auf Grund einer Anmeldung zu berücksichtigen sind[1].

In einem solchen Falle muß die im § 37 Nr. 4 des Gesetzes über die Zwangsversteigerung und die Zwangsverwaltung vorgeschriebene Aufforderung auf die Anmeldung der Ansprüche aus den bezeichneten Hypotheken ausgedehnt werden.

1 Abweichung von der den §§ 9 Nr. 1, 37 Nr. 4 zugrunde liegenden Regel, daß das im GB. Eingetragene ohne Anmeldung berücksichtigt wird. Man hat dabei namentlich solche Hypotheken im Auge, welche nach bisherigem Rechte ohne Löschung im G.B. erlöschen können. — a. 33 Pr. AGZVG. unter IV.

8. Einfluß der Zwangsversteigerung auf dingliche Rechte.

§ 9. Soweit ein nach Landesgesetz begründetes Recht an einem Grundstücke, das nicht in einer Hypothek besteht, zur Wirksamkeit gegen Dritte der Eintragung nicht bedarf[1] oder soweit eine Dienstbarkeit oder eine Reallast als Leibgedinge, Leibzucht, Altenteil oder Auszug eingetragen ist, bleibt das Recht nach Maßgabe des Landesgesetzes[2] von der Zwangsversteigerung unberührt, auch wenn es bei der Feststellung des geringsten Gebots nicht berücksichtigt ist[2].

Das Erlöschen eines solchen Rechtes ist auf Verlangen eines Beteiligten als Versteigerungsbedingung zu bestimmen, wenn durch das Fortbestehen ein dem Rechte vorgehendes oder gleichstehendes Recht des Beteiligten beeinträchtigt werden würde; die Zustimmung eines anderen Beteiligten ist nicht erforderlich[3].

1 Insbesondere Grunddienstbarkeiten, dingliche Miet- und Pachtrechte. §§ 187, 188 EGBGB. sowie für Pr. a. 22 Pr. AGBGB., a. 6 Pr. AGZVG. zu § 52 A. 4, E.K. 38 B[46]. Wegen der Miet- und Pachtrechte a. 9 V. v. 16. 11. 99. Da landesgesetzlich nicht bestimmt ist, daß sie von der ZwVerst. unberührt bleiben, findet a. 7 Pr. AGZVG. (§ 57 A. 1) Anwendung. — Pr. § 22[3].

2 Modifikation von § 52[1] E.K. 60[55], K. 38 B[46]. Ausnahme in Abs. 2. Soweit diese Ausnahme nicht Platz greift, brauchen die Berechtigten an dem Verfahren nicht teilzunehmen. — Die Sondervorschrift des Abs. 1 gilt auch, wenn das der Eintragung an sich nicht bedürfende Recht tatsächlich eingetragen ist.

3 Feststellung durch doppeltes Ausgebot, entsprechend dem § 59[2]. — Nichtbeachtung eines berechtigten Antrags begründet Versagung des Zuschl. bzw. Beschwerde (§§ 83 Nr. 1, 100).

9. Sicherheitsleistung.

§ 10. Unberührt bleiben die landesgesetzlichen Vorschriften, nach welchen bei der Zwangsversteigerung

1. für Gebote kommunaler Körperschaften sowie gewisser Kreditanstalten und Sparkassen Sicherheitsleistung nicht verlangt werden kann[1];
2. die Sicherheit auch durch Stellung eines Bürgen nach § 239 des Bürgerlichen Gesetzbuchs geleistet werden darf[2].

1 Ausnahme von § 67[1] im Anschluß an § 67[3]. — s. 9 Pr. AGZVG. zu § 67 A. 7. 2 Ausnahme von § 69. — s. 10 Pr. AGZVG. zu § 69 A. 5.

10. Feststellung des Wertes der Grundstücke.

§ 11. Durch Landesgesetz kann für die Zwangsversteigerung, unbeschadet des § 112 Abs. 2 Satz 4 des Gesetzes über die Zwangsversteigerung und die Zwangsverwaltung, bestimmt werden, daß und nach welchen Grundsätzen der Wert des Grundstücks festgestellt werden soll[1].

1 Es kann aber nicht bestimmt werden, daß bei der Verst. der Zuschl. von der Erreichung des Wertes oder eines Teiles desselben abhängig sein soll. — s. 8 Pr. AGZVG. z. § 64 A. 4.

11. Aufgebotsverfahren.

§ 12. Die Landesgesetze können für die Fälle, in welchen bei der Zwangsversteigerung oder der Zwangsverwaltung ein Aufgebotsverfahren[1] erforderlich wird, die Art der Bekanntmachung des Aufgebots und die Aufgebotsfristen abweichend von den Vorschriften der §§ 948, 950 der Zivilprozeßordnung bestimmen.

1 §§ 136, 138, 140, 141. — § 9 Pr. AGZPO. zu § 136 A. 2.

12. Ersatz des Vollstreckungsgerichts durch Notare und Behörden.

§ 13. Durch Landesgesetz kann bestimmt werden, daß die in dem Gesetz über die Zwangsversteigerung und die Zwangsverwaltung dem Vollstreckungsgerichte zugewiesenen Amtshandlungen, soweit nicht über die Anordnung, Aufhebung oder Verbindung des Verfahrens oder über die Zulassung des Beitritts eines Gläubigers zu entscheiden ist, von einer anderen Behörde oder einem Beamten oder einem Notar ganz oder teilweise wahrzunehmen sind[1].

Wird die Änderung einer Entscheidung der Behörde, des Beamten oder des Notars verlangt, so ist die Entscheidung des Vollstreckungsgerichts nachzusuchen; auf das Verfahren finden die Vorschriften der §§ 96 bis 104 des bezeichneten Gesetzes entsprechende Anwendung. Die Beschwerde findet gegen die Entscheidung des Vollstreckungsgerichts statt[2].

1 entsprechend dem § 576 ZPO. 2 In Pr. nicht ergangen. Dagegen in Bayern, Württemberg, Baden, Elsaß-Lothringen. E.R. 73^{197}.

13. Anordnungen für die Verwalter.

§ 14. Die Landesjustizverwaltung kann für die Geschäftsführung der Verwalter, welche bei der Zwangsverwaltung bestellt werden, und für die den Verwaltern zu gewährende Vergütung allgemeine Anordnungen treffen[1].

1 In Ergänzung der §§ 146 ff. d. G. s. für Pr. Anhang VII, 3. — Bei Bahneinheiten der pr. Minister der öff. Arbeiten, BahnG. § 35.

Erledigung älterer Verfahren.

§ 15. Ein vor dem Inkrafttreten des Gesetzes über die Zwangsversteigerung und die Zwangsverwaltung beantragtes[1] Verfahren ist nach den Landesgesetzen zu erledigen[2].

1 Maßgebend ist der Eingang des Antrags (§ 16) bei dem VollstrGericht. 2 § 21[1] EGZPO. sowie a. 42, 43 Pr. AGZVG. — E.Bay. 6[644], JW. 11[973].

Urkundlich usw.

IV.

Preußisches Ausführungsgesetz

zum

Reichsgesetz über die Zwangsversteigerung und die Zwangsverwaltung.

Vom 23. September 1899.

Wir **Wilhelm**, von Gottes Gnaden König von Preußen rc.

verordnen, unter Zustimmung der beiden Häuser des Landtags Unserer Monarchie, was folgt:

Erster Abschnitt.

Zwangsversteigerung und Zwangsverwaltung von Grundstücken im Wege der Zwangsvollstreckung.

Art. 1						
Art. 2	s. unter	II zu	§	10 Anm. 7	S.	33
Art. 3						
Art. 4	„ „	II „	§	16 Anm. 9	„	40
Art. 5	„ „	II „	§	39 Anm. 1	„	62
Art. 6	„ „	II „	§	52 Anm. 4	„	76
Art. 7	„ „	II „	§	57 Anm. 1	„	82
Art. 8	„ „	II „	§	64 Anm. 4	„	92
Art. 9	„ „	II „	§	67 Anm. 7	„	97
Art. 10	„ „	II „	§	69 Anm. 5	„	99

Art. 11	s. unter	II zu	§ 117 Anm.	3	S.	144
Art. 12	„ „	II „	§ 10 Anm.	5	„	32
Art. 13	„ „	II „	§ 155 Anm.	4	„	179
Art. 14	„ „	II „	§ 138 Anm.	3	„	165

Zweiter Abschnitt.

Zwangsversteigerung und Zwangsverwaltung von Bergwerkseigentum, unbeweglichen Bergwerksanteilen und selbständigen Kohlenabbau-Gerechtigkeiten im Wege der Zwangsvollstreckung.

Nach § 870[1] ZPO. finden auf die ZwVollstr. in eine Berechtigung, für welche die sich auf Grundstücke beziehenden Vorschriften gelten, die Vorschriften über die ZwVollstr. in Grundstücke entsprechende Anwendung, also auch die Vorschriften des ersten Abschnittes des Reichsgesetzes über die ZwVerst. und die ZwVerw. (§ 869 aaO.). Die a. 16–21 enthalten nur einige ergänzende Sondervorschriften.

Durch das G. v. 18. 6. 07 sind die a. 15–22 des AGZVG. auf das nach § 38c Abs. 1 begründete Gewinnungsrecht für anwendbar erklärt.

Art. 15. Für die Zwangsversteigerung und die Zwangsverwaltung eines Bergwerkseigentums[1], eines unbeweglichen Bergwerksanteils[2] oder einer selbständigen Kohlenabbau-Gerechtigkeit in den vormals Sächsischen Landesteilen[3] gelten die besonderen Vorschriften der Artikel 16 bis 21[4].

1 § 864 ZPO. A. 2b (unter I). 2 aaO. A. 2c.
3 Ebenso der Salzabbaugerechtigkeiten in Hannover. aaO. A. 2b. 4 Zuständig ist das Amtsgericht, in dessen Bezirk das verliehene Feld liegt (§§ 34, 52 BergG.; — § 2 G. v. 22. 2. 69, § 17 BergG.

Beteiligte.

Art. 16. Zu den Beteiligten gehört in jedem Falle[1] der Repräsentant oder Grubenvorstand.

1 also auch wenn der Repräsentant oder Grubenvorstand nicht Vertreter des Schuldners ist und schon als solcher zu den Beteiligten gehört (§§ 117, 119, 123 ,133 Berg., § 10 Ges. v. 22. 2. 69, § 2 Ges. v. 14. 7. 95).

Rangordnung.

Art. 17. Die Ansprüche der zum Betriebe des Bergbaues angenommenen, in einem Dienst- oder Arbeitsverhältnisse stehenden Personen, insbesondere der Bergleute und der Betriebsbeamten, auf Lohn und andere Bezüge gewähren wegen der laufenden und der aus dem letzten Jahre rückständigen Beträge ein Recht auf Befriedigung in der zweiten Klasse.

Die Beiträge, die der Werksbesitzer nach § 174, § 175 Abs. 2 oder § 176 Abs. 1 des Allgemeinen Berggesetzes zu den Knappschafts- und Krankenkassen zu leisten hat, gelten als gemeine Lasten im Sinne des Artikel 1 Abs. 1 Nr. 2 dieses Gesetzes[1].

1 E.R. 52^{31}; 63^{190}.

Anlagen des Antrags.

Art. 18. Dem Antrag auf Zwangsversteigerung oder Zwangsverwaltung ist eine oberbergamtlich, gerichtlich oder notariell beglaubigte Abschrift der Verleihungsurkunde des Bergwerkes oder, wenn der Antrag eine Kohlenabbau-Gerechtigkeit[1] betrifft, eine in gleicher Art beglaubigte Abschrift des Aktes beizufügen, durch den die Gerechtigkeit vom Eigentum an dem Grundstücke getrennt worden ist.

1 oder Salzabbaugerechtigkeit. (§ 4 G. v. 24. 8. 04.)

Art. 24. Der Antragsteller hat die Tatsachen, welche sein Recht zur Stellung des Antrags begründen, soweit sie nicht bei dem Gericht offenkundig sind, durch Urkunden glaubhaft zu machen.

Ist der Antrag von einem nach § 159 Abs. 1 des Allgemeinen Berggesetzes Berechtigten gestellt, so sind mit dem Beschlusse, durch den die Zwangsversteigerung angeordnet wird, der Antrag und, wenn der Berechtigte nicht im Grundbuch eingetragen ist, die im Abs. 1 bezeichneten Urkunden dem Bergwerkseigentümer zuzustellen.

Art. 25. Auf Antrag des Bergwerkseigentümers darf die Zwangsversteigerung[1] nur angeordnet werden, wenn der Antragsteller als Eigentümer im Grundbuch eingetragen oder wenn er Erbe des eingetragenen Eigentümers ist.

1 in Betracht kommen nur die Fälle des § 159[3] und der §§ 234, 235 g des BergG. (A. zu a. 23).

Art. 26. Ist die Zwangsversteigerung eines Bergwerkes auf Antrag des Bergwerkseigentümers oder die Zwangsversteigerung eines Bergwerksanteils auf Antrag der Gewerkschaft angeordnet oder hat der Bergwerkseigentümer nach den §§ 161, 162 des Allgemeinen Berggesetzes auf das Bergwerkseigentum verzichtet, so gilt der Beschluß, durch den das Verfahren angeordnet wird, nicht als Beschlagnahme. Im Sinne der §§ 13, 55 des Reichsgesetzes[1] ist jedoch die Zustellung des Beschlusses an den Antragsteller[2] als Beschlagnahme anzusehen.

1 d. h. für die Bestimmung des Anfangstermins und der laufenden Beträge bei wiederkehrenden Leistungen, sowie des für den Umfang der Beschlagnahme erheblichen Zeitpunkts.

2 Es fehlt an einem Gegner des Antragstellers — vgl. §§ 173, 176 ZVG.

Art. 27[1]. Die Vorschriften über das geringste Gebot finden keine Anwendung. Das Meistgebot ist in seinem ganzen Betrage durch Zahlung zu berichtigen.

1 § 169[1] ZVG.

Zwangsversteigerung verfallener Grundstücke.

Art. 28. Auf den Verkauf eines Grundstücks nach den §§ 40, 58, 60 Teil I Titel 8 des Allgemeinen Landrechts[1] finden die Vorschriften, die für die Zwangsversteigerung im Wege der Zwangsvollstreckung gelten, entsprechende Anwendung, soweit sich nicht aus den Artikeln 29 bis 32 ein anderes ergibt.

1 Die §§ 29 bis 69 Teil I Tit. 8 ALR. sind von einer Aufhebung in a. 89 Pr. AGBGB. ausgenommen — (a. 111 EGBGB. und § 2 EGZVG. unter III).

Die §§ 36ff. verpflichten den Eigentümer städtischer, an Straßen oder öffentlichen Plätzen stehender Gebäude, diese in baulichem Zustande zu unterhalten, und verleihen der Obrigkeit (Polizeibehörde) das Recht, ihn zur Reparatur durch Zwangsmittel anzuhalten, nötigenfalls den Bau auf seine Kosten zu veranstalten.

§ 40. Kann oder will er die Kosten nicht herbeischaffen, so kann die Obrigkeit dergleichen Gebäude zum öffentlichen Verkauf ausbieten. Das Nähere enthalten die §§ 41—57 (a. 32 A. 1).

§ 58. Was § 36 sqq. von verfallenen städtischen Gebäuden verordnet ist, gilt auch von solchen, die durch Feuer oder anderes Unglück zerstört worden, wenn der bisherige

Eigentümer dieselben innerhalb einer von der Obrigkeit zu bestimmenden Frist nicht wieder herstellen kann oder will.

§ 60. Was von städtischer Grundstücken verordnet ist, gilt auch von Grundstücken auf dem Lande . . .

Art. 29. Antragsberechtigt ist die Ortspolizeibehörde[1].

Der Antrag soll das Grundstück, den Eigentümer und die Tatsachen bezeichnen, welche das Recht zur Stellung des Antrags begründen. Die Vorschriften des Artikel 24 finden entsprechende Anwendung.

1 §§ 6, 20 G. v. 11. 3. 50 und die maßgebenden Vorschriften in den verschiedenen Städteordnungen, der Landgemeindeordnung und den Kreisordnungen.

Art. 30. Der Anspruch auf Ersatz der im § 43 Teil I Titel 8 des Allgemeinen Landrechts bezeichneten Verwendungen[1] gewährt ein Recht auf Befriedigung aus dem Grundstücke vor allen anderen Ansprüchen.

1 d. h. dasjenige, was die Ortspolizeibehörde auf einstweilige Veranstaltungen zur Abwendung dringender Gefahr hat verwenden müssen.

Art. 31. Die Vorschriften über das geringste Gebot finden keine Anwendung[1].

Das Gericht hat die Übernahme der Wiederherstellung des Gebäudes von Amts wegen als Versteigerungsbedingung zu bestimmen[2].

1 das öffentliche Recht auf Wiederherstellung geht allen übrigen Rechten vor. 2 entspricht dem § 41 I. 8 ALR.

Art. 32. Angebote nach den §§ 45 bis 47 Teil I Titel 8 des Allgemeinen Landrechts sind nur zu berücksichtigen, wenn sie im Versteigerungstermine geltend gemacht werden.

Bleibt die Versteigerung ergebnislos, so ist der Zuschlag nach Maßgabe der §§ 45 bis 48 des bezeichneten Titels zu erteilen. Die Beschwerde gegen die Entscheidung über den Zuschlag kann auch auf die Verletzung einer dieser Vorschriften gestützt werden[1].

1 § 45. Können diese sich (die auf dem Grundstücke versicherten Gläubiger § 44) darüber (d. h. über die Mittel zur Erhaltung und Herstellung des Gebäudes) nicht vereinigen, so muß das Gebäude demjenigen, welcher außer der Wiederherstellung desselben die vorteilhaftesten Bedingungen für seine Mitgläubiger und den Eigentümer anbietet, zugeschlagen werden.

§ 46. Will auch kein Gläubiger das Gebäude als Meistbietender erstehen, so ist der erste unter ihnen den Zuschlag gegen die bloße Übernahme der Wiederherstellung zu verlangen berechtigt.

§ 47. Will dieser von seinem Rechte keinen Gebrauch machen, so geht dasselbe auf die folgenden, immer nach Ordnung der Priorität, über.

§ 48. Will keiner von den Gläubigern die Wiederherstellung des Gebäudes übernehmen, so muß dasselbe der Kämmerei des Ortes zugeschlagen werden.

Vierter Abschnitt.

Schluß- und Übergangsbestimmungen.

Ältere Hypotheken im Bezirk Cassel.

Art. 33. Im bisherigen Geltungsbereiche des Gesetzes über das Grundbuchwesen im Bezirke des Appellationsgerichts zu Cassel usw. vom 29. Mai 1873

(Gesetz-Samml. S. 273) ist eine vor dem 1. Juli 1874 entstandene Hypothek, die nicht in eine Hypothek des Preußischen Rechtes[1] umgewandelt ist, bei der Feststellung des geringsten Gebots und bei der Aufstellung des Teilungsplans nur zu berücksichtigen, wenn sie rechtzeitig angemeldet wird[2].

1 § 43 des angeführten G. 2 a. 33 § 3 Pr. AGBGB. sowie § 8 EG. (unter III).

Landschaftliche Kreditanstalten.

Art. 34. Die Verfassungen und Satzungen der landschaftlichen (ritterschaftlichen) Kreditanstalten und der provinzial- (kommunal-) ständischen öffentlichen Grundkreditanstalten werden, auch soweit sie den Anstalten weitergehende Befugnisse gewähren, durch die Vorschriften dieses Gesetzes nicht berührt[1].

1 § 12 G. v. 3. 8. 97 unter III zu § 2 EG. sowie unter II § 10 ZVG. A. 5, § 16 A. 4, § 37 A. 7, § 115 A. 1, § 146 A. 5, § 150 A. 5.

Gerichtliches Verteilungsverfahren in Enteignungssachen.

Für die reichsgesetzlichen Fälle der Enteignung ergibt sich die Eröffnung eines gerichtlichen Verteilungsverfahrens nach den für die Verteilung des Erlöses im Falle der ZwVerst. geltenden Vorschriften aus a. 52, 53 EGBGB. Nach a. 109 Satz 2 aaO. finden diese Vorschriften auf die nach landesgesetzlicher Vorschrift wegen einer Enteignung zu gewährende Entschädigung Anwendung, soweit nicht die Landesgesetze ein anderes bestimmen. Dies war nach dem pr. EntG. der Fall. Die a. 35 bis 41 dieses Gesetzes bezwecken die verbesserungsbedürftigen Vorschriften des EntG. zu ergänzen und teilweise zu ändern, und für die ganze Monarchie (in der Rheinprovinz war durch § 38 des G. v. 12. 4. 88 ein gerichtliches Verteilungsverfahren für gewisse Fälle vorgesehen) neben dem Vermittelungsverfahren der Auseinandersetzungsbehörden (§ 49 EntG.) ein gerichtliches Verteilungsverfahren (im Anschlusse an die reichsgesetzlichen Bestimmungen bei der ZwVerst.) einzuführen.

Art. 35. Ist im Falle der Enteignung eines mit Reallasten, Hypotheken, Grundschulden oder Rentenschulden belasteten Grundstücks[1] die für den Eigentümer vereinbarte oder durch Beschluß oder Urteil endgültig festgestellte Entschädigungssumme nach § 37 Abs. 1 Nr. 3 des Gesetzes über die Enteignung von Grundeigentum vom 11. Juni 1874 (Gesetz-Samml. S. 221) hinterlegt und sind die Wirkungen der Enteignung[2] eingetreten, so haben die Realberechtigten an dieser Entschädigung[3], unbeschadet der Vorschriften der §§ 38[4], 49[5] des genannten Gesetzes, dieselben Rechte, welche ihnen im Falle des Erlöschens ihres Rechtes durch Zwangsversteigerung an dem Erlöse zustehen[6].

Der Eigentümer und jeder der im Abs. 1 bezeichneten Realberechtigten kann die Eröffnung eines gerichtlichen Verteilungsverfahrens beantragen. Für das Verfahren gelten die Vorschriften der Artikel 36 bis 41.

1 § 48 EntG. 2 nach §§ 44—46 aaO. 3 des Eigentümers; die also, wenn Nebenberechtigte vorhanden sind und von der Entschädigungssumme Anteil beanspruchen, schon festgestellt sein muß (§§ 11^1, 30^1 Satz 2, 37 Nr. 1 aaO.).

4 der dem Eigentümer unter gewissen Voraussetzungen bei Teilenteignungen die freie Verfügung über die Entschädigungssumme gewährt. 5 der im Falle des § 48 (A. 1) die Vermittlung der Auseinandersetzungsbehörde zuläßt (a. 37—39).

6 Vgl. auch § 45^2 EntG.

Art. 36. Das Verteilungsverfahren ist auf Antrag des Eigentümers aufzuheben, wenn dieser bis zum Schlusse des ersten Termins nachweist, daß er nach § 38 des Enteignungsgesetzes über die Entschädigungssumme verfügen kann.

Art. 37. Nimmt der Eigentümer die Vermittelung der Auseinandersetzungsbehörde wegen Auszahlung oder Verwendung der Entschädigungssumme in Anspruch[1], so hat die Auseinandersetzungsbehörde von der Einleitung des Vermittelungsverfahrens und nach dessen Beendigung von der Art der Erledigung dem für das Verteilungsverfahren zuständigen Gerichte Mitteilung zu machen.

Solange diesen Mitteilungen zufolge ein Vermittelungsverfahren bei der Auseinandersetzungsbehörde anhängig ist, hat das Gericht Anträge auf Eröffnung des Verteilungsverfahrens abzulehnen.

1 § 49 EntG.

Art. 38. Erlangt das Gericht in einem anhängigen Verteilungsverfahren vor dem Schlusse des ersten Termins von der Einleitung eines Vermittelungsverfahrens[1] Kenntnis, so ist das Verteilungsverfahren bis zur Erledigung dieses Verfahrens einstweilen einzustellen.

Das Gleiche gilt, wenn der Eigentümer vor dem Schlusse des ersten Termins die Bestimmung einer Frist nachsucht und vor dem Ablaufe der Frist die Einleitung des Vermittelungsverfahrens zur Kenntnis des Gerichts gelangt.

Endigt das Vermittelungsverfahren mit der vollständigen Freigabe oder Verteilung der Entschädigungssumme, so ist das Verteilungsverfahren aufzuheben.

1 nach § 49 EntG.

Art. 39. Erlangt das Gericht erst nach dem Schlusse des ersten Termins oder nach dem Ablaufe der im Artikel 38 Abs. 2 bezeichneten Frist von der Einleitung des Vermittelungsverfahrens Kenntnis, so ist hiervon der Auseinandersetzungsbehörde Mitteilung zu machen; diese hat das bei ihr anhängige Verfahren aufzuheben.

Art. 40. In den Fällen des Artikel 36, des Artikel 37 Abs. 2 und des Artikel 38 Abs. 3 werden Gerichtskosten nicht erhoben.

Art. 41. Auf das Verteilungsverfahren finden die für die Verteilung des Erlöses im Falle der Zwangsversteigerung geltenden Vorschriften des Reichsgesetzes mit folgenden Maßgaben entsprechende Anwendung:

1. Als Beteiligte gelten der Eigentümer, diejenigen, für welche zur Zeit des Überganges des Eigentums auf den Unternehmer ein Recht der im Artikel 35 bezeichneten Art im Grundbuch eingetragen oder durch Eintragung gesichert ist, sowie diejenigen, welche ein solches Recht bei der Enteignungsbehörde angemeldet haben oder bei dem Verteilungsgericht anmelden und auf Verlangen des Gerichts oder eines Beteiligten glaubhaft machen.

2. Die Zustellung des Beschlusses, durch den das Verteilungsverfahren eröffnet wird, an den Antragsteller ist im Sinne des § 13 des Reichsgesetzes als Beschlagnahme anzusehen.

3. Das Verteilungsgericht hat bei der Eröffnung des Verfahrens das Grundbuchamt um die im § 19 Abs. 2 des Reichsgesetzes bezeichneten Mitteilungen zu ersuchen. In die beglaubigte Abschrift des Grundbuchblatts sind die zur Zeit des Überganges des Eigentums auf den Unternehmer vorhandenen Eintragungen[1] sowie die später eingetragenen Veränderungen und Löschungen aufzunehmen.

Im Falle der Enteignung eines Grundstücksteils kann, wenn die Zwangsversteigerung des Hauptgrundstücks angeordnet ist, das Verteilungsverfahren mit dem bei der Zwangsversteigerung stattfindenden Verteilungsverfahren verbunden werden.

1 auch wenn sie nach Eintritt der Wirkung der Enteignung (§ 45 EntG.) von dem Unternehmer bereits zur Löschung gebracht sind (§ 22 GBO.).

Übergangsbestimmungen.

Art. 42. Ein vor dem Inkrafttreten dieses Gesetzes beantragtes Verfahren[1] ist, auch wenn es der Vorschrift des § 15 des Einführungsgesetzes zum Reichsgesetze nicht unterliegt[2], nach den bisherigen Vorschriften zu erledigen.

1 auch ein anhängiges Verteilungsverfahren (Vorbemerkung vor a. 35). 2 d. h. nicht die reichsgesetzlich geregelten Fälle der ZwVerst. und ZwVerw. betrifft, sondern die landesgesetzlichen Fälle (Abschn. II–IV d. G.).

Art. 43. In einem vor dem Inkrafttreten dieses Gesetzes beantragten Zwangsverwaltungsverfahren bestimmen sich die Rechte und die Pflichten des Verwalters[1] von der bezeichneten Zeit an nach den Vorschriften des Reichsgesetzes.

Von derselben Zeit an sind die Vorschriften des Reichsgesetzes auch für die Verteilung der Nutzungen maßgebend. Eine über die Verteilung vorher getroffene Bestimmung bleibt, unbeschadet der Vorschriften des § 159 des Reichsgesetzes, in Kraft. Auch behält ein Anspruch seinen bisherigen besseren Rang, wenn für ihn vor dem bezeichneten Zeitpunkt eine Beschlagnahme erfolgt war.

1 auch wenn er vorher bestellt ist.

Gerichtskosten.

Art. 44—46.[1]

1 Werden nicht abgedruckt, da sie durch G. v. 5. 7. 10 hinfällig geworden sind. Die jetzt gültigen Vorschriften unter V.

Verweisungen auf bisherige Vorschriften.

Art. 47. Soweit in Gesetzen auf Vorschriften verwiesen ist, welche durch dieses Gesetz außer Kraft gesetzt werden, treten an deren Stelle die entsprechenden neuen Vorschriften.

§ 1² EG. (unter III): a. 4 EGBGB.

Art. 48. Dieses Gesetz tritt gleichzeitig mit dem Reichsgesetz in Kraft[1].

Die Vorschriften des Artikel 46 treten mit der Verkündung in Kraft.

Urkundlich usw.

1. § 1 EG. (unter III)

V.

Preußisches Gerichtskostengesetz.

Vom 25. Juli 1910.

Zweiter Teil.

Angelegenheiten der streitigen Gerichtsbarkeit.

Erster Abschnitt.

Allgemeine Bestimmungen.

§ 118. Die Vorschriften der §§ 8, 12 Abs. 2, §§ 13, 16, 17, 18, 30, 31, 115 finden auch in den Angelegenheiten der streitigen Gerichtsbarkeit Anwendung. In dem Verfahren der Zwangsversteigerung oder der Zwangsverwaltung von Gegenständen des unbeweglichen Vermögens sowie der Zwangsliquidation einer Bahneinheit finden alle Vorschriften des ersten[1] und zehnten Abschnitts[2] des ersten Teiles Anwendung.

In bürgerlichen Rechtsstreitigkeiten beginnt die Verjährung der Gerichtskosten mit dem Schlusse desjenigen Jahres, in welchem das Verfahren durch unbedingte Entscheidung über die Kosten, durch Vergleich oder Zurücknahme oder anderweite Erledigung beendigt ist. Im Sinne dieser Bestimmung gilt das Verfahren als erledigt, wenn seit der letzten Prozeßhandlung des Gerichts zwei Jahre verflossen sind, ohne daß ein Antrag auf Fortsetzung des Verfahrens gestellt wäre. Wird das Verfahren während des Laufes der Verjährungsfrist wieder aufgenommen, so wird hierdurch die Verjährung unterbrochen.

1 Der erste Abschnitt des ersten Teils (Angelegenheiten der freiwilligen Gerichtsbarkeit) enthält „Allgemeine Bestimmungen“. §§ 1—5: Kostenpflichtigkeit; § 6: Vorschußpflicht; §§ 7—10: Gebührenfreiheit; § 11: Fälligkeit; § 12: Nachforderung; § 13: Verjährung der Gebühren; § 14: Zuständigkeit; §§ 15—17: Kostenerhebung und Beitreibung; § 18: Niederschlagung; §§ 19—25: Wertberechnung; §§ 25, 26: Erinnerungen gegen Kostenansatz und Wertfestsetzung; §§ 27, 28: Beschwerde und Beschwerdegericht; §§ 29—31: Erhebung von Stempeln bei den Gerichten; § 32: Mindestbetrag einer Gebühr.

2 Der zehnte Abschnitt betrifft die Auslagen. § 112: die verschiedenen Arten der baren Auslagen; §§ 113, 114: Schreibgebühren; § 115: Reisekosten; § 116: Kommissionsgebühren; § 117: Rechnungsgebühren.

§ 119 betrifft die Anwendbarkeit des Deutschen Gerichtskostengesetzes auf die vor die ordentlichen oder vor besondere Gerichte gehörigen Rechtssachen, für welche die Deutsche Zivilprozeßordnung bzw. die Deutsche Strafprozeßordnung kraft landesgesetzlicher Vorschrift Anwendung finden.

§ 120 betrifft Forstdiebstahlssachen.

§ 121 betrifft das Verteilungsverfahren im Falle einer Enteignung. (a. 86 Nr. XLVIII Pr. AGBGB., sowie unter IV zu a. 35 Vorbemerkung.)

§ 122 betrifft das Disziplinarverfahren.

Zweiter Abschnitt.

Zwangsversteigerung und Zwangsverwaltung von Gegenständen des unbeweglichen Vermögens. Zwangsliquidation einer Bahneinheit.

§ 123. In den Angelegenheiten dieses Abschnitts beträgt, sofern nicht Ausnahmen vorgesehen sind, die volle Gebühr[1] bei einem Werte des Gegenstandes

1. bis 20 Mk. einschließlich . . . . . . 1 Mark

					einschließlich			
2.	von mehr als	20	bis	60	M.	2,40	„
3.	„ „ „	60	„	120	„	4,60	„
4.	„ „ „	120	„	200	„	7,50	„
5.	„ „ „	200	„	300	„	11,—	„
6.	„ „ „	300	„	450	„	15,—	„
7.	„ „ „	450	„	650	„	20,—	„
8.	„ „ „	650	„	900	„	26,—	„
9.	„ „ „	900	„	1200	„	32,—	„
10.	„ „ „	1200	„	1600	„	38,—	„
11.	„ „ „	1600	„	2100	„	44,—	„
12.	„ „ „	2100	„	2700	„	50,—	„
13.	„ „ „	2700	„	3400	„	56,—	„
14.	„ „ „	3400	„	4300	„	62,—	„
15.	„ „ „	4300	„	5400	„	68,—	„
16.	„ „ „	5400	„	6700	„	74,—	„
17.	„ „ „	6700	„	8200	„	81,—	„
18.	„ „ „	8200	„	10000	„	90,—	„

Die ferneren Wertklassen steigen um je 2000 Mark und die Gebühren um je 10 Mark.

1 Die volle Gebühr ist gleich der im § 8 des D. GKG. bestimmten Gebühr.

§ 124. Zwei Zehnteile der vollen Gebühr werden erhoben für die Entscheidung, einschließlich des vorangegangenen Verfahrens, über Anträge auf Anordnung der Zwangsversteigerung, der Zwangsverwaltung oder der Zwangsliquidation. Ist ein Gläubiger der Antragsteller[1], so werden die Gebühren nach dem Betrage der einzuziehenden Forderungen nebst den miteinzuziehenden Zinsen berechnet; im übrigen[2] werden die Gebühren nach der Hälfte des Wertes des Gegenstandes der Zwangsversteigerung, der Zwangsverwaltung oder der Zwangsliquidation berechnet[3, 4].

Wird der Antrag zurückgenommen, ehe eine gebührenpflichtige Entscheidung ergangen ist, so wird ein Zehnteil der im Abs. 1 bestimmten Gebühr erhoben. Im Falle einer teilweisen Zurücknahme wird diese Gebühr nur insoweit erhoben, als die im Abs. 1 bestimmte Gebühr sich erhöht haben würde, wenn die Entscheidung auf den zurückgenommenen Teil erstreckt worden wäre[5].

1 also in den Fällen der ZwVerst. und der ZwVerw. im Wege der ZwVollstr. (s. unter II Abschn. I u. II, unter IV Abschn. II). 2 also in den Fällen der Gesetze unter II Abschn. III, unter IV Abschn. III, BahnG. §§ 38, 40ff., in denen es sich nicht um eine ZwVollstr. handelt. 3 Kostenschuldner der Antragsteller (§ 133); Fälligkeit nach § 11 mit dem Erlaß der Entscheidung. 4 Als Wert ist wie nach Stempelrecht der gemeine Wert anzusehen. Wegen der Wertermittelung Anh. VII, 5 § 6[3].

§ 125. In dem Verfahren der Zwangsversteigerung werden erhoben:

1. für den Erlaß der Bekanntmachung des Versteigerungstermins zwei Zehnteile,
2. für die Abhaltung des ersten Versteigerungstermins zwei Zehnteile,
3. für die Abhaltung eines jeden Versteigerungstermins nach Abhaltung des ersten ein Zehnteil,
4. für das Verteilungsverfahren fünf Zehnteile

der vollen Gebühr[1].

Die Gebühr für den Erlaß der Bekanntmachung[2] des Versteigerungstermins wird nur einmal erhoben. Wird jedoch nach Abhaltung[3] des bekannt gemachten Termins ein neuer Termin bekannt gemacht, so wird ein Zehnteil der vollen Gebühr erhoben.

Die Bekanntmachung des Versteigerungstermins gilt als erlassen, wenn sie zur Veröffentlichung oder an einen der Beteiligten abgesandt worden ist.

Der Versteigerungstermin gilt als abgehalten, wenn in demselben nach Feststellung der Versteigerungsbedingungen zur Abgabe von Geboten aufgefordert worden ist.

Findet nach § 144 des Gesetzes über die Zwangsversteigerung und die Zwangsverwaltung ein Verteilungsverfahren nicht statt oder wird nach § 143 desselben Gesetzes ein Verteilungsverfahren nach der Zustellung der Bestimmung des Verteilungstermins[4], aber vor dem Beginne des Verteilungstermins[5] eingestellt, so werden zwei Zehnteile der vollen Gebühr erhoben[6]. Ist diese Gebühr und des Gebühr der Nr. 4 von verschiedenen Teilen dei Erlöses[7] zu berechnen, so darf der Gesamtbetrag die nach Nr. 4 von dem Gesamterlöse zu berechnende Gebühr nicht überschreiten.

1 Berechnung der Gebühren nach §§ 127, 128. — Kostenschuldner § 133. — Fälligkeit § 129. 2 Abs. 3. 3 Abs. 4.

4 Erfolgt die Einstellung vor der Zustellung der Bestimmung des Verteilungstermins, so ist keine Gebühr zu erheben.

5 Erfolgt die Einstellung nach dem Beginne des Verteilungstermins, so ist die $^{5}/_{10}$ Gebühr nach Abs. 1 Nr. 4 zu erheben. 6 Die $^{2}/_{10}$ bilden im Falle des § 144 ZVG. das Entgelt für die Prüfung des Nachweises der Befriedigung, im Falle des § 143 das Entgelt für den Beginn des gerichtlichen Verteilungsverfahrens (Zustellung der Terminsbestimmung).

7 § 144 Abs. 2 ZVG.

§ 126. Für den Beschluß, durch welchen im Verfahren der Zwangsversteigerung der Zuschlag erteilt worden ist, wird das Zweifache der im § 33 bestimmten Gebühr erhoben[1].

Daneben wird der Betrag des nach den Bestimmungen der Stempelgesetze zu berechnenden Wertstempels[2] erhoben. In den Hohenzollernschen Landen wird bei der Eintragung des Erstehers als Eigentümers von diesem die im Artikel 2 § 1 des Gesetzes vom 22. Juni 1875 (Gesetz-Samml. S. 235) bestimmte Abgabe[3] erhoben.

Im Falle der Zwangsversteigerung zum Zwecke der Aufhebung einer Gemeinschaft findet bei der Berechnung der Gebühren, Stempel und Abgaben die Vorschrift im Abs. 3 der Tarifstelle 32 des Stempelsteuergesetzes Anwendung[4].

Wird der Beschluß aufgehoben, so werden die angesetzten Beträge nicht erhoben oder, wenn sie bezahlt sind, erstattet.

1 Die Gebühr ist das Zweifache der vollen Gebühr für gerichtliche Urkunden. — Kostenschuldner ist der Ersteher (§ 58 ZVG.), unten § 133.

2 Nach dem pr. Stempeltarif Tarifstellen Nr. 78, 32: 1% bei unbeweglichen Gegenständen, 1/3% bei anderen Gegenständen (Schiffen); — nach dem Reichsstempeltarif Tarifstelle Nr. 11a 4 u. A. d: bei Grundstücksübertragungen 1/3%, wozu bis zum Ende des Rechnungsjahres 1916 ein Zuschlag von 100% tritt (§ 96 RStempG.; § 1[1] G. v. 3. 7. 13) — §§ 84, 93 RStempG. — berechnet nach dem Meistgebot (nötigenfalls unter Scheidung des davon auf Zubehör entfallenden Teils, § 58 ZVG. u. A.) unter Hinzurechnung der von dem Ersteher übernommenen Leistungen, namentlich also der bestehenbleibenden Belastungen (§ 44 ZVG. A. 3), bzw. nach dem Werte des Grundstücks, wenn das Meistgebot nicht dessen Wert erreicht (Tarifstelle 32 Abs. 2 u. Anh. VII 5 § 6, Reichsstempeltarif Nr. 11a 4, auch AVf. v. 22. 9. 13 § 6). — Keine Befreiung vom Landesstempel bei Zuschlag an Deszendenten E.K. 38 B[76]. Wegen Anwendbarkeit der Befreiungsvorschriften Tarifst. 11a Nr. 3 und am Schlusse RStempG. bei Abtretung der Rechte aus dem Meistgebot E.RG. 76[350].

3 ebenfalls 1% bei Grundstücken.

4 d. h. es bleibt, wenn der Zuschlag einem Miteigentümer erteilt wird, derjenige Teil des Meistgebots außer Betracht, welcher auf den dem Ersteher bereits zustehenden Anteil an den versteigerten Gegenständen fällt. Der Miterbe gilt als Miteigentümer nach Verhältnis seines ideellen Anteils am Nachlasse.

§ 127. Die nach den §§ 125, 126 zu erhebenden Gebühren werden nach dem Gebote[1] berechnet, für welches der Zuschlag erteilt ist.

Erreicht das Gebot nicht den Wert des Gegenstandes, so tritt bei Berechnung der nach §§ 125 Nr. 1, 2, 3, 126 zu erhebenden Gebühren dieser an die Stelle des Gebots; ein höherer Wert als der bei Berechnung des geringsten Gebots angenommene darf der Gebührenberechnung aus § 125 nur dann zugrunde gelegt werden, wenn er spätestens im

Versteigerungstermine bekannt gemacht worden ist. Wenn der Ersteher zur Zeit der Einleitung der Zwangsversteigerung Hypotheken- oder Grundschuldgläubiger ist, so tritt an die Stelle des Meistgebots, falls dieses hinter dem Gesamtbetrage der Hypotheken- oder Grundschuldforderungen des Erstehers und der diesen vorangehenden Forderungen zurückbleibt, dieser Gesamtbetrag, sofern er nicht den Wert des Gegenstandes übersteigt[2].

Ist der Zuschlag nicht erteilt, so werden die nach § 125 zu erhebenden Gebühren nach dem Werte des Gegenstandes berechnet.

Sind nach § 65 des Gesetzes über die Zwangsversteigerung und die Zwangsverwaltung Gegenstände besonders versteigert oder anderweit verwertet worden, so tritt für die Berechnung der Gebühren für das Verteilungsverfahren ihr Erlös dem Gebote hinzu.

1 § 44 ZVG. A. 3 und vorstehend § 126 A. 2. — E.K. 47[305].

2 Die mitversteigerten beweglichen Sachen sind mitzurechnen. Maßgebend der Umfang der Beschlagnahme zur Zeit der Verkündung des Zuschlags, E.K. 47[311]. Wegen des Verhältnisses der drei Berechnungsfaktoren im Falle des Abs. 2 Satz 2 E.K. 40[377]. — Dieselbe Besonderheit gilt für den der Stempelberechnung zugrunde zu legenden Wert nach Tarifstelle 32 Abs. 2 Nr. 2 Satz 2 Pr. StempStG. und Tarifstelle 11a A. c RStempG.

§ 128. Betrifft das Verfahren der Zwangsversteigerung mehrere Gegenstände, so werden die im § 125 bestimmten Gebühren nach der Summe der für die einzelnen Gegenstände maßgebenden Beträge berechnet. Werden mehrere Gegenstände verschiedenen Personen zugeschlagen, so werden die im § 126 bestimmten Gebühren, Stempel und Abgaben nach den Personen der Ersteher gesondert berechnet.

§ 129. Die im § 125 bestimmten Gebühren werden, wenn der Zuschlag erteilt ist und ein Verteilungstermin stattfindet, nicht vor diesem Termin erhoben[1].

Ist der Zuschlag nicht erteilt, so werden die Gebühren fällig[2], sobald der den Zuschlag versagende Beschluß erlassen oder das Verfahren ohne solchen Beschluß beendigt ist oder das Verfahren nach Abhaltung des Versteigerungstermins nur noch auf Antrag fortzusetzen ist.

Ist das Verfahren eingestellt, so werden mit dem Ablauf eines Jahres seit dem Erlasse des Einleitungsbeschlusses die bis dahin entstandenen Gebühren fällig[2].

1 § 109 ZV.G Die Gebühren werden aus dem Versteigerungserlöse vorweg entnommen, § 133.

2 Kostenschuldner sind der oder die Antragsteller, § 133.

§ 130. In dem Verfahren der Zwangsverwaltung[1] werden für jedes Jahr fünf Zehnteile der vollen Gebühr erhoben[2]. Der Tag der Beschlagnahme gilt als der erste Tag eines jeden Verwaltungsjahrs.

Die Gebühr wird nach demjenigen Betrage der Einkünfte berechnet, welcher nach Berichtigung aller Ausgaben der Verwaltung und der laufenden Beträge der öffentlichen Lasten zur Verteilung gelangt, mindestens jedoch nach dem Betrage des Grundsteuerreinertrags und des Gebäudesteuernutzungswerts. In den Hohenzollernschen Landen tritt an Stelle des Grundsteuerreinertrags und Gebäudesteuernutzungswerts der Betrag von vier Prozent des Steueranschlags.

1 Gebühren für Anordnung und Verwaltung werden nicht erhoben, wenn der Schuldner infolge des Kriegszustandes außerstande ist, die aus dem Grundstücke zu befriedigenden Ansprüche zu erfüllen, § 5^1 d. Bek. des Reichskanzlers v. 22. 4. 15.

2 Kostenschuldner der Antragsteller (§ 133). — § 155 ZVG.

§ 131. Die Gebühren im Verfahren der Zwangsverwaltung werden am Ende des Verfahrens und, wenn dasselbe länger als ein Jahr dauert, am Ende eines jeden Jahres erhoben.

Ist der Gegenstand des Verfahrens vor Aufhebung desselben dem Verwalter nicht übergeben oder nicht von demselben in Besitz genommen, so werden Gebühren nicht erhoben.

§ 132. Für die von dem Vollstreckungsgerichte veranlaßte Tätigkeit des Grundbuchamts und des das Schiffsregister führenden Richters werden Gebühren nicht erhoben, mit Ausnahme jedoch der Eintragung des Erstehers als Eigentümers[1] und der Eintragung der Sicherungshypothek oder des Pfandrechts für die Forderung gegen den Ersteher[2].

Für die Eintragung des Erstehers als Eigentümer ist der Wert nach dem § 127 Abs. 1 und 2 zu berechnen[3].

1 § 130 ZVG. — Kostenschuldner der Ersteher.

2 §§ 128, 130, 169 ZVG. — Kostenschuldner — neben dem Ersteher — auch der interessierte Gläubiger (§ 1), E.K.38 B^{40}

3 Durch den neuen Abs. 2 ist die bisher streitig gewesene Frage, ob für diese Eintragung das Gebot oder der nach freiem Ermessen zu bestimmende Sachwert maßgebend sei, erledigt.

§ **133.** Zur Zahlung der im § 124 bestimmten Gebühren ist der Antragsteller, zur Zahlung der im § 126 bestimmten Gebühren, Stempel und Abgaben ist der Ersteher verpflichtet. Für die nach den §§ 125, 130 zu erhebenden Gebühren haftet der Antragsteller, sofern sie nicht aus einer bar vorhandenen Teilungsmasse entnommen werden können[1].

Für die von dem Antragsteller zu erhebenden Kosten und Kostenvorschüsse haftet von mehreren Antragstellern, sofern diese nicht Mitberechtigte sind, jeder ohne Rücksicht auf die Mitverhaftung anderer.

1 Der Antragsteller haftet auch dann, wenn die Kosten bei rechtzeitigem Ansatze aus der Masse hätten gedeckt werden können, E.K. 38 B[37].

§ **134.** Für die Zwangsliquidation einer Bahneinheit werden sechs Zehnteile und, wenn die Zwangsliquidation eingestellt wird, nur vier Zehnteile der vollen Gebühr erhoben. Die Gebühr wird nach dem Gesamtwerte der Bestandteile der Bahneinheit berechnet.

§ **135.** Bei Beschwerden in dem Verfahren der Zwangsversteigerung, der Zwangsverwaltung oder der Zwangsliquidation finden die Vorschriften der §§ 45 und 46 des Deutschen Gerichtskostengesetzes entsprechende Anwendung[1]. Wird von dem Beschwerdegericht im Verfahren der Zwangsversteigerung der in unterer Instanz versagte Zuschlag erteilt, so ist außer der nach den Vorschriften des § 45 aaO. zu erhebenden Gebühr die Gebühr für Erteilung des Zuschlags und der tarifmäßige Stempel zu erheben.

1 Nach § 45 GKG. werden $^{3}/_{10}$ der Gebühr des § 8 erhoben, wenn die Beschwerde als unzulässig verworfen oder zurückgewiesen wird oder wenn die Kosten einem Gegner zur Last fallen. Sonst tritt Gebührenfreiheit ein. Nach § 46 wird $^{1}/_{10}$ dieser Gebühr erhoben, wenn die Beschwerde zurückgenommen wird, bevor ein gebührenpflichtiger Akt entstanden ist. Die Gebühr des § 8 GKG. entspricht der vollen Gebühr des § 123. — E.K. 36 B[41], betr. den Wert des Gegenstandes bei einer Beschwerde des Eigentümers über unrichtige Angabe des Nutzungswertes in der Bekanntmachung des VerstT.

§ 136 betr. Schreibgebühren ist gestrichen. Es kommen nach § 118 Abs. 1 die Vorschriften des ersten und zehnten Abschnitts des ersten Teils (§ 118 A. 1, 2) für ZwVerst. usw. zur Anwendung.

§ 142 bestimmt das Inkrafttreten des PrGKG. am 1. Oktober 1910 und enthält Übergangsvorschriften.

Kostentabelle*).

A. Gebühren für Zwangsversteigerungen (ausschl. der Zuschlagsgebühr).

Wertklasse	Wert des Gegenstandes Kol. 1: § 124. Kol. 2—5: §§ 127, 128.	Von dem Betrage der vollen Gebühr werden erhoben: 1 Entsch. über Antrag a. Anordn. d. ZwVerst. u. ZwVerw. § 124 / 2 Erlaß der Bekanntm. des Versteigerungstermins § 125_1 Nr. 1 / 3 Abhaltung des ersten Versteigerungstermins § 125_1 Nr. 2 — je $^2/_{10}$	4 Abh. ein. jed. Versteiger.-term. nach Abh. d. ersten § 125_1 Nr. 3 — $^1/_{10}$	5 für das Verteilungsverfahren § 125_1 Nr. 4 — $^5/_{10}$	6 für die Entscheidung in der Beschwerdeinstanz § 135 — $^3/_{10}$	Bemerkungen
1	bis einschl. 20 M.	0,50	0,50	0,50	0,50	Zu Kol. 1 u. 6. $^1/_{10}$ dieser Gebühren werden erhoben, wenn der Antrag (Kol. 1) od. die Beschwerde (Kol. 6) zurückgenommen wird, ehe eine gebührenpflichtige Entsch. ergangen ist. (Mindestgebühr 50 Pf., Abrun-
2	„ „ 60 „	0,50	0,50	1,20	0,80	
3	„ „ 120 „	1,00	0,50	2,30	1,40	
4	„ „ 200 „	1,50	0,80	3,80	2,30	
5	„ „ 300 „	2,20	1,10	5,50	3,30	
6	„ „ 450 „	3,00	1,50	7,50	4,50	
7	„ „ 650 „	4,00	2,00	10,00	6,00	
8	„ „ 900 „	5,20	2,60	13,00	7,80	
9	„ „ 1 200 „	6,40	3,20	16,00	9,60	

10	„ „ 1 600 „	7,60	3,80	19,00	11,40	bung auf den nächsten durch 10 teilbaren Betrag.)
11	„ „ 2 100 „	8,80	4,40	22,00	13,20	
12	„ „ 2 700 „	10,00	5,00	25,00	15,00	
13	„ „ 3 400 „	11,20	5,60	28,00	16,80	
14	„ „ 4 300 „	12,40	6,20	31,00	18,60	Zu Kol. 1—3. $^2/_{10}$ werden auch erhoben, wenn nach § 144 ZVG. ein Verteilungsverfahren nicht stattfindet oder nach § 148 aaO. ein Verteilungsverfahren nach der Zustellung der Bestimmung des Verteilungstermins aber vor dem Beginn des Verteilungstermins eingestellt wird. § 125₂, s. a. den Schlußsatz daselbst sowie Anm. 4 bis 6.
15	„ „ 5 400 „	13,60	6,80	34,00	20,40	
16	„ „ 6 700 „	14,80	7,40	37,00	22,20	
17	„ „ 8 200 „	16,20	8,10	40,50	24,30	
18	„ „ 10 000 „	18,00	9,00	45,00	27,00	
	Die ferneren Wertsklassen steigen um je 2000 M. und die volle Gebühr um je 10 M.; also für je 2000 M.:	2,00	1,00	5,00	3,00	
	Die Gebühren betragen danach bei den Wertstufen von mehr als					
19	10 000—12 000 M.	20,00	10,00	50,00	30,00	
20	12 000—14 000 „	22,00	11,00	55,00	33,00	
	usw., also z. B.					Zu Kol. 4. $^1/_{10}$ wird auch erhoben, wenn nach Abhaltung des bekannt gemachten Termins ein neuer Termin bekanntgemacht wird. § 125₂ Satz 2.
63	98 000—100 000 M.	**108,00**	**54,00**	**270,00**	**162,00**	

*) Die Pauschsätze des § 114 sind nicht mitgerechnet.

B. Gebühr für Erteilung des Zuschlags.

Wertsklasse	Wert des Gegenstandes § 127	B. d. Gebühr nach § 33 d. Pr. GKG. wird nach § 126_1 für den Beschluß, durch welch. der Zuschlag erteilt wird, erhoben 20/10*)	Wertsklasse	Wert des Gegenstandes § 127	B. d. Gebühr nach § 33 d. Pr. GKG. wird nach § 126_1 für den Beschluß, durch welch. der Zuschlag erteilt wird, erhoben 20/10*)
1	bis einschl. 20 M.	0,80	23	bis einschl. 20000 M.	42,00
2	„ 60 „	1,40	24	„ 22000 „	44,00
3	„ 120 „	2,40	25	„ 24000 „	46,00
4	„ 200 „	3,60	26	„ 26000 „	48,00
5	„ 300 „	4,80	27	„ 28000 „	50,00
6	„ 450 „	6,00	28	„ 30000 „	52,00
7	„ 650 „	7,20	29	„ 35000 „	58,00
8	„ 900 „	8,40	30	„ 40000 „	64,00
9	„ 1200 „	10,00	31	„ 50000 „	70,00
10	„ 1600 „	12,00	32	„ 60000 „	74,00
11	„ 2100 „	15,00	33	„ 70000 „	78,00
12	„ 2700 „	17,00	34	„ 80000 „	82,00
13	„ 3400 „	19,00	35	„ 90000 „	86,00
14	„ 4300 „	21,00	36	„ 100000 „	90,00
15	„ 5400 „	23,00			
16	„ 6700 „	26,00			
17	„ 8200 „	28,00			
18	„ 10000 „	31,00			
19	„ 12000 „	34,00			
20	„ 14000 „	36,00			
21	„ 16000 „	38,00			
22	„ 18000 „	40,00			

Die ferneren Wertsklassen steigen um je 10000 M., die Doppelgebühr um je 8 M (10 Wertstuf. für je 100000 100 Wertstuf. für je 1 Million), also z. B. 1990000—2000000:
90 + (190 × 3) = 660 M.

*) Daneben der Wertstempel § 126_2.

C. Gebühren für Zwangsverwaltungen.

Die für jedes angefangene Verwaltungsjahr zu erhebende Gebühr (Wert des Gegenstandes § 130_2) beträgt $^5/_{10}$ der vollen Gebühr. Die zu erhebenden Sätze ergeben sich bis zur Wertsklasse 63 (98000—100000 M.) aus Kol. 5 der vorstehenden Tabelle A. Über 100000 M. steigen die Wertsklassen um je 2000 M., die Gebühren um je 5 M. — Für die Entscheidung über den Antrag, für Beschwerde, für Zurücknahme der Anträge und Beschwerden finden die Sätze der Tab. A Kol. 1 und 6 sowie die Bemerkung dazu Anwendung.

D. Gebühren für die Zwangsliquidation einer Bahneinheit.

(§ 134.)

Die $^6/_{10}$-Gebühr für die Zwangsliquidation bzw. die $^4/_{10}$-Gebühr für deren Einstellung belaufen sich auf das Doppelte der Sätze in Kol. 6 bzw. 1 bis 3 der Tabelle A. Die niedrigsten Wertsklassen kommen dabei nicht in Betracht.

Für die Entscheidung über den Antrag auf Zwangsliquidation bzw. über eine Beschwerde und für Zurücknahme eines solchen Antrags bzw. einer solchen Beschwerde, bevor eine gebührenpflichtige Entscheidung ergangen ist (§§ 124, 125), finden die Sätze in Kol. 1 bzw. 6 sowie die Bemerkung dazu Anwendung.

VI.

Preußisches Gesetz,

enthaltend

die landesgesetzlichen Vorschriften über die Gebühren der Rechtsanwälte und der Gerichtsvollzieher.*)

Vom 21. März 1910.

Erster Abschnitt.

Gebühren der Rechtsanwälte.

Allgemeines.

Art. 1. Die Vergütung für die Berufstätigkeit[1] der Rechtsanwälte bestimmt sich, soweit sie nicht reichsgesetzlich geregelt ist[2], ausschließlich nach den nachstehenden Vorschriften.

1 Nicht hierher gehören diejenigen Fälle, in denen der Rechtsanwalt eine Tätigkeit wahrnimmt, die auch anderen Personen übertragen werden kann, und für die allgemeine Anordnungen wegen der zu entrichtenden Vergütung getroffen sind (unten a. 17); — also die Bestellung zum Zustellungs-

---

*) Es sind hier nur die Vorschriften, welche sich auf die unter II und IV abgedruckten Gesetze beziehen, aufgenommen worden.

vertreter (§ 7² ZVG.) oder zum Vertreter eines im Verteilungsverfahren nicht ermittelten Berechtigten (§§ 135, 157² ZVG.) oder zum Zwangsverwalter (§§ 150, 153 ZVG., § 14 EG.).

2 Das ist der Fall für die Vertretung in der Beschwerdeinstanz (§ 41 D. GebO.; — § 96 ZVG. A. 3); insbesondere aber für die ZwVollstr. durch Eintragung einer Sicherungshypothek (§§ 866ff. ZPO. oben S. 16). Die Gebühren für den Antrag auf Eintragung einer solchen betragen $^3/_{10}$ der in § 9 D. GebO. v. 7. 7. 79 bestimmten Gebühr (§§ 31¹, 36, 23 Nr. 2 aaO.), zu berechnen nach dem Betrage der einzutragenden Forderung; die einzutragenden Zinsen werden mitberechnet (§ 10 aaO., § 13² GKG.). — Wegen Anrechnung dieser Gebühr auf die nach a. 4, 5, 7 bestimmten Gebühren a. 15² Satz 2.

Art. 2 betrifft die Berufstätigkeit des Rechtsanwalts in Rechtssachen vor besonderen Gerichten, im Verwaltungsstreitverfahren, in Steuersachen usw.

Wertsklassen.

Art. 3. Volle Gebühr im Sinne der nachstehenden Vorschriften ist die im § 9 der Deutschen Gebührenordnung[1] bestimmte Gebühr mit der Maßgabe, daß von 10 000 bis 20 000 Mark die Wertklassen um je 2500 Mark und die Gebühren um je 4 Mark und von 20 000 Mark an die Gebühren um je 5 Mark und die Wertklassen bis 100 000 Mark um je 5000 Mark, bis 300 000 Mark um je 10 000 Mark bis 1 Million Mark um je 25 000 Mark und darüber hinaus um je 50 000 Mark steigen[2].

1 GebO. für Rechtsanwälte v. 7. 7. 79.

2 Ein Höchstbetrag der Gebühren ist nicht festgesetzt.

Zwangsversteigerung.

Art. 4. Für die Vertretung[1] eines Beteiligten[2] im Verfahren der Zwangsversteigerung erhält der Rechtsanwalt drei Zehnteile der vollen Gebühr:

1. für die Vertretung bis zur Einleitung des Verteilungsverfahrens;
2. für die Vertretung im Verteilungsverfahren.

Der Vertreter des Antragstellers[3] erhält außerdem drei Zehnteile der vollen Gebühr für die Wahrnehmung der Versteigerungstermine[4].

Die Gebühr für die Vertretung im Verteilungsverfahren steht dem Rechtsanwalt auch dann zu, wenn unter seiner Mitwirkung eine außergerichtliche Verteilung stattfindet[5].

Die Gebühren für die Vertretung des Gläubigers oder eines anderen Berechtigten (§ 9 Nr. 1, 2 des Gesetzes über die Zwangsversteigerung und die Zwangsverwaltung) bestimmen sich nach dem Werte des Rechtes[6], wenn jedoch der Wert des Gegenstandes der Zwangsversteigerung oder des Verteilungsverfahrens geringer ist, nach diesem; die neben einem Hauptanspruche bestehenden Ansprüche wegen der Kosten und Nebenleistungen bleiben unberücksichtigt. Im Falle der Vertretung eines anderen Beteiligten[7] bestimmen sich die Gebühren nach dem Werte des Gegenstandes der Zwangsversteigerung[8] oder des Verteilungsverfahrens oder des Anteils des Vertretenen an diesem Gegenstande. Auf die Berechnung des Wertes des Gegenstandes der Zwangsversteigerung[8] oder des Verteilungsverfahrens finden die in Ansehung der Gerichtskosten geltenden Vorschriften[9] Anwendung.

Beschränkt sich die Tätigkeit des Rechtsanwalts auf die Vertretung des Gläubigers in dem Verfahren bis zum Versteigerungstermine[10], so ist für die Gebührenberechnung an Stelle des Wertes des

Rechtes der Wert des Anspruchs, wegen dessen die Zwangsversteigerung beantragt ist, maßgebend, sofern nicht die Wahrnehmung eines anderen Termins[11] stattgefunden hat[12].

1 Unter Vertretung im Sinne des a. 4 ist die Wahrnehmung der Rechte des Machtgebers im ganzen Verfahren (nach Art der Prozeßbevollmächtigung) zu verstehen. — Ist der Auftrag auf einzelne Geschäfte beschränkt, so gelangen die a. 8—10 zur Anwendung; jedoch darf die Gebühr nie mehr als die Gebühr nach a. 4—7 betragen (§ 48 D. GebO.).

2 § 9 ZVG.; also auch des Gläubigers und des Schuldners (§§ 9, 26, 166 ZVG. a. 16, Pr. AGZVG.). Der Bieter als solcher gehört nicht zu den Beteiligten; für seine Vertretung Gebühr nach a. 10.

3 d. h. des Gläubigers, des beitretenden Gläubigers, des Konkursverwalters, des Benefizialerben, des Miteigentümers (§§ 15, 27, 162—172, 175, 180 ZVG.) und des Antragstellers in den Fällen des zweiten und dritten Abschnitts des Pr. AGZVG.

4 In diesen Fällen ist die Gebühr also eine dreifache.

5 §§ 143ff. ZVG. 6 also bez. des Gläubigers nicht bloß des Teilbetrages, wegen dessen die Betreibung der ZwVerst. erfolgt, jedoch Abs. 4. 7 außer dem Gläubiger und den in § 9 Nr. 1 und 2 ZVG. bezeichneten Berechtigten; also namentlich auch des Schuldners. — Wegen der sonstigen Beteiligten A. 1 und 2. 8 d. h. des Grundstücks, Schiffes usw.

9 §§ 19ff. des Pr. GKG. 10 namentlich also, wenn das Verfahren vor dem VerstT. eingestellt wird. 11 z. B. nach § 62 ZVG. 12 Abs. 5 Zusatz der Komm. des AbgHauses.

Zwangsverwaltung.

Art. 5. Für die Vertretung[1] des Gläubigers, des Schuldners oder des Konkursverwalters[2] im Verfahren der Zwangsverwaltung, einschließlich des Verteilungsverfahrens, erhält der Rechtsanwalt jährlich zwei Zehnteile der vollen Gebühr nach dem Werte der jährlichen Einkünfte. Auf die Berechnung dieser Gebühr finden die in Ansehung der Gerichtskosten geltenden Vorschriften entsprechende Anwendung.

Der Vertreter des Antragstellers[3] erhält außerdem[4] drei Zehnteile der vollen Gebühr nach dem Werte der jährlichen Einkünfte; ist ein Gläubiger der Antragsteller und ist der Betrag der beizutreibenden Forderung und der miteinzuziehenden Zinsen geringer als der Wert der jährlichen Einkünfte, so ist dieser Betrag für die Gebührenberechnung maßgebend.

Beschränkt sich die Tätigkeit des Rechtsanwalts auf die Vertretung in dem Verfahren wegen Anordnung der Zwangsverwaltung, so erhält er nur die im Abs. 2 bestimmte Gebühr[5].

1 a. 4 A. 1. 2 Für die Vertretung anderer Beteiligter bestimmt sich die Gebühr nach a. 6 Satz 2. 3 d. h. des Gläubigers, des beitretenden Gläubigers, des Konkursverwalters (§§ 146, 172 ZVG.), sowie des Antragstellers in den Fällen des zweiten und dritten Abschnitts des Pr. AGZVG.

4 einmal; nicht jährlich wie die Gebühr nach Abs. 1.

5 also $^{3}/_{10}$.

Verteilungsverfahren.

Art. 6. Auf die Vergütung der Berufstätigkeit eines Rechtsanwalts in einem Verteilungsverfahren außerhalb der Fälle der Zwangsversteigerung oder der Zwangsverwaltung[1] finden die Vorschriften des Artikel 4 entsprechende Anwendung[2]. Das Gleiche gilt für ein Verteilungsverfahren im Falle der Zwangsverwaltung, wenn der Rechtsanwalt einen anderen Beteiligten als den Gläubiger, den Schuldner oder den Konkursverwalter vertritt[3]; für die Berechnung des Wertes wiederkehrender Leistungen ist der Wert der Leistungen eines Jahres, für die Berechnung des Wertes des Gegenstandes des Verteilungsverfahrens ist der Wert der Einkünfte eines Jahres maßgebend.

1 a. 52, 53, 109, 67 EGBGB., a. 35ff. Pr. AGZVG., auch die Vorbemerkung aaO. 2 Die Gebühr ist eine einmalige und beträgt $^3/_{10}$ (a. 4 Abs. 1 Nr. 2, Abs. 3, Abs. 4 Satz 2 und 3). 3 a. 5 A. 2; auch diese Gebühr ist eine einmalige ($^3/_{10}$), auch wenn mehrere Zahlungstermine wahrzunehmen sind. — a. 4 A. 1.

Art. 7. Für die Vertretung eines Beteiligten im Verfahren der Zwangsliquidation einer Bahneinheit erhält der Rechtsanwalt drei Zehnteile der vollen Gebühr. Der Vertreter des Antragstellers erhält außerdem drei Zehnteile der vollen Gebühr für die Vertretung in der Versammlung der Bahnpfandgläubiger.

Auf die Wertberechnung finden die Vorschriften des Artikel 4 Abs. 4 entsprechende Anwendung.

Art. 8—12 behandeln die Gebühren der Rechtsanwälte für einzelne Geschäfte: Anträge usw. bei Behörden, Schreiben an Privatpersonen, Wahrnehmung von Terminen, Ratserteilung. — a. 8 ($^2/_{10}$) kommt für Anmeldungen in Betracht, wenn sich die Tätigkeit des RA. darauf beschränkt (sonst a. 4); a. 10 für die Vertretung eines nicht zu den Beteiligten (s. a. 4 A. 2) gehörigen Bieters ($^3/_{10}$ f. d. ersten, $^2/_{10}$ für jeden weiteren Termin).

Art. 13 betrifft die Tätigkeit des Rechtsanwalts in Angelegenheiten, die nicht zur streitigen Gerichtsbarkeit gehören.

Art. 14 enthält eine ergänzende Bestimmung für Geschäfte, für welche eine Gebühr nicht bestimmt ist.

Art. 15[1]. Für die Herstellung des Schreibwerkes sowie zum Ersatze der Postgebühren seiner Sendungen erhält der Rechtsanwalt Pauschsätze, soweit Schreibwerk und Postsendungen innerhalb des Rahmens einer gebührenpflichtigen Tätigkeit vorkommen.

Der einzelne Pauschsatz beträgt 20 vom Hundert der zum Ansatze gelangenden Gebühr; in den Fällen der Artikel 4—7 beträgt er mindestens 2 Mark und höchstens 30 Mark, im übrigen mindestens 1 Mark und höchstens 20 Mark. Der § 7 Abs. 2 des Deutschen Gerichtskostengesetzes findet Anwendung.

Stehen dem Rechtsanwalt in derselben Angelegenheit die nach den Artikeln 8 bis 11 anzusetzenden Gebühren mehrfach oder nebeneinander zu, so beträgt der Pauschsatz von dem gemäß Artikel 10 und 12 zu berechnenden Gesamtbetrage der Gebühren mindestens 3 Mark und höchstens 50 Mark.

Neben den Pauschsätzen stehen dem Rechtsanwalt Schreibgebühren zu:

1. für die auf besonderes Verlangen gefertigten Abschriften;
2. für ein Schreibwerk soweit es außerhalb des Rahmens einer gebührenpflichtigen Tätigkeit entsteht.

Für die Höhe der im Abs. 4 erwähnten Schreibgebühren sind die Vorschriften des § 80 des Deutschen Gerichtskostengesetzes maßgebend.

Der Ansatz der im § 79 Nr. 2 des Deutschen Gerichtskostengesetzes bezeichneten Gebühren wird durch den Pauschsatz nicht ausgeschlossen.

1. a. 15 ist durch a. I 2 des G. v. 21. 3. 10 eingestellt.

Anwendung von Vorschriften der Deutschen Gebührenordnung.

Art. 16. Die Vorschriften der §§ 2 bis 6, 8, 10 bis 12, 77 bis 86, 88, 93, 94 der Deutschen Gebührenordnung finden, soweit nicht ein anderes bestimmt ist, in den Fällen der Artikel 4 bis 14 entsprechende Anwendung.

In den Fällen der Artikel 4 bis 7 finden auch die Vorschriften der §§ 7, 25, 26, 29 bis 32, 35, 36, 48 bis 51 der Deutschen Gebührenordnung entsprechende Anwendung. Steht dem Rechtsanwalt in derselben Instanz[1] eine Gebühr für den Antrag auf Eintragung einer Sicherungshypothek zu, so wird diese auf die im Artikel 4 Abs. 1 Nr. 1, im Artikel 5 Abs. 2 und im Artikel 7 Abs. 1 Satz 1 bestimmten Gebühren angerechnet.

1 § 31 D. GebO. Die Eintragung einer Sicherungshypothek bildet mit der ZwVerst. usw. nur dann dieselbe Instanz, wenn sie nicht als selbständige VollstrMaßregel, sondern nur als Vorbereitung der weiteren Maßregeln der ZwVollstr. sich darstellt, letztere also sich unmittelbar der Zwangseintragung anschließen (a. 1 A. 2).

Gebühren für andere als Berufstätigkeit.

Art. 17. Allgemeine Vorschriften über die Vergütung für eine Tätigkeit, welche die Zulassung zur Rechtsanwaltschaft nicht voraussetzt, sind auch für die Rechtsanwälte maßgebend[1].

1 Von der Komm. des AbgH. eingeschoben. — a. 1 A. 1. — Wo die Vergütung nach freiem Ermessen festgesetzt wird,

erstreckt sich die Festsetzungsbefugnis des Gerichts auch auf die Höhe der Vergütung für einen Rechtsanwalt.

Inkrafttreten.

Art. 18. Die Vorschriften dieses Abschnitts treten gleichzeitig mit dem Bürgerlichen Gesetzbuch in Kraft. Für die vor diesem Zeitpunkt erteilten Aufträge bewendet es bei den bisherigen Vorschriften.

Zweiter Abschnitt.

Gebühren der Gerichtsvollzieher.

Art. 19—27.

Dritter Abschnitt.

Schlußbestimmungen.

Art. 28. Aufgehoben werden vom Zeitpunkte des Inkrafttretens des Bürgerlichen Gesetzbuchs an:

1. das Ausführungsgesetz zur Deutschen Gebührenordnung für Rechtsanwälte vom 2. Februar 1880 (Gesetz-Samml. S. 43);
2. die noch geltenden Vorschriften des Ausführungsgesetzes zum Deutschen Gerichtskostengesetz und zu den Deutschen Gebührenordnungen für Gerichtsvollzieher und für Zeugen und Sachverständige vom 10. März 1879 (Gesetz-Samml. S. 145) mit Ausnahme des § 42;
3. das Gesetz, enthaltend Bestimmungen über Gerichtskosten und Gebühren der Gerichtsvollzieher, vom 21. März 1882 (Gesetz-Samml. S. 129).

Art. 29 betrifft die Gebühren der Gerichtsvollzieher im bisherigen Geltungsgebiete des rheinischen Rechts.

Tabelle für die Gebühren der Rechtsanwälte für Zwangsversteigerungen und Zwangsverwaltungen nach dem Gesetz v. 21. März/6. September 1910.

(Wegen der reichsgesetzlichen Gebühren s. zu Art. 1 Anm. 2.)

Wertsklassen	Wert des Gegenstandes a) bei Zwangsversteigerung Art. 4 4, 5. b) bei Zwangsverwaltung Art. 5 1, 2. c) für die Vertretung eines anderen Beteiligten als des Gläubigers, Schuldners und Konkursverwalters in einem Verteilungsverfahren im Falle der Zwangsverwaltung Art. 6 Satz 2.	Volle Gebühr im Sinne des Art. 3. M.	Von d. Gebühr d. Art. 3 werden erhoben: 1 b. d. ZwVerst.[3] für d. Vertretung bis z. Einl. d. Verteilungsverf. Art. 4 1 Nr. 1 — 2 b. d. ZwVerst.[3] für die Vertretung im Verteilungsverfahren Art. 4 1 Nr. 2 u Abs. 3 — 3 f. d. Vertr. i. e. VertVerf. außerh d. Fälle d. ZwVerst. u. ZwVerw. Art. 6 Satz 1 — 4 f. d. Vert. e. Beteil. i. Vert.-Verf. d. ZwVerw i. Falle des Art. 6 Satz 2 (Wert des Gegenstandes c) — je 3/10	5 b. d. Zw.-Verw.[4] f. d. Vertret. d. Gläubigers, Schuldners, Konk.Verw. einschl des VertVerf. Art. 5 — 2/10	Bemerkungen
1	bis einschl. 20 M.	2,00	1,00	1,00	1. Die Vorschriften über die Wertsberechnung in Art. 4 4 finden in einem Verteilungsverfahren außerhalb der Fälle der Zwangsversteigerung und der Zwangsverwaltung (Art. 6 1) entsprechende Anwendung. 2. Die volle Gebühr ist Höchstsatz in den Fällen der Art. 10 2 und 12.
2	" " 60 "	3,00	1,00	1,00	
3	" " 120 "	4,00	1,20	1,00	
4	" " 200 "	7,00	2,10	1,40	
5	" " 300 "	10,00	3,00	2,00	
6	" " 450 "	14,00	4,20	2,80	
7	" " 650 "	19,00	5,70	3,80	
8	" " 900 "	24,00	7,20	4,80	
9	" " 1 200 "	28,00	8,40	5,60	
10	" " 1 600 "	32,00	9,60	6,40	
11	" " 2 100 "	36,00	10,80	7,20	
12	" " 2 700 "	40,00	12,00	8,00	
13	" " 3 400 "	44,00	13,20	8,80	
14	" " 4 800 "	48,00	14,40	9,60	

15	" " 5 400 "	52,00	13,60	10,40
16	" " 6 700 "	56,00	16,80	11,20
17	" " 8 200 "	60,00	18,00	12,00
18	" " 10 000 "	64,00	19,20	12,80
19	" " 12 500 "	68,00	20,40	13,60
20	" " 15 000 "	72,00	21,60	14,40
21	" " 17 500 "	76,00	22,80	15,20
22	" " 20 000 "	80,00	24,00	16,00
	In den folgenden 16 Wertsklassen 23—38 steigt die Wertsstufe um je 5000 M., die volle Gebühr um je 5 M., also für je 5000 M.	5,00	1,50	1 00
38	so daß in Wertsklasse 95 000—100 000 M.	160,00	48,00	32,00
	In den folgenden 20 Wertsklassen 39—58 steigt d. Wertsstufe um je 10 000 M., die volle Gebühr um je 5 M., also für je 10 000 M.	5,00	1,50	1,00
58	so daß in Wertsklasse 290 000—300 000 M.	260,00	78,00	52,00
	In den folgenden 28 Wertsklassen 59—86 steigt d. Wertsstufe um je 25 000 M., die volle Gebühr um 5 M., also für je 25 000 M. um	5,00	1,50	1,00
86	so daß in Wertsklasse 975 000—1 000 000 M.	400,00	120,50	80,00
	In den folgenden Wertsklassen steigen die Wertsstufen um je 50 000 M., die volle Gebühr um je 5 M.			

3. a) Außer den Gebühren Kol. 1 u. 2 erhält der Vertreter des Antragstellers noch $^{3}/_{10}$ (also dreifach die Sätze der Kol. 1) für Wahrnehmung d. Versteigerungstermins.

b) $^{3}/_{10}$ erhält auch der mit Wahrnehmung einzelner Termine beauftragte Rechtsanwalt (Art. 10).

4. Diese Gebühr erhält der Rechtsanwalt jährlich; außerdem als Vertreter des Antragstellers $^{3}/_{10}$ ein für allemal; wenn sich aber die Vertretung auf das Verfahren der Anordn. der Zwangsverwaltung beschränkt, nur $^{3}/_{10}$.

Wegen der Gebühr für Vertretung anderer Beteiligten s. Kol. 4.

5. Die Gebühr von 1 M. ist Mindestgebühr Art. 16, in Verbindung mit § 8 der deutschen Gebührenordnung.

Wegen der Gebühren bei Zwangsliquidationen s. Art. 7.

VII.

Anhang.

1. Verordnung, betr. das Verwaltungszwangsverfahren wegen Beitreibung von Geldbeträgen.

Vom 15. November 1899.

III. Zwangsvollstreckung in das unbewegliche Vermögen.

§ 51. Die Zwangsvollstreckung in das unbewegliche Vermögen erfolgt nach den für gerichtliche Zwangsvollstreckungen bestehenden Vorschriften [1]). Die erforderlichen Anträge sind durch die Vollstreckungsbehörde zu stellen [2]).

Anträge auf Zwangsversteigerung oder Zwangsverwaltung sind nur zulässig, sobald feststeht, daß durch Pfändung die Beitreibung des Geldbetrags nicht erfolgen kann.

Die Vollstreckbarkeit der Forderung und die Zulässigkeit der Zwangsvollstreckung nach Maßgabe des Abs. 2 unterliegen nicht der Beurteilung des Gerichts oder Grundbuchamts.

In den besonderen Rechten der bestehenden Kreditverbände bei der Zwangsversteigerung oder Zwangsverwaltung der zu ihnen gehörigen oder von ihnen beliehenen Güter wird durch die Bestimmungen dieser Verordnung nichts geändert.

§ 52. Ist eine Sicherungshypothek eingetragen, so ist im Falle der Veräußerung des belasteten Grundstücks die Zwangsvollstreckung in Ansehung des Grundstücks gegen den Rechtsnachfolger zulässig. Die Vorschriften des § 3 Abs. 3 finden Anwendung.

---

[1]) E.K. 35 A[317], 38 A[283], R. 84[274]. [2]) E.K. 39 A[259].

2. Allgemeine Verfügung des Justizministers vom 7. Dezember 1899, — betreffend den Inhalt der Bestimmung des Versteigerungstermins bei der Zwangsversteigerung von Grundstücken.

Auf Grund des § 6 des Einführungsgesetzes zu dem Reichsgesetz über die Zwangsversteigerung und die Zwangsverwaltung vom 24. März 1897 (Reichs-Gesetzbl. S. 135) wird folgendes angeordnet:

Bei der Zwangsversteigerung von Grundstücken soll die Bestimmung des Versteigerungstermins außer den im § 38 des Reichsgesetzes über die Zwangsversteigerung und die Zwangsverwaltung vorgeschriebenen Angaben über das Grundstück weiter auch kurze Angaben über

1. die Eigenschaft und die Wirtschaftsart des Grundstücks (Rittergut, Bauernhof, Acker, Wiese, Garten, Wohnhaus, Fabrik, Brauerei, Gasthaus, Apotheke usw.);
2. die Lage des Grundstücks (Kreis, Ortschaft, Straße und Hausnummer oder die sonstige ortsübliche Bezeichnung);
3. die Bezeichnung des Grundstücks in den Grund- und Gebäudesteuerbüchern (Name der Gemarkung, Nummern des Kartenblatts [der Flur] und der Parzelle, Artikelnummer der Grundsteuermutterrolle, Nummer der Gebäudesteuerrolle)[1]);
4. den staatlich ermittelten Grundsteuerreinertrag und Gebäudesteuernutzungswert, in den Hohenzollernschen Landen den Steueranschlag (das Grund- und Gebäudesteuerkapital);
5. sonstige für die Beurteilung der wirtschaftlichen Bedeutung und des Wertes des Grundstücks nach dem Ermessen des Gerichts erhebliche Verhältnisse (mit dem Eigentum

---

[1]) Folge der Unterlassung E.R. 57[204].

verbundene Rechte, Grunddienstbarkeiten, Erwerbspreise, Abschätzungen, Versicherungssummen usw.)

enthalten, soweit die Angaben aus den Mitteilungen des Grundbuchamts, den Auszügen aus der Grundsteuermutterrolle und der Gebäudesteuerrolle oder aus anderen dem Gerichte von den Beteiligten eingereichten zuverlässigen Nachweisungen entnommen werden können oder gerichtsbekannt sind.

Besteht das Grundstück aus mehreren Katasterparzellen, so kann die im Abs. 1 Nr. 3 vorgeschriebene Angabe der Kartenblatt- und Parzellennummern unterbleiben, wenn sämtliche Parzellen auf einem oder mehreren Artikeln der Grundsteuermutterrolle nachgewiesen sind, we che andere Parzellen nicht umfassen; in diesem Falle genügt die Angabe des Artikels der Grundsteuermutterrolle und der Nummer der Gebäudesteuerrolle sowie des Gesamtreinertrags und des Gesamtnutzungswerts.

Vor der Bestimmung des Versteigerungstermins kann das Gericht behufs Ergänzung unvollständiger oder fehlender Angaben oder behufs Feststellung zweifelhafter Nachweisungen die Beteiligten hören oder sonstige Ermittelungen vornehmen, soweit dies ohne erhebliche Verzögerung des Verfahrens und ohne Aufwendung besonderer Kosten möglich ist.

3. Allgem. Verfügung des Justizministers vom 8. Dezember 1899, — betreffend die Geschäftsführung der Verwalter, welche bei der Zwangsverwaltung bestellt werden, und die den Verwaltern zu gewährende Vergütung.

Auf Grund des § 14 des Einführungsgesetzes zum Reichsgesetz über die Zwangsversteigerung und die Zwangsverwaltung vom 24. März 1897 (Reichs-Gesetzbl. S. 135) werden für die Geschäftsführung der Verwalter, welche bei der Zwangsverwaltung bestellt werden, und für die den Verwaltern zu gewährende Vergütung folgende allgemeine Anordnungen getroffen:

§ 1. Der von dem Gerichte bestellte Verwalter erhält zu seiner Legitimation eine Ausfertigung des Beschlusses, durch welchen die Zwangsverwaltung angeordnet und seine Bestellung erfolgt ist.

§ 2. Bei der Übergabe eines zu verwaltenden Grundstücks an den Verwalter ist von dem mit der Übergabe beauftragten Beamten unter Mitwirkung des Verwalters sowie unter Zuziehung des Schuldners, falls dieser anwesend ist, und wenn angängig auch des Gläubigers, eine Verhandlung aufzunehmen, in welcher tunlichst genau festzustellen sind:

a) die Beschaffenheit, die bisherige Art der Benutzung und der gegenwärtige Zustand des Grundstücks, die darauf befindlichen Gebäude unter Angabe ihrer Bestimmung und ihres baulichen Zustandes sowie die mit dem Boden zusammenhängenden Erzeugnisse unter Angabe etwaiger Pfändungen;

b) diejenigen Gegenstände, auf welche sich die Beschlagnahme des Grundstücks erstreckt, insbesondere die von dem Grundstücke getrennten Erzeugnisse und sonstigen Bestandteile, sowie das Zubehör des Grundstücks, die Miet- und Pachtzinsforderungen einschließlich der Rückstände unter Angabe der Vertragsverhältnisse sowie etwaiger Pfändungen und Verfügungen über die Forderungen, die mit dem Eigentum an dem Grundstücke verbundenen Rechte auf wiederkehrende Leistungen und die Forderungen aus der Versicherung von Gegenständen, die der Beschlagnahme unterliegen, unter Bezeichnung der Versicherungsverträge (Policen) und der zu zahlenden Prämien;

c) die öffentlichen Lasten des Grundstücks unter Angabe der laufenden Beträge, weche von dem Verwalter aus den Nutzungen des Grundstücks ohne weiteres Verfahren zu berichtigen sind;

d) die voraussichtlichen Ausgaben der Verwaltung, insbesondere die Ansprüche des Gesindes, der Wirtschafts- und Forstbeamten auf Lohn, Kostgeld und andere Bezüge seit dem Beginne der Verwaltung;
e) die zu erwartenden Einnahmen und die Höhe des für die Verwaltung erforderlichen Kostenvorschusses;
f) alle sonstigen für die Verwaltung wesentlichen Verhältnisse.

Soweit die in dem vorstehenden Absatze bezeichneten Verhältnisse nicht schon bei der Übergabe festgestellt werden können, hat der Verwalter darüber dem Gericht unverzüglich zu berichten. Das gleiche gilt, wenn der Verwalter ermächtigt wird, sich selbst den Besitz des Grundstücks zu verschaffen.

Erstreckt sich die Beschlagnahme auf Forderungen, so ist sie bei der Übergabe oder der Besitzergreifung von dem Verwalter den anwesenden Drittschuldnern bekannt zu machen. Den abwesenden Drittschuldnern hat der Verwalter die Beschlagnahme sofort mittelst eingeschriebenen Briefes mitzuteilen. Die getroffenen Maßregeln sind in der Übergabeverhandlung oder in dem Berichte des Verwalters zu vermerken. Außerdem kann der Verwalter den Erlaß von Zahlungsverboten an die Drittschuldner bei dem Gerichte beantragen.

§ 3. Wohnt der Schuldner zur Zeit der Beschlagnahme auf dem Grundstücke, so hat der Verwalter bei der Besitzergreifung vorbehaltlich der Entscheidung des Gerichts dem Schuldner die für seinen Hausstand unentbehrlichen Räume zu belassen, auch wenn sie für die Verwaltung erforderlich sind. Die dem Schuldner belassenen Räume sind in der Übergabeverhandlung oder in dem Berichte des Verwalters aufzuführen; mit etwaigen weitergehenden Anträgen ist der Schuldner an das Gericht zu verweisen.

Gefährdet der Schuldner oder ein Mitglied seines Hausstandes das Grundstück oder die Verwaltung, so hat der Verwalter hiervon dem Gericht unverzüglich Anzeige zu machen und die erforderlichen Anträge zu stellen.

§ 4. Der Verwalter hat die Verwaltung nach der ihm von dem Gericht erteilten Anweisung zu führen. Weisungen des Gläubigers oder des Schuldners oder gemeinschaftliche Weisungen beider sind für ihn nicht bindend.

Legt des Gericht dem Verwalter dieLeistung einer Sicherheit auf, so ist diese, wenn nicht das Gericht eine andere Art der Sicherheitsleistung zuläßt, durch Hinterlegung von Geld oder Wertpapieren oder durch Verpfändung von Forderungen, die in das Reichsschuldbuch oder in das Staatsschuldbuch eines Bundesstaats eingetragen sind, zu leisten. Mit Wertpapieren und mit Buchforderungen gegen das Reich oder gegen einen Bundesstaat kann die Sicherheit vorbehaltlich anderweitiger Bestimmung des Gerichts nur nach Maßgabe der §§ 234, 236 des Bürgerlichen Gesetzbuchs geleistet werden.

§ 5. Bei den von dem Justizminister bestimmten größeren Amtsgerichten wird ein Gerichtsschreiber durch den Oberlandesgerichtspräsidenten zum Zwangsverwaltungs-Inspektor ernannt. In diesem Falle finden die nachfolgenden besonderen Vorschriften Anwendung.

Das Gericht soll, sofern eine Übergabe des Grundstücks an den Verwalter stattfindet, mit derselben in der Regel den Zwangsverwaltungs-Inspektor beauftragen.

Bei Erteilung von Anweisungen an den Verwalter ist der Zwangsverwaltungs-Inspektor zuzuziehen.

Das Gericht kann sich bei der Beaufsichtigung der Geschäftsführung des Verwalters der Mitwirkung des Zwangsverwaltungs-Inspektors bedienen; ein anderer Beamter ist zu dieser Mitwirkung nur insoweit zu verwenden, als hierbei Rechnungsarbeiten in Frage kommen, welche der Zwangsverwaltungs-Inspektor wegen Geschäftsüberhäufung nicht übernehmen kann.

Der Zwangsverwaltungs-Inspektor hat mindestens einmal im Jahre eine außerordentliche Prüfung der Bücher, Akten und Kassenbestände des Verwalters vorzunehmen.

§ 6. Der Verwalter hat die Art der Benutzung des Grundstücks, welche bis zur Anordnung der Zwangsverwaltung bestand, in der Regel beizubehalten.

Grundstücke, welche nicht landwirtschaftlich oder forstwirtschaftlich benutzt werden, sind durch Vermietung nutzbar zu machen. Auch können einzelne Acker-, Garten- oder Wiesenstücke vermietet oder verpachtet werden, wenngleich sie bis dahin nicht vermietet oder verpachtet worden sind.

Die Dauer der von dem Verwalter abzuschließenden Miet- oder Pachtverträge darf ohne Zustimmung des Schuldners die Zeit von einem Jahre nicht überschreiten.

Hält der Verwalter eine Abweichung von diesen Vorschriften für angemessen, so hat er die Entscheidung des Gerichts einzuholen.

Mit dem Schuldner darf der Verwalter Miet- oder Pachtverträge nur mit Genehmigung des Gerichts abschließen.

§ 7. Der Verwalter hat in den Miet- und Pachtverträgen jedesmal zu bedingen, daß:

a) wenn das Grundstück vor der Überlassung an den Mieter oder Pächter im Wege der Zwangsversteigerung veräußert wird, der Mieter oder Pächter nicht berechtigt sein soll, Ansprüche aus dem Vertrage zu erheben,

und daß:

b) wenn das Grundstück nach der Überlassung an den Mieter oder Pächter im Wege der Zwangsversteigerung veräußert wird und der an die Stelle des Vermieters oder Verpächters tretende Ersteher die sich aus dem Miet- oder Pachtverhältnis ergebenden Verpflichtungen nicht erfüllt, die gesetzliche Haftung des Vermieters oder Verpächters für den von dem Ersteher zu ersetzenden Schaden ausgeschlossen sein soll.

Wird ein bereits vor der Anordnung der Zwangsverwaltung vermietetes oder verpachtetes Grundstück im Wege der Zwangsversteigerung veräußert, so hat der Verwalter davon dem Mieter oder Pächter Mitteilung zu machen, sobald er von der Erteilung des Zuschlags an den Ersteher Kenntnis erhält.

§ 8. Der Verwalter hat für rechtzeitige Geltendmachung der Ansprüche, auf welche sich die Beschlagnahme erstreckt, zu sorgen.

Will er die Erhebung der Klage wegen rückständiger Leistungen länger als vier Wochen nach der Fälligkeit unterlassen oder glaubt er nach Erlangung eines vollstreckbaren Schuldtitels die Zwangsvollstreckung hinausschieben oder unterlassen zu müssen, so hat er hiervon dem Gläubiger und dem Schuldner Nachricht zu geben.

Das gleiche gilt, wenn der Verwalter nach Erhebung der Klage das Verfahren ruhen lassen oder die Klage zurücknehmen will.

Bleibt ein Mieter oder Pächter mit der Zahlung des Miet- oder Pachtzinses im Rückstande, so hat der Verwalter von dem gesetzlich oder vertragsmäßig begründeten Rechte der Kündigung oder der Aufhebung des Vertrags in der Regel Gebrauch zu machen, wenn nicht inzwischen alle Rückstände bezahlt werden.

§ 9. Behauptet ein Mieter oder Pächter, daß der Miet- oder Pachtzins vor der Beschlagnahme des Grundstücks für eine spätere Zeit als das zur Zeit der Beschlagnahme laufende und das folgende Kalendervierteljahr eingezogen oder daß darüber für diese Zeit in anderer Weise verfügt sei, so hat der Verwalter, sofern die Einziehung oder Verfügung dem Gläubiger gegenüber nach § 1124 des Bürgerlichen Gesetzbuchs unwirksam ist, diese Unwirksamkeit geltend zu machen und den Miet- oder Pachtzins einzuziehen, wenn nicht der Gläubiger auf die Einziehung verzichtet.

Das gleiche gilt, wenn mit dem Eigentum an dem Grundstück ein Recht auf wiederkehrende Leistungen verbunden und vor der Beschlagnahme des Grundstücks über den Anspruch auf eine Leistung verfügt ist, die erst drei Monate nach der Beschlagnahme fällig wird.

§ 10. Aus den nach Deckung der Ausgaben der Verwaltung sowie der Kosten des Verfahrens, welche vorweg zu bestreiten sind, verbleibenden Überschüssen der Einnahmen darf der Verwalter nur die laufenden Beträge der in den Artikeln 1 bis 3 des Ausführungsgesetzes zum Reichsgesetz über die Zwangsversteigerung und die Zwangsverwaltung vom 23. September 1899 (Gesetz-Samml. S. 291) bezeichneten öffentlichen Lasten ohne weiteres Verfahren berichtigen, sonstige Zahlungen an die Berechtigten dagegen nur auf Grund der von dem Gerichte nach der Feststellung des Teilungsplans getroffenen Anordnung der planmäßigen Zahlung leisten.

Ist zu erwarten, daß solche Zahlungen geleistet werden können, so hat der Verwalter dem Gerichte hiervon unter Angabe des voraussichtlichen Betrages der Überschüsse und der Zeit ihres Einganges Anzeige zu machen.

§ 11. Bei den an die Berechtigten zu leistenden Zahlungen ist die von dem Gericht angeordnete Rangordnung einzuhalten. An einen im Range nachstehenden Berechtigten darf eine Zahlung nur dann erfolgen, wenn mit Sicherheit anzunehmen ist, daß die den vorstehenden Berechtigten angewiesenen Zahlungen aus den bis zu deren Fälligkeit erfolgenden Einnahmen geleistet werden können.

Soll die Zahlung auf das Kapital einer Hypothek oder Grundschuld oder auf die Ablösungssumme einer Rentenschuld geleistet werden, so hat der Verwalter zu diesem Zwecke die Anberaumung eines Termins bei dem Gerichte zu beantragen.

§ 12. Der Verwalter hat von den Einnahmen stets die zur Bestreitung der Ausgaben der Verwaltung, einschließlich der ihm selbst zustehenden Vergütung, der Kosten des Verfahrens und der laufenden Abgaben aus öffentlichen Lasten erforderlichen Beträge zurückzubehalten.

Er darf keine Verpflichtung eingehen, welche nicht aus bereits gemachten Einnahmen oder aus sicheren Einnahmen der laufenden Miet-, Pacht- oder Wirtschaftsperiode bezahlt werden kann.

Zur Versicherung von Gegenständen der Verwaltung gegen Brandschäden oder sonstige Unfälle ist der Verwalter, soweit eine solche durch eine ordnungsmäßige Verwaltung geboten erscheint, ohne Rücksicht auf die im vorhergehenden Absatze bezeichnete Beschränkung verpflichtet.

Werden Ausgaben nötig, welche in der im Abs. 2 angegebenen Weise nicht gedeckt werden können, so hat der Verwalter dem Gerichte hiervon Anzeige zu machen.

Vorschüsse zu machen ist er ohne Genehmigung des Gerichts nicht berechtigt.

§ 13. Der Verwalter darf Ausbesserungen und Erneuerungen auf dem verwalteten Grundstücke, welche nicht zu der gewöhnlichen Unterhaltung gehören, nur mit Genehmigung des Gerichts vornehmen. Die Genehmigung hat er nach Befragen des Gläubigers und wenn tunlich auch des Schuldners unter Vorlage der von diesen abgegebenen Erklärungen zu beantragen.

§ 14. Der Verwalter darf die Verwaltung nicht einem anderen übertragen. Wird er verhindert, die Verwaltung zu führen, so hat er dem Gerichte hiervon unverzüglich Anzeige zu machen. Jedoch kann er sich zur Ausrichtung einzelner Geschäfte, welche keinen Aufschub leiden, im Falle persönlicher Verhinderung anderer Personen unter gesetzlicher Haftung für diese bedienen.

§ 15. Der Verwalter darf, abgesehen von seiner Entlassung, die Verwaltung nicht einstellen, bevor das Gericht die Aufhebung des Verfahrens angeordnet hat.

Hat der Verwalter die Forderung des Gläubigers einschließlich der Kosten der Zwangsvollstreckung bezahlt, so hat er hiervon dem Gericht unverzüglich Anzeige zu machen; ebenso, wenn der Gläubiger ihm anzeigt, daß er befriedigt sei oder in die Aufhebung der Verwaltung willige.

§ 16. Bei der Verwaltung von Grundstücken, welche durch Vermieten oder Verpachten benutzt werden, erhält der Verwalter als Vergütung Teilbeträge vom Hundert der von ihm eingenommenen Miet- oder Pachtzinsen, und zwar, wenn der jährliche Miet- oder Pachtzins beträgt:

a) bis 150 Mark einschließlich, sieben vom Hundert,
b) über 150 Mark bis 300 Mark einschließlich, sechs vom Hundert,
c) über 300 Mark bis 450 Mark einschließlich, fünf vom Hundert,
d) über 450 Mark bis 1000 Mark einschließlich, vier vom Hundert,
e) über 1000 Mark, drei vom Hundert,

in den Fällen zu b bis e jedoch mindestens den Höchstbetrag der vorhergehenden Stufe.

Ist das Grundstück in einzelnen Teilen vermietet oder verpachtet, so sind die Teilbeträge vom Hundert bei jedem Teile besonders zu berechnen.

Vermietet oder verpachtet der Verwalter das Grundstück oder einen Teil davon für einen höheren Miet- oder Pachtzins als bisher, so erhält er außer den Teilbeträgen vom Hundert den achten Teil der hierbei erzielten Mehreinnahme des ersten in die Zeit der Verwaltung fallenden Jahres, für welches der erhöhte Miet- oder Pachtzins gezahlt wird, jedoch bei jedem einzelnen Miet- oder Pachtvertrage nicht mehr als 60 Mark.

Ist das Grundstück dem Verwalter übergeben oder von ihm auf Anweisung des Gerichts in Besitz genommen, so beträgt die Vergütung des Verwalters, sofern die vorstehenden Bestimmungen nicht einen höheren Betrag ergeben, 10 Mark.

Ist das Verfahren der Zwangsverwaltung vor der Übergabe oder der Besitzergreifung aufgehoben, der Verwalter aber zum Zwecke der Übernahme an Ort und Stelle gekommen, so erhält er eine Vergütung von 5 Mark.

Die Vereinbarung oder Festsetzung einer geringeren Vergütung durch das Gericht bleibt vorbehalten.

Anderseits kann, wenn die tatsächlichen Einnahmen des Verwalters an Miet- oder Pachtzinsen der Dauer der Verwaltung nicht entsprechen oder wenn die Verwaltung außergewöhnliche Mühewaltung erfordert, abweichend von den Vorschriften im Abs. 1 bis 5 eine höhere Vergütung durch das Gericht festgesetzt werden.

Die Festsetzung der Vergütung für die Verwaltung von Grundstücken, die nicht durch Vermietung oder Verpachtung benutzt werden, bleibt dem Gericht im Einzelfall überlassen.

Neben der Vergütung hat der Verwalter Anspruch auf Erstattung notwendiger Reisekosten und anderer Auslagen.

§ 17. Der Verwalter hat die Einnahmen aus dem verwalteten Grundstücke getrennt von allen anderen Geldern, insbesondere auch von den Einnahmen aus einer anderen Verwaltung, aufzubewahren.

Größere Barbestände, die voraussichtlich erst später zur Verwendung kommen, sind nach näherer Anordnung des Gerichts verzinslich anzulegen.

§ 18. Der Verwalter hat rücksichtlich aller Einnahmen und Ausgaben für die Beschaffung schriftlicher Belege zu sorgen, insbesondere Miet- und Pachtverträge sowie Abänderungen solcher Verträge in jedem Falle schriftlich abzuschließen.

Für die Vergütung des Verwalters ist eine sie rechtfertigende Berechnung als Beleg aufzustellen.

Kann ein Rechnungsbeleg von dem Aussteller nicht unterschrieben werden, so genügt an Stelle der Unterschrift die beigefügte schriftliche Erklärung einer anderen glaubhaften Person, daß der Beleg vorgelesen und genehmigt sei, sofern nicht ein Rechtsgeschäft in Frage ist, dessen Gültigkeit die Beobachtung anderer Formen erfordert.

§ 19. Der Verwalter hat alle auf die Verwaltung bezüglichen Schriftstücke in Akten zu sammeln und solche Vorgänge der Verwaltung, über welche aus den Akten nicht anderweit Auskunft zu erlangen ist, in den Akten zu vermerken.

Verwalter, welche mehrere Verwaltungen führen, haben über jede Verwaltung besondere Akten zu halten, die einzelnen Akten fortlaufend zu numerieren und darüber ein Verzeichnis zu führen.

Die Einnahme- und Ausgabebelege sind besonders zu sammeln.

§ 20. Der Verwalter hat über die Einnahmen und Ausgaben aus allen von ihm geführten Verwaltungen ein Kassenbuch nach dem in der Anlage A[1]) gegebenen Muster zu führen. Einnahmen und Ausgaben sind nach der Zeitfolge einzutragen und am Schlusse jeder Seite aufzurechnen.

Die laufende Nummer des Kassenbuches ist auf dem betreffenden Belege zu vermerken.

§ 21. Der Verwalter hat ferner für jede Verwaltung ein Konto nach dem in der Anlage B[1]) gegebenen Muster zu führen.

Das Konto ist für jedes mit dem 15. Tage der Monate Januar, April, Juli, Oktober endende Vierteljahr gesondert zu führen und am Ende desselben in der Art abzuschließen, daß alle noch nicht erfolgten Einnahmen oder Ausgaben als Rest in das folgende Vierteljahr übergehen.

Führt der Verwalter mehrere Verwaltungen, so ist für die einzelnen Konten ein gemeinsames Buch zu halten.

Außerdem hat der Verwalter über den Kassenbestand jeder einzelnen Masse Nachweisungen nach dem als Anlage C[1]) beigefügten Muster gemäß der darauf gegebenen näheren Anleitung aufzustellen.

§ 22. In die Solleinnahme und Sollausgabe des Kontos sind am Anfange der Verwaltung und am Anfange jedes Vierteljahrs die in dem Vierteljahre fällig werdenden Einnahmen und Ausgaben der Verwaltung, die aus früherer Zeit etwa verbliebenen Reste und der bei dem Abschlusse des Kontos des letzten Vierteljahrs verbliebene Bestand einzutragen.

Die bei dem Beginne der Verwaltung aus früherer Zeit vorhandenen Resteinnahmen sowie die im Laufe eines Vierteljahrs entstehenden Solleinnahmen und Sollausgaben sind einzutragen, sobald sie dem Verwalter bekannt werden, die

---

[1]) Die Musterformulare sind hier nicht abgedruckt.

Solleinnahmen jedoch nicht vor dem Beginne des Vierteljahrs, in welchem sie fällig werden.

Die Gebühren des Verwalters sind erst bei dem Abschlusse des Vierteljahrskontos einzutragen und aus dem Bestande zu entnehmen.

Zahlungen, welche auf Anweisung des Gerichts an die Gläubiger geleistet werden sollen, sind erst nach erfolgter Leistung in die Sollausgabe einzutragen.

Einnahmen, welche der Verwalter macht, obgleich sie erst in einem folgenden Vierteljahre fällig werden, sind bei dem Eingang in die Solleinnahme einzutragen.

Der bei dem Abschlusse des Kontos verbleibende Bestand ist zur Übernahme in das Konto des folgenden Vierteljahrs in Ausgabe zu stellen.

§ 23. Der Verwalter hat vor dem Ablaufe der Monate Januar, April, Juli, Oktober dem Gericht einen Auszug aus dem Kontobuch einzureichen, welcher den Inhalt des letzten Vierteljahrskontos wörtlich wiedergibt.

§ 24. Die jährlich zu legende Rechnung hat der Verwalter dem Gerichte zum ersten Male am Schlusse des ersten Kalendermonats des auf den Beginn der Verwaltung folgenden vierten Rechnungsvierteljahrs einzureichen. In die Rechnung sind nur diejenigen Einnahmen und Ausgaben aufzunehmen, welche noch zu dem Konto des letzten vollendeten Vierteljahrs gehören. Die Belege über Einnahmen und Ausgaben sind beizufügen.

Die gleichzeitige Einreichung eines Kontobuchauszugs (§ 23) ist nicht erforderlich.

Die Schlußrechnung muß sämtliche Einnahmen und Ausgaben nachweisen; es kann jedoch darin auf die Jahresrechnungen Bezug genommen werden.

§ 25. Ist ein Zwangsverwaltungsinspektor bestellt, so erfolgt die Einreichung des Kontobuchauszugs (§ 23), der Jahresrechnung und der Schlußrechnung (§ 24) durch dessen Vermittelung. Er hat den Auszug oder die Rechnung zu prüfen und mit einem hierauf bezüglichen Vermerk, erforderlichenfalls auch mit seinen Bemerkungen zu versehen.

§ 26. Die Soll- und Isteinnahmen sind in der Rechnung in folgenden Abschnitten nachzuweisen:

1. Bestand der vorigen Rechnung;
2. Erinnerungen aus der vorigen Rechnung;
3. Reste aus der vorigen Rechnung;
4. Miet- und Pachtzinsen;
5. außerordentliche Einnahmen.

Bei den Miet- und Pachtzinsen (Nr. 3, 4) sind die Einnahmen für jeden besonders vermieteten oder verpachteten Teil des Grundstücks unter dessen Bezeichnung zusammenzustellen. Ist ein zu vermietender oder zu verpachtender Teil des Grundstücks nicht vermietet oder verpachtet gewesen, oder ist ein im Laufe des Rechnungsjahrs fällig gewordener Miet- oder Pachtzins in einer früheren Rechnung als Einnahme aufgeführt, so ist dies zu bemerken.

§ 27. Die Soll- und Istausgaben sind in der Rechnung in folgenden Abschnitten nachzuweisen:

1. Erinnerungen aus der vorigen Rechnung;
2. Reste aus der vorigen Rechnung;
3. Unterhaltung des verwalteten Grundstücks und Erstattung der hierzu geleisteten Vorschüsse;
4. öffentliche Lasten;
5. Zahlungen an die Gläubiger;
6. Gerichtskosten der Verwaltung;
7. Vergütung des Verwalters;
8. außerordentliche Ausgaben.

Bei den öffentlichen Lasten und den Zahlungen an die Gläubiger (Nr. 4, 5) sind die Berechtigten in der gesetzlichen oder festgestellten Rangordnung aufzuführen und die auf dieselbe Forderung geleisteten Zahlungen zusammenzustellen.

§ 28. Die Zeiten für die Einreichung der Kontobuchauszüge und der Jahresrechnungen können durch das Gericht mit Rücksicht auf die am Orte der Verwaltung üblichen Termine für die Zahlung der Miet- oder Pachtzinsen und der Kapitalzinsen oder aus anderen Gründen anderweit bestimmt werden.

§ 29[1]. Dem Gerichte bleibt vorbehalten, im Einzelfalle nach dessen besonderen Umständen abweichende Bestimmungen über die Art der Buchführung und Rechnungslegung zu treffen.

In jedem Falle ist ein Kassenbuch mit Verweisung auf etwa vorhandene andere Bücher oder Belege zu führen.

§ 30. Der Verwalter hat zu jeder Zeit dem Gericht oder einem mit der Prüfung seiner Geschäftsführung beauftragten Beamten des Gerichts sowie dem etwa bestellten Zwangsverwaltungsinspektor die von ihm geführten Bücher, die auf seine Geschäftsführung bezüglichen Akten und sonstigen Schriftstücke und die in seinen Händen befindlichen Einnahmen aus der Verwaltung auf Verlangen vorzulegen und jede weitere, zur Prüfung seiner Geschäftsführung verlangte Auskunft zu erteilen.

§ 31. Ist die durch §§ 150, 153, 154 des Reichsgesetzes über die Zwangsversteigerung und die Zwangsverwaltung dem Gerichte zugewiesene Tätigkeit auf Grund des § 6 Abs. 4 des Gesetzes, betreffend die Zwangsvollstreckung aus Forderungen landschaftlicher (ritterschaftlicher) Kreditanstalten, vom 3. August 1897 (Gesetz-Samml. S. 388) bezüglich land- oder forstwirtschaftlicher Grundstücke von einer Kreditanstalt übernommen, so finden nur die Vorschriften der vorstehenden §§ 10 bis 12, 15, 17 sowie des § 4 Abs. 1 Anwendung. Die im § 4 Abs. 1, § 12 Abs. 4 und 5 und im § 17 Abs. 2 dem Gerichte zugewiesenen Amtshandlungen werden von der Kreditanstalt wahrgenommen.

§ 32. Die vorstehenden Bestimmungen finden bei der Zwangsverwaltung von Berechtigungen, für welche die sich

[1] In der Fassung d. AVf. v. 30. 12. 03 (JMBl. 1904 S. 2).

auf Grundstücke beziehenden Vorschriften gelten, entsprechende Anwendung.

§ 33. Diese Verfügung tritt gleichzeitig mit dem Reichsgesetz über die Zwangsversteigerung und die Zwangsverwaltung in Kraft.

In einem vor dem Inkrafttreten dieses Gesetzes beantragten Zwangsverwaltungsverfahren finden die §§ 4 bis 32 dieser Verfügung von der bezeichneten Zeit an ebenfalls Anwendung. Doch bleibt eine über die Verteilung der Überschüsse vorher getroffene Bestimmung für den Verwalter maßgebend, solange nicht vom Gericht eine Änderung angeordnet wird.

Die Allgemeinen Verfügungen vom 7. März 1892 (JMBl. S. 87) und 12. November 1894 (JMBl. S. 322) werden aufgehoben.

4. Allgemeine Verfügung des Justizministers vom 9. Dez. 1899, — betreffend Mitteilungen an Behörden bei der Zwangsvollstreckung in das unbewegliche Vermögen.

An die Stelle der Allgemeinen Verfügungen v. 2. Nov. 1883 (JMBl. S. 332), vom 2. April 1884 (JMBl. S. 66), vom 8. Oktober 1884 (JMBl. S. 230) und vom 24. März 1885 (JMBl. S. 122) treten vom 1. Januar 1900 ab folgende Bestimmungen:

1. Von jeder Zwangsvollstreckung in ein Pfarr- oder ein Schulhaus oder ein anderes zum öffentlichen Dienst oder Gebrauche bestimmtes Grundstück einer Körperschaft, Stiftung oder Anstalt des öffentlichen Rechts oder einer unter der Verwaltung einer öffentlichen Behörde stehenden Körperschaft oder Stiftung ist die vorgesetzte Dienstbehörde des Schuldners

zu benachrichtigen. Bei der Zwangsvollstreckung durch Eintragung einer Sicherheitshypothek in das Grundbuch (ZPO. §§ 866, 867) hat das Grundbuchamt durch Mitteilung der Eintragung, bei der Anordnung einer Zwangsversteigerung oder einer Zwangsverwaltung sowie bei der Zulassung eines Beitritts zu dem Verfahren im Geltungsbereiche des Reichsgesetzes vom 24. März 1897 (Reichs-Gesetzbl. S. 97) hat das Vollstreckungsgericht durch Mitteilung des Beschlusses über die Anordnung oder die Zulassung die Benachrichtigung zu bewirken.

2. Bei der Zwangsversteigerung eines Grundstücks oder einer Berechtigung, für welche die sich auf Grundstücke beziehenden Vorschriften gelten, ist im Geltungsbereiche des Reichsgesetzes vom 24. März 1897 die Bestimmung des Versteigerungstermins denjenigen Behörden, Kassen und Anstalten mitzuteilen, welchen die Erhebung der in den Artikeln 1 bis 3 des Ausführungsgesetzes vom 23. September 1899 (Gesetz-Samml. S. 291) bezeichneten Abgaben und Leistungen obliegt, sofern der Schuldner zu solchen Abgaben oder Leistungen verpflichtet ist. Die Mitteilung hat, unbeschadet der Vorschrift des § 41 des Reichsgesetzes, durch Übersendung einer Ausfertigung der Terminsbestimmung zu erfolgen.

Die zur Empfangnahme derartiger Mitteilungen bestimmten Stellen werden den Gerichten von den Verwaltungsbehörden durch Vermittelung der Oberlandesgerichtspräsidenten bezeichnet.

Liegt das Grundstück in einer Gemeinde, in welcher eine Auseinandersetzung schwebt, so ist die Bestimmung des Versteigerungstermins stets auch der Auseinandersetzungsbehörde mitzuteilen.

3. Die zu 1 und 2 angeordneten Mitteilungen sind Angelegenheiten der Justizverwaltung. Die dadurch entstandenen Auslagen sind nicht als Kosten der Zwangsvollstreckung zu berechnen.

5. Allgem. Verfügung des Justizministers und des Finanzministers über gerichtliche Landesstempelsachen vom 28. Juli 1910.

(Auszug.)

An Stelle der Allgemeinen Verfügung vom 6. Juli 1909 (JMBl. S. 239) treten vom 1. Oktober 1910 ab folgende Vorschriften:

I. Einziehung der Stempel als Gerichtskosten.

§ 1. Gerichtliche Urkunden.

1. Soweit nach den Vorschriften der §§ 2, 101 D. GKG. (RGBl. 1898 S. 659) und des § 29 Pr. GKG. für gerichtliche Urkunden Stempel zu erheben sind, sind sie nicht in Natur zu verwenden, sondern nach den für Gerichtsgebühren geltenden Vorschriften (§§ 30, 118 Pr. GKG.) einzuziehen.

2. Stempel sind zu erheben:

. . . .

e) für den Beschluß, durch welchen im Verfahren der Zwangsversteigerung der Zuschlag erteilt wird (§ 126 aaO.).

§ 6. Berechnung und Ermittelung des für den Stempelansatz maßgebenden Wertes.

. . . .

3. Für die Ermittelung des Wertes des Gegenstandes, nach welchem gemäß Tarifstelle 32 Abs. 2 Nr. 2 der Stempel für den Zuschlagsbeschluß[1] im Zwangsversteigerungsverfahren zu berechnen ist, gelten folgende besondere Vorschriften:

a) Soweit für den Stempel zum Zuschlagsbeschlusse der Wert des Gegenstandes in Betracht kommt, wird er in

---

[1]) E.R. 76^{353}

der Regel nach dem Ermessen des Vollstreckungsgerichts ohne eine Inanspruchnahme der Zollverwaltung festgesetzt.

Das Vollstreckungsgericht wird in den meisten Fällen selbst in der Lage sein, den Wert des Gegenstandes in einer für die Stempelberechnung ausreichenden Weise zu bestimmen. Als Unterlagen für eine Wertfestsetzung können die aus den Grundakten ersichtlichen letzten Erwerbspreise, die mit dem Versteigerungsantrag eingereichten Katasterauszüge und etwaige von anderen Behörden einzuholende kurze Auskünfte tatsächlicher Art dienen. Insbesondere kann das Gericht den Vorsitzenden der Einkommensteuerveranlagungskommission um Auskunft über die Einschätzung des Grundstücks zur Ergänzungssteuer ersuchen. Für die Anfrage ist das sinngemäß abzuändernde Formular I dieser Verfügung (zu § 17) zu benutzen. Hat der Vorsitzende der Kommission aus besonderen Gründen Bedenken gegen die Richtigkeit der in den Schätzungsbogen enthaltenen Wertangabe, z. B. weil die Veranlagung vor geraumer Zeit stattgefunden hat oder der Grundstückswert sich infolge von Bebauungen, Teilungen oder anderen Umständen geändert hat, so wird er die Bedenken in seinem Antwortschreiben zum Ausdrucke bringen.

Die für die Wertfestsetzung erforderlichen Maßnahmen sind frühzeitig zu treffen und tunlichst zu beschleunigen. Es ist zu beachten, daß eine rechtzeitige Ermittelung des Wertes des Gegenstandes auch im Interesse des Kostenansatzes notwendig ist, weil der Gebührenberechnung aus § 125 Nr. 1, 2, 3 Pr. GKG. ein höherer Wert als der bei Berechnung des geringsten Gebots angenommene nur dann zugrunde gelegt werden darf, wenn er spätestens im Versteigerungstermine bekanntgemacht worden ist.

Der Betrag, auf welchen der Wert des Gegenstandes festgesetzt worden ist, ist in den Akten zu vermerken. Auf Verlangen ist er den Beteiligten bekannt zu machen.

b) Erachtet das Gericht ausnahmsweise eine Nachprüfung des von ihm ermittelten und der Berechnung der Kosten zugrunde gelegten Wertes im Stempelinteresse für geboten, so kann es nach Erlaß des Zuschlagsbeschlusses das Hauptzollamt um die erforderlichen Ermittelungen ersuchen. Von einem solchen Ersuchen ist ohne Rücksicht auf die Höhe des Wertgegenstandes allgemein abzusehen, wenn die dem Kostenansatze zugrunde gelegte Wertfestsetzung dem Gerichte bedenkenfrei erscheint; übersteigt der von dem Gerichte angenommene Wert des Gegenstandes in Städten über 20 000 Einwohner 30 000 Mark, im übrigen 15 000 Mark nicht, so ist das Hauptzollamt nur dann zu ersuchen, wenn ausnahmsweise ganz besondere Gründe dies angezeigt erscheinen lassen. Das Ersuchen muß die Angaben des Formulars 1 dieser Verfügung enthalten und darüber Aufschluß geben, welche Maßnahmen zwecks Wertermittelung bisher getroffen sind, welches Ergebnis sie gehabt haben und welche Bedenken gegen die Richtigkeit des Ergebnisses bestehen.

c) Sobald aus irgendeinem Grunde ein an das Hauptzollamt gerichtetes Ersuchen um Wertermittelung sich erledigt, ist der ersuchten Behörde hiervon unverzüglich Mitteilung zu machen.

d) Die Zuständigkeit für die gerichtliche Wertfestsetzung bestimmt sich nach § 9 Nr. 1a dieser Verfügung.

Die Bestimmung darüber, ob zwecks Ermittelung des Wertes des Gegenstandes die Hilfe des Hauptzollamts in Anspruch zu nehmen ist, steht nur dem Richter zu.

e) Bei der gerichtlichen Wertermittelung sind Auslagen tunlichst zu vermeiden; falls solche entstehen, fallen sie der Staatskasse zur Last, soweit sich nicht aus § 24 Abs. 2 Pr. GKG. etwas anderes ergibt.

. . . .

5. Die Beanstandung der Angaben der Steuerpflichtigen über den Wert des Gegenstandes eines Geschäfts ist binnen

einer dreijährigen Frist nach der Beurkundung zulässig (§ 27 Abs. 3 LStG.). Wegen des Beginns der Frist für die nach Tarifstelle 66 zu entrichtenden Stempel wird auf § 1 Nr. 4 dieser Verfügung verwiesen.

6. Der § 12 Pr. GKG., betreffend die Zulässigkeit der Nachforderung von Gerichtskosten, findet auf die als Gerichtsgebühr zu vereinnahmenden Stempel keine Anwendung.

§ 7. Rechtsweg.

1. Über die Verpflichtung zur Entrichtung einer Stempelabgabe ist gemäß § 26 LStG. der Rechtsweg zulässig. Die Klage ist gegen die zur Vertretung des Fiskus in Angelegenheiten der Justizverwaltung bestimmte Behörde zu richten (§ 26 Satz 3 daselbst), d. h. nach dem Gesetze vom 14. März 1885 (GS. S. 65) und Nr. 1 und 2 der Allgemeinen Verfügung vom 23. März 1885 (JMBl. S. 119) gegen die Staatsanwaltschaft bei demjenigen Oberlandesgericht, in dessen Bezirke der Stempel angesetzt ist.

2. Zur Aufrechterhaltung der Einheitlichkeit in der Anwendung der gesetzlichen Vorschriften haben sich die Oberstaatsanwälte, bevor sie sich auf einen Prozeß wegen Stempelabgaben einlassen, mit den Oberzolldirektionen bezüglich der Streitfrage und der weiteren Behandlung des Prozesses in Verbindung zu setzen, ihnen auch Abschrift der rechtskräftig gewordenen gerichtlichen Urteile mitzuteilen. An den Justizminister haben die Oberstaatsanwälte über Rechtsstreitigkeiten vor oder nach deren Anhängigwerden nur dann zu berichten, wenn dies nach ihrem Ermessen wegen der besonderen Bedeutung der Angelegenheit erforderlich erscheint.

§ 8. Stundungen, Teilzahlungen und Niederschlagungen.

1. Die Vorschriften über das Armenrecht (Reichsgesetz über die Angelegenheiten der freiwilligen Gerichtsbarkeit — RGBl.

1898 S. 771 — § 14, Preußisches Gesetz über die freiwillige Gerichtsbarkeit — GS. 1899 S. 249 — Artikel 1, Kassenordnung vom 28. März 1907 — JMBl. S. 127 — § 19) finden auch auf die nach den Vorschriften über Gerichtsgebühren einzuziehenden Stempel Anwendung. Ebenso sind die Vorschriften der §§ 16 Abs. 3, 18 Pr. GKG. und der §§ 20, 31 der Kassenordnung über die Stundung und Niederschlagung der Kosten, insbesondere im Falle der Armut des Zahlungspflichtigen, auch für Stempel maßgebend. Wegen der Fälle, in welchen nach den Vorschriften des Stempelsteuergesetzes eine Stundung des Stempels eintritt, vergleiche die Bestimmungen in den §§ 11, 12 dieser Verfügung.

2. Auf die Niederschlagung von Stempeln wegen unrichtiger Behandlung der Sache oder wegen Unkenntnis der Beteiligten findet der § 10 Pr. GKG. Anwendung. Sollen in Fällen, in welchen das Gesetz die Erstattung bereits gezahlter Stempel zuläßt, noch rückständige Stempel niedergeschlagen werden, so sind die Vorschriften im § 9 dieser Verfügung entsprechend anzuwenden.

§ 9. Beschwerdeverfahren in Stempelsteuersachen, Erstattung, Ermäßigung sowie Anrechnung von Stempeln.

1. Für Einwendungen und Beschwerden gelten in Stempelsachen folgende Vorschriften:

a) Die Festsetzung des für den Stempelansatz maßgebenden Wertes des Gegenstandes geschieht gemäß § 24 Pr. GKG. Hiernach wird der Wert des Gegenstandes regelmäßig von dem Gerichtsschreiber festgesetzt. Nur dann setzt das Gericht durch gebührenfreien Beschluß den Wert fest, wenn der Stempelschuldner dies beantragt oder das Gericht es für angemessen erachtet. Einwendungen des Steuerpflichtigen gegen den Wertansatz des Gerichtsschreibers gelten als

Anträge auf gerichtliche Wertfestsetzung im Sinne des § 24 Pr. GKG.

Über Beschwerden gegen gerichtliche Wertfestsetzungsbeschlüsse im Sinne des § 24 Pr. GKG. wird im Aufsichtsweg entschieden. Zuständig zur Entscheidung ist der Präsident des Landgerichts, in dessen Bezirke der Wertfestsetzungsbeschluß erlassen worden ist. Für den Bezirk des Amtsgerichts Berlin-Mitte entscheidet der Amtsgerichtspräsident. Gegen die Entscheidung des Landgerichtspräsidenten (Amtsgerichtspräsidenten) findet Beschwerde im Aufsichtswege statt.

Die besonderen Vorschriften für die Wertfestsetzung bei Auflassungen (§ 17 dieser Verfügung) werden durch diese Bestimmungen nicht berührt.

b) Einwendungen des Steuerpflichtigen gegen den Ansatz von Stempelbeträgen, welche nicht die Festsetzung des Wertes des Gegenstandes betreffen, erledigt das Gericht, in dessen Geschäftsbereiche der Stempel angesetzt worden ist.

Auf das Beschwerdeverfahren finden die unter a gegebenen Vorschriften entsprechende Anwendung.

c) Die im § 10 Abs. 2 Satz 1 Pr. GKG. den Gerichten gewährte Befugnis zur Niederschlagung von Kosten wegen unrichtiger Behandlung der Sache gilt auch in Stempelsachen. Beschwerden gegen gerichtliche Entscheidungen, welche die Niederschlagung anordnen oder ablehnen, sind jedoch unter entsprechender Anwendung der Vorschriften unter a im Aufsichtswege zu erledigen.

In allen Fällen (a, b und c) ist die Dienststelle, gegen deren Stempelberechnung oder sonstige Entscheidung sich eine Einwendung oder Beschwerde richtet, befugt, selbst Abhilfe zu schaffen, wenn sie die Einwendung oder Beschwerde für begründet hält.

2. Für die Rückerstattung und Ermäßigung von Stempelabgaben und die Abstandnahme von der Einziehung gelten § 6

Abs. 2, § 25 LStG. und Nr. 4 Abs. 2, Nr. 32 Abs. 4, 6 bis 8, Nr. 71 Nr. 1 Abs. 3 des Stempeltarifs.

Für das Verfahren gelten folgende Vorschriften:

a) Anträge auf Erstattung von Stempelbeträgen in den Fällen des Abs. 6 der Tarifstelle 2, des Abs. 3 der Tarifstelle 8 und des Abs. 2 der Tarifstelle 58 III oder wegen unrichtigen Ansatzes sowie auf Abstandnahme von der Einziehung von Stempeln im Falle des Abs. 8 Satz 2 der Tarifstelle 32 sind ebenso zu behandeln wie Einwendungen und Beschwerden gegen den Stempelansatz (Nr. 1 b dieses Paragraphen).

b) Über Anträge

1. auf Erstattung des Stempels zu Urkunden über nichtige oder infolge einer Anfechtung als von Anfang an nichtig anzusehende oder durch rechtskräftiges Urteil für nichtig erklärte Geschäfte (§ 25 Abs. 1 c LStG.);

2. auf Erstattung des Wertstempels in den Fällen des § 6 Abs. 2 und der Tarifstelle 32 Abs. 4 LStG. sowie des Abs. 8 Satz 1 derselben Tarifstelle;

3. auf Erstattung oder Ermäßigung von Stempeln aus Billigkeitsrücksichten (§ 25 Abs. 2 LStG., Tarifstelle 32 Abs. 8 Satz 3 und Tarifstelle 71 Nr. 1 Abs. 3 aaO.)

entscheidet der Präsident desjenigen Landgerichts, in dessen Bezirke der Stempel erhoben ist. Für den Bezirk des Amtsgerichts Berlin-Mitte entscheidet der Amtsgerichtspräsident. Im Falle der Rückerstattung des Stempels auf Grund des § 25 Abs. 1 c und Abs. 2 LStG. hat der Landgerichtspräsident (Amtsgerichtspräsident) gleichzeitig zu bestimmen, ob der Stempel von demjenigen Vertragschließenden wieder einzuziehen ist, welcher bei der Beurkundung von den die Nichtigkeit oder Ungültigkeit des Geschäfts bedingenden Umständen Kenntnis gehabt oder die unterbliebene Ausführung oder die Wandlung verschuldet hat (§ 25 Abs. 3 aaO.).

Gegen die Entscheidung des Landgerichtspräsidenten (Amtsgerichtspräsidenten) findet Beschwerde im Aufsichtswege statt.

. . . .

III. Stempel für Auflassungen und Eintragungsanträge für Zuschlagsbeschlüsse im Zwangsversteigerungsverfahren und für Schenkungen.

C. Stempel für Zuschlagsbeschlüsse im Zwangsversteigerungsverfahren.

§ 20. Belehrung der Parteien.

1. Im Verfahren der Zwangsversteigerung hat der Richter in den Fällen, in denen voraussichtlich ein erheblicher Teil des Kaufpreises nicht auf das Grundstück, sondern auf Gegenstände entfällt, deren Veräußerung einem geringeren als dem einprozentigen Stempel unterliegt, zugleich mit der Verkündung des Schlusses der Versteigerung (§ 73 Abs. 2 des Gesetzes über die Zwangsversteigerung) den Ersteher darauf hinzuweisen, daß er berechtigt sei, binnen zwei Wochen nach der Verkündung des Zuschlagsbeschlusses oder, falls der Zuschlag durch Beschluß des Beschwerdegerichts erteilt werde, nach der Zustellung des Beschlusses an den Ersteher zum Zwecke der Stempelberechnung gesonderte Werte für das Grundstück und die mitversteigerten beweglichen Sachen dem Gerichte schriftlich anzuzeigen. Zugleich ist der Ersteher darüber zu belehren, daß, wenn eine solche Anzeige nicht erfolgt, der Stempel von 1 v. H. nach dem ganzen Betrage des Meistgebots oder dem Werte des Gegenstandes erhoben wird. Über die erfolgte Belehrung ist ein Vermerk in das Protokoll aufzunehmen. Falls gegen die innerhalb der Frist angezeigten Einzelwerte Bedenken nicht bestehen, sind diese der Stempelberechnung zugrunde zu legen.

2. Bei Beginn des Versteigerungstermins hat der Richter die Beteiligten ferner darauf hinzuweisen, daß der Stempel für

die Beurkundung einer etwaigen Abtretung der Rechte aus dem Meistgebot oder der Erklärung des Meistbietenden, daß er für einen anderen geboten habe, 1 v. H. betrage und sich nur dann auf 3 Mark ermäßige, wenn die Abtretung der Rechte aus dem Meistgebot oder die Erklärung, für einen anderen geboten zu haben, in dem Versteigerungstermin erfolge, oder wenn ein Gläubiger Meistbietender sei, welchem eine durch ein geringeres Gebot nicht oder nicht völlig gedeckte Hypothek, Grundschuld oder Rentenschuld zustehe (Tarifstelle 32 Abs. 9)[1]).

3. Wegen der Berechnung des Stempels und der Gerichtsgebühren für Zuschlagsbeschlüsse im Zwangsversteigerungsverfahren vgl. § 6 Nr. 3 dieser Verfügung.

. . . .

6. Allgem. Verfügung des Justizministers vom 16. Juni 1915, betreffend die Ausführung des Gesetzes zur Einschränkung der Verfügungen über Miet= und Pachtzinsforderungen vom 8. Juni 1915.

1. Nach dem durch das Gesetz zur Einschränkung der Verfügungen über Miet- und Pachtzinsforderungen vom 8. Juni 1915 (RGBl. S. 327) in das Gesetz über die Zwangsversteigerung und die Zwangsverwaltung (RGBl. 1898 S. 713) eingefügten § 57b ist der Beschluß, durch den die Zwangsversteigerung angeordnet ist, auf Antrag des Gläubigers den von ihm bezeichneten Mietern oder Pächtern zuzustellen und dem Beschluß eine Belehrung über die Bedeutung der Beschlagnahme für den Mieter oder Pächter beizufügen. Für diese Belehrung ist ein Muster — und zwar für Mieter und Pächter gesondert — fest-

---

[1]) Dazu Vf. des Finanzministers v. 7. 7. 11 (FMBl. S. 395) und v. 14. 9. 11 (FMBl. S. 396).

gestellt worden. Das Muster für die Belehrung des Mieters ist nachstehend abgedruckt*).

2. Sobald der Zuschlag erteilt ist, hat der Gerichtsschreiber dies unverzüglich denjenigen Mietern oder Pächtern mitzuteilen, denen der Beschluß über die Anordnung der Zwangsversteigerung zugestellt ist. Das Gleiche gilt von der Rechtskraft des Zuschlagsbeschlusses.

Belehrung über die Bedeutung der Beschlagnahme für den Mieter (§ 57b des Gesetzes über die Zwangsversteigerung und die Zwangsverwaltung, in der Fassung des Gesetzes vom 8. Juni 1915, RGBl. S. 327).

I. Allgemeines.

Der gleichzeitig hiermit zugestellte Beschluß leitet die Zwangsversteigerung ein, die dazu führen soll, durch gerichtlichen Beschluß (Zuschlag) an die Stelle der bisher Berechtigten einen anderen (Ersteher) zu setzen. Der Ersteher wird, wenn demnächst der Zuschlag erfolgt, auch in das Mietverhältnis eintreten. Um zu gewährleisten, daß dem Ersteher die Miete möglichst schon vom Tage des Zuschlags ab zufließt, sind die Rechte des Vermieters derart beschränkt, daß der Mieter, sobald die Beschlagnahme erfolgt ist, den auf die Zeit nach dem Zuschlag entfallenden Teil der Miete nicht mehr an den Vermieter oder seinen Rechtsnachfolger, sondern nur noch an den Ersteher wirksam entrichten kann. Hiervon bestehen jedoch folgende Ausnahmen:

1. **Rechtsgeschäfte**, die der Mieter in Unkenntnis der Beschlagnahme gegenüber dem bisherigen Vermieter oder seinem Rechtsnachfolger vorgenommen hat, bleiben auch für

*) Das Muster für den Pächter unterscheidet sich nur durch den Ersatz der Worte „Miete" und „Mieter" durch „Pacht" und „Pächter".

die Zeit nach dem Zuschlag wirksam, soweit sie sich auf die Miete für das jeweils laufende Kalendervierteljahr beziehen. Erlangt der Mieter erst innerhalb der letzten 15 Tage eines Kalendervierteljahrs von der Beschlagnahme Kenntnis, so erstreckt sich die Wirksamkeit gutgläubig vorgenommener Rechtsgeschäfte noch auf das folgende Vierteljahr. Dabei ist zu beachten, daß die Beschlagnahme dem Mieter als bekannt gilt, sobald ihm der beiliegende Beschluß zugestellt worden ist.

2. Ist vor der Beschlagnahme über die Miete verfügt worden (z. B. durch Abtretung oder Pfändung), so ist die Verfügung auch für die Zeit nach dem Zuschlag wirksam, soweit sie sich auf die Miete für das zur Zeit der Beschlagnahme laufende Kalendervierteljahr bezieht. Ist die Beschlagnahme erst innerhalb der letzten 15 Tage eines Kalendervierteljahrs erfolgt, so erstreckt sich die Wirksamkeit der Verfügung auf das folgende Vierteljahr. Soweit hiernach die Verfügung wirksam ist, kann der Mieter die Miete an den aus der Verfügung Berechtigten entrichten. Für Rechtsgeschäfte, die er diesem gegenüber in Unkenntnis der Beschlagnahme vorgenommen hat, gilt das zu 1 Gesagte entsprechend.

II. Belehrung über das Verhalten des Mieters bei Entrichtung der Miete.

A. Falls keine Verfügung über die Miete getroffen ist.

1. Wenn die Miete nachträglich zu zahlen ist:

a) Die Miete, die zu der Zeit rückständig ist, zu der der Mieter Kenntnis von der Beschlagnahme erlangt, ist an den Vermieter zu zahlen.

b) Die später fällig werdende Miete ist nur dann an den Vermieter zu zahlen, wenn die Fälligkeit vor dem Zuschlag eintritt. Ist dem Mieter nicht bekannt, ob und wann der Zuschlag erteilt ist, so kann er die Miete hinterlegen. Er kann ferner, solange ihm die Rechtskraft des Zuschlags nicht bekannt ist, die nach der Erteilung des Zuschlags fällig werdende Miete hinterlegen. Sobald dem Mieter bekannt wird, daß der Zuschlag rechtskräftig erteilt ist, hat er die Miete für die Zeit bis zum Zuschlag an den Vermieter, für die spätere Zeit an den Ersteher zu zahlen.

2. Wenn die Miete im voraus zu zahlen ist:

a) Die Miete, die zu der Zeit rückständig ist, zu der der Mieter Kenntnis von der Beschlagnahme erlangt, ist an den Vermieter zu zahlen, soweit sie für die Zeit bis zu dieser Kenntnis zu entrichten ist.

b) Die Miete für die spätere Zeit kann der Mieter, solange der Zeitraum, für den die Miete zu entrichten ist, nicht abgelaufen ist, und auch später noch hinterlegen, solange ihm nicht bekannt ist, ob und wann der Zuschlag erteilt ist. Sobald die Rechtskraft des Zuschlags dem Mieter bekannt ist, hat er die Miete für die Zeit bis zum Zuschlag an den Vermieter, für die spätere Zeit an den Ersteher zu zahlen.

Zu 1 und 2: Die Gerichtsschreiber sind angewiesen, dem Mieter von dem Zuschlag und dessen Rechtskraft Mitteilung zu machen.

B. Falls über die Miete verfügt und dies dem Mieter bekannt ist.

1. Die Miete für das zur Zeit der Beschlagnahme laufende Kalendervierteljahr und, falls die Beschlagnahme in den letzten 15 Tagen des März, des Juni, des September oder des Dezember erfolgt ist, auch für das folgende Kalendervierteljahr ist an denjenigen zu zahlen, zu dessen Gunsten über die Miete verfügt ist. Der Mieter kann jedoch hinterlegen, wenn er nicht feststellen kann, ob die Verfügung vor der Beschlagnahme erfolgt ist.

2. Die Miete für spätere Kalendervierteljahre — in dem Falle, daß die Verfügung nach der Beschlagnahme erfolgt, die gesamte Miete — ist nach den unter A

angegebenen Grundsätzen zu zahlen oder zu hinterlegen; an die Stelle der Zahlung an den Vermieter tritt hier die Zahlung an denjenigen, zu dessen Gunsten über die Miete verfügt ist.

C. In den Fällen, in denen der Mieter zur Hinterlegung berechtigt ist und hinterlegt, hat die Hinterlegung bei dem Amtsgerichte des Zahlungsortes zu erfolgen. Dabei empfiehlt es sich, auf das Recht zur Rücknahme des hinterlegten Betrags zu verzichten und die Hinterlegung dem Vermieter oder dessen Rechtsnachfolger und, wenn der Zuschlag bereits erteilt ist, auch dem Ersteher unverzüglich anzuzeigen (§§ 374 Abs. 1, 2, 376 Abs. 2 Nr. 1, 378 BGB.).

III. Zwangsverwaltung.

Ist Zwangsverwaltung angeordnet, so bleibt die Verpflichtung des Mieters, die Miete an den Verwalter zu zahlen, unberührt.

Sachregister.

Die römischen Ziffern bedeuten die unter diesen Ziffern wiedergegebenen Gesetze (s. Inhaltsübersicht); die arabischen Zahlen bedeuten die §§ bzw. die Artikel.

A.

B.

F.

G.

K.

L.

M.

N.

S.

T.

U.

V.

W.

Z.

Druck von A. W. Hayn's Erben (Curt Gerber), Potsdam.

Guttentagsche Sammlung

Deutscher Reichsgesetze.

Text-Ausgaben mit Anmerkungen. Taschenformat.

1. **Verfassung des Deutschen Reichs.** Von Dr. **L. von Rönne. 10. Aufl.** von Landrat **P. von Rönne** und Regierungsassessor **von Dobbeler.** 1912. 2 M. 60 Pf.

2. **Strafgesetzbuch** für das Deutsche Reich nebst 20 d. wichtigsten strafrechtlichen Nebengesetze. Von Prof. Dr. **Franz v. Liszt** und Dr. **Ernst Delaquis. 24. Aufl.** 1914. 3 M.

3. **Militärstrafgerichtsordnung** nebst Einführungsgesetz. Von Wirkl. Geheimen Kriegsrat Dr. jur. **A. Romen** und Kriegsgerichtsrat Dr. jur. **Carl Rissom.** 1910. 6 M.

4. **Handelsgesetzbuch vom 10. Mai 1897** unter Ausschluß des Seerechts. **15. Aufl.** Herausgegeben von Geh. Justizrat Prof. Dr. **A. Mosse.** 8°, 1915. 6 M.

5. **Wechselordnung vom 3. Juni 1908. Kommentar** von Justizrat Dr. **J. Stranz** und Rechtsanwalt Dr. **M. Stranz,** und das **Wechselstempelgesetz vom 15. Juli 1909** von Geh. Regierungsrat **P. Loeck. 11. Aufl.** 1913. 4 M.

5a. **Wechselstempelgesetz** apart. **11. Aufl.** 1913. 1 M. 50 Pf.

6. **Reichsgewerbeordnung** nebst Ausführungsbestimmungen. **19. Auflage** von Stadtrat Dr. **Karl Flesch** in Verbindung mit Dr. **Friedr. Hiller** und Dr. **Herm. Luppe.** 1915. 5 M.

7. **Post- und Telegraphen-Gesetzgebung.** Nebst Weltpostvertrag und internationalem Telegraphenvertrag. **6. Aufl** von Geh. Ober-Postrat Dr. **M. König.** 1908. **4 M**

8. **Die Reichsgesetze über den Unterstützungswohnsitz, die Freizügigkeit, den Erwerb und Verlust der Bundes- und Staatsangehörigkeit.** Von Geheimrat Dr. **J. Krech,** Mitglied des Bundesamtes für das Heimatwesen. 8. **Aufl.** 1913. 3 M. 60 Pf.

9. Sammlung **kleinerer strafrechtlicher Reichsgesetze.** Von Dr. **R. H. Kriegsmann,** Privatdozent in Kiel. **3. Aufl.** 1910. 4 M.

10. Das **Reichsbeamtengesetz** von **J. Pieper. 2. Aufl.** 1901. 4 M. 50 Pf.

Reichsbeamtengesetz von 1907 siehe Nr. 82.

11. **Zivilprozeßordnung mit Gerichtsverfassungsgesetz.** Von **R. Sydow.** Fortgeführt von **L. Busch,** Reichsgerichtsrat, jetzt zugleich mit **A. Busch,** Gerichtsassessor. **14. Aufl.** mit Nachtrag, enth. die Novelle vom 9. Sept. 1915 über die Entlastung der Gerichte. 8⁰. 1913. 8 M. (Nachtrag einzeln 60 Pf).

12. **Strafprozeßordnung und Gerichtsverfassungsgesetz** nebst den Gesetzen, betr. die Entschädigung der im Wiederaufnahmeverfahren freigesprochenen Personen und die Entschädigung für unschuldig erlittene Untersuchungshaft. Von Dr. **A. Hellweg,** Reichsgerichtsrat. **16. Aufl.** mit Nachtrag, enth. die Bekanntmachung über die Entlastung der Strafgerichte von **Professor** Dr. **Kohlrausch.** 1912. 3 M.

13. **Konkursordnung und Anfechtungsgesetz.** Von **R. Sydow.** Fortgeführt von **L. Busch. 11. Aufl.** mit Nachtrag, enth. die Verfügung vom 8. Juni 1915. 1911. 2 M. 80 Pf

14. **Gerichtsverfassungsgesetz** mit Einführungsgesetz. Herausgegeben von **R. Sydow.** Fortgeführt von **L. Busch. 9. Aufl.** 1905. Mit Nachtrag, enthaltend die Novelle vom 1. Juni 1909. 1 M. 50 Pf.

15. **Das Deutsche Gerichtskostengesetz nebst den Gebührenordnungen für Gerichtsvollzieher, Zeugen und Sachverständige.** Mit Nachtrag, enthaltend die Bestimmungen vom 10. Juni 1914. Von **R. Sydow.** Weiter bearbeitet von Reichsgerichtsrat **L. Busch** und Gerichtsassessor **Arno Busch. 9. Aufl.** mit Nachtrag, enth. die Novelle vom 10. Juni 1914. 1912. **2 M.** 60 Pf.

16. **Rechtsanwaltsordnung.** Von **R. Sydow. 5. Aufl.** von Justizrat **M. Jacobsohn.** 1907. Mit Nachtrag, enthaltend die Bestimmungen vom 22. Mai 1910. 1 M. 20 Pf.

17. Die **Deutsche Gebührenordnung für Rechtsanwälte und das Preußische Gebührengesetz** vom 27. September/6. Oktober 1899. Von **R. Sydow.** Fortgeführt von **L. Busch** und Amtsrichter **A. Busch. 11. Aufl.** 1914. 3 M.

18. **Reichsstempelgesetz** vom 3. Juli 1913. (Börsen-, Lotterie- [Spiel und Wette], Frachturkunden-, Fahrkarten-, Kraftfahrzeug-, Tantieme-, Scheck- und Grundstücksübertragungssteuer.) Mit den gesamten Ausführungsbestimmungen. **12. Aufl.** von Geh. Regierungsrat **P. Loeck.** 1914. 8°. 8 M.

19. Die **Seegesetzgebung.** Von Dr. **W. E. Knitschky. 5. Aufl.** bearbeitet von Oberlandesgerichtsrat **Otto Rudorff** in Hamburg. 1913. 8 M.

20. **Krankenversicherungsgesetz.** Von weil. Dr. **E. von Woedtke.** Siehe Bd. 107.

21. Die **Konsulargesetzgebung.** Von Professor Dr. **Ph. Zorn. 8. Aufl.** bearbeitet von Reg.-Assessor Dr. **A. Zorn.** 1911. 4 M. 50 Pf.

22. **Patentgesetz.** **Nebst Ausführungsbestimmungen, völkerrechtlichen Verträgen und der Patentanwalts-Ordnung.** 7. **Aufl.** bearbeitet von **R. Lutter,** Geh. Reg.-Rat im Kaiserl. Patentamt. 1908. 2 M. 80 Pf.

23. **Gewerbe-Unfallversicherungsgesetz.** Von weil. Dr. **E. von Woedtke.** Siehe Bd. 108.

24. **Aktiengesellschaft und Kommanditgesellschaften auf Aktien.** Von Kammergerichtsrat Dr. **H. Keyßner** und Justizrat Dr. **H. Veit Simon. 6. Aufl.** von Amtsrichter **L. Keyßner.** 1911. 3 M.

25. **Brausteuergesetz.** vom 15. Juli 1909. Von **A. Düffe,** Oberzollrevisor. **2. Aufl.** 1910. 3 M.

26. Die Reichsgesetzgebung über **Münz- und Notenbankwesen,** Papiergeld, Prämienpapiere und Reichsschulden. Von Dr. jur. **R. Koch,** Präsident des Reichsbankdirektoriums. **6. Aufl.** 1910. 4 M.

27. Die Gesetzgebung, betr. das **Gesundheitswesen** im Deutschen Reich. Von Dr. jur. **C. Goesch** und Dr. med. **J. Karsten.** 1888. 1 M. 60 Pf.

28. **Bau-Unfallversicherungsgesetz.** Vom 30. Juni 1900. Von **R. Chrzescinski.** Siehe Bd. 108.

29. **Erwerbs- und Wirtschaftsgenossenschaften.** Von **L. Parisius** und Dr. **H. Crüger. 14. neu bearb. Aufl.** von Dr. **H. Crüger.** 1912. 1 M. 80 Pf.

30. **Invalidenversicherungsgesetz** vom 13. Juli 1899. Von weil. Dr. **E. von Woedtke.** Siehe Bd. 109.

31. **Gewerbegerichtsgesetz.** Von Stadtrat **L. Mugdan.** 7. **Aufl.** bearbeitet von **W. Cuno**, Oberbürgermeister zu Hagen i. W. 1911. 2 M. 50 Pf.

32. Reichsgesetz, betr. die **Gesellschaften mit beschränkter Haftung.** Von **L. Parisius** und Dr. **H. Crüger. 18. Aufl** von Dr. **H. Crüger.** 1914. 2 M.

33. **Vereins- und Versammlungsrecht.** Von Dr. **E. Ball. 2. Aufl.** von Dr. **F. Friedenthal.** 1907. 2 M. 50 Pf.

Reichs-Vereinsgesetz vom 19. April 1908 siehe Nr. 88.

34. Die **Abzahlungsgeschäfte.** Gesetz vom 16. Mai 1894. **3. vermehrte Aufl.** besorgt von Dr. **E. Wilke**, Landgerichtsrat. 1910. 1 M. 25 Pf.

35. Die **Reichs-Eisenbahngesetzgebung.** Von **W. Coermann**, Kaiserl. Amtsrichter. 1895. 2 M. 25 Pf. S. auch Bd. 66

36. Gesetze, betr. die **privatrechtlichen Verhältnisse der Binnenschiffahrt und der Flößerei.** Von **E. Löwe**, Landgerichtsrat. **5. Aufl.** 1915. 3 M. 60 Pf.

37. Gesetz gegen den **unlauteren Wettbewerb.** Von Justizrat **A. Pinner. 6. Aufl.** 1912. 1 M. 50 Pf.

38/39. **Bürgerliches Gesetzbuch nebst Einführungsgesetz** von Dr. **A. Achilles.** In Verbindung mit Professor Dr. **André**, Kammergerichtsrat **Ritgen**, Reichsgerichtsrat Dr. **Strecker**, Staatsrat Dr. **v. Unzner** herausgegeben von Wirkl. Geh. Ober-Justizrat u. Oberlandesgerichtspräsident **Greiff. 7. Aufl.** mit Nachtrag, enth. die Novelle vom 8. Juni 1915. 8°. 1912. 7 M.

40. Gesetz, betr. die **Pflichten der Kaufleute bei Aufbewahrung fremder Wertpapiere (Depotgesetz).** Mit Erläuterungen. Von **F. Lusensky,** Geh. Ober-Regierungsrat. **2. Aufl.** 1905. 1 M.

41. **Börsengesetz.** Von Wirkl. Geh. Ober-Regierungsrat **Th. Hemptenmacher. 3. Aufl.** von Syndikus **O. Meyer.** 1915. 3 M. 60 Pf.

42. **Grundbuchordnung** nebst den preußischen Ausführungsbestimmungen. Mit Einleitung. Von Prof. Dr. **O. Fischer. 6. Aufl.** mit Nachtrag, die Ergänzungen enthaltend. 1912. 2 M.

43. **Zwangsvollstreckung in das unbewegliche Vermögen** im Reiche und in Preußen. Mit Einleitung, **Kosten-** und Gebührentabellen. Von Dr. **J. Krech** u. Dr. **O. Fischer. 7. Aufl.** bearbeitet von Professor Dr. **O. Fischer** u. Landrichter Dr. **F. Krech.** 1914. 3 M. Mit Nachtrag, enth. die Novelle vom 8. Juni 1915.

44. **Das** Reichsgesetz **über das Auswanderungswesen** vom 9. Juni 1897. **Von** Professor Dr. **Felix Stoerk.** 1899. 2 M. 25 Pf.

45. Das **Entmündigungsrecht** unter Berücksichtigung der für Preußen geltenden Vorschriften nebst der preußischen Justiz-Ministerial-Verfügung vom 28. November 1899. **Von Landgerichtsrat** Dr. **P. Noll in Cöln.** 1900. 1 M. 50 Pf.

46. **Die** Gesetze des Reiches und Preußens über die **freiwillige Gerichtsbarkeit.** Von **Herm. Jastrow,** Amtsgerichtsrat. **5. Aufl.** 1911. 3 M. 60 Pf.

47. Das **deutsche Vormundschaftsrecht** und das preuß. Gesetz über die Fürsorgeerziehung Minderjähriger nebst den dazu gehörigen preußischen Nebengesetzen. Von Oberverwaltungsgerichtsrat **Max Schultzenstein** und Amtsgerichtsrat Dr. **Paul Köhne. 2. Aufl.** 1901. 8 M.

48. Gesetze und Verordnungen, betr. den **Drogen-, Gift- und Farbenhandel** außerhalb der Apotheken. Von Dr. **J. Broh**, Rechtsanwalt. 1899. 1 M. 25 Pf.

49. Deutsche **Kolonialgesetzgebung.** Von Geh. Justizrat Professor Dr. **Philipp Zorn.** 2. Aufl. von Gerichtsassessor Dr. **Sassen.** 1913. 7 M. 50 Pf.

50. Der **Viehkauf** (Viehgewährschaft) nach dem Bürgerlichen Gesetzbuche unter Berücksichtigung des ausländischem Rechts, Verordnung betr. die Hauptmängel und Gewährsfristen beim Viehhandel. Von Rechtsanwalt Dr. **H. Stölzle** und Königlichem Regierungs- und Veterinärrat **H. Weiskopf. 5. Aufl.** 1913. 6 M.

51. **Hypothekenbankgesetz** vom 13. Juli 1899. Von Dr. **H. Göppert. 2. Aufl.** Bearbeitet von Geh. Reg.-Rat Dr. **Seidel.** 1911. 2 M. 40 Pf.

52. Gesetz, betreffend die gemeinsamen **Rechte der Besitzer von Schuldverschreibungen.** Von Dr. **Heinrich Göppert. 2. Aufl.** bearbeitet von Amtsrichter Dr. **E. Trendelenburg.** 1915. 1 M. 80 Pf.

53. **Reichspreßgesetz** vom 7. Mai 1874. Mit **Kommentar** von Erstem Bürgermeister **A. Born.** 1911. **2. Aufl.** 2 M.

54. Die Reichsgesetzgebung **über** den **Verkehr** mit **Nahrungsmitteln, Genußmitteln** und **Gebrauchsgegenständen.** Von Dr. **Georg Lebbin,** Nahrungsmittelchemiker in Berlin. 1900. 2 M. 25 Pf.

55. Das Recht der **Beschlagnahme von Lohn- und Gehaltsforderungen.** Von Justizrat **Georg Meyer. 5. Aufl.** 1914. 2 M. 70 Pf.

56. Gesetz, betr. die **Bekämpfung gemeingefährlicher Krankheiten.** Nebst Ausführungsbestimmungen. Von Dr. **Bruno Burkhardt**, Regierungsrat, Mitglied des Kaiserl. Gesundheitsamts. 1900. 1 M. 40 Pf.

57. **See-Unfallversicherungsgesetz.** Von Dr. **Max Mittelstein**, Oberlandesgerichtsrat in Hamburg. Siehe Bd. 108.

58. **Das Recht der unehelichen Kinder** nach dem BGB. Von **Hermann Jastrow**, Amtsgerichtsrat. 1901. 1 M. 80 Pf.

59. Reichsgesetz über die **Beurkundung des Personenstandes und die Eheschließung.** Von Dr. **F. Fidler**, Amtsgerichtsrat. 1912. **2. Aufl.** 2 M. 50 Pf.

60. Gesetz, betreffend das **Urheberrecht an Werken der Literatur und der Tonkunst.** Von Geh. Justizrat **Otto Lindemann. 3. Aufl.** 1910. 1 M. 60 Pf.

61. Gesetz über das **Verlagsrecht.** Von Justizrat **E. Heinitz. 2. Aufl.** Bearbeitet von Rechtsanwalt Dr. **Br. Marwitz.** 1911. 1 M. 80 Pf.

62. Gesetz über **private Versicherungsunternehmungen.** Von **H. Könige**, Reichsgerichtsrat. **2. Aufl.** 1910. 4 M. 20 Pf.

63. **Gesetzestafel des Deutschen Reichsrechts.** Systematisch geordnete Nachweisung des z. Z. geltenden Reichsrechts. Von **Hugo Bruhns**, Bürgermeister. 1913. **2. Aufl.** 3 M. 50 Pf.

64. Gesetzsammlung betr. den **Handel mit Drogen und Giften.** Reichsgesetzliche Bestimmungen und Anhang mit den landesgesetzlichen Verordnungen sämtlicher Bundesstaaten. Von Rechtsanwalt **H. Sonnenfeld**, Syndikus der Berliner Drogisten-Innung. **2. Aufl.** 1912. 4 M.

65. **Das Weingesetz** in der Fassung von 1909. Mit Ausführungsbestimmungen von Dr. **Georg Lebbin**, Nahrungsmittelchemiker. **2. Aufl.** 1909. 2 M. 50 Pf.

66. Die **Eisenbahn-Gesetzgebung.** Von **W. Pietsch**, Rechnungsrat im Reichs-Eisenbahn-Amt. **2. Aufl.** 1913. 3 M. 60 Pf.

67. **Militär-Strafgesetzbuch für das Deutsche Reich** mit der Novelle vom 8. 8. 1913. Von Wirklichem Geheimen Kriegsrat Dr. **A. Romen** und Kriegsgerichtsrat Dr. **C. Rissom.** 1912. 6 M.

68. Das **Fleischbeschaugesetz.** Vom 3. Juni 1900. Von Dr. **Georg Lebbin**, Nahrungsmittelchemiker und Rechtsanwalt Dr. **Georg Baum.** 1903. 4 M.

69. Reichsgesetz über die **Naturalleistungen der bewaffneten Macht im Frieden** nebst den in Preußen geltenden Bestimmungen. Von Landrat Dr. **Walter v. Hippel.** 1903. 1 M. 25 Pf.

70. Das **Reichs-Haftpflichtgesetz**, vom 7. Juni 1871. Von Regierungsrat Dr. **G. Eger.** 1903. 3 M.

71. **Kinderarbeit in gewerblichen Betrieben**, vom 30. März 1903. Von **H. Spangenberg**, Oberverwaltungsgerichtsrat. **2. Aufl.** 1904. 1 M. 60 Pf.

72. **Unfallversicherungsgesetz für Land- und Forstwirtschaft** von weil. Dr. **E. von Woedtke.** Siehe Band 108.

73. **Entschädigung für unschuldig erlittene Verhaftung und Bestrafung.** Nebst Anhang, enthaltend die dazu gehörigen Nebengesetze über Schadensersatz. Von Dr. jur. **A. Romen**, Wirklichem Geheimen Kriegsrat. 1904. 2 M.

74. Die **Kaufmannsgerichte** nebst den preuß. Ausführungsbestimmungen. Von Professor Dr. **Max Apt. 3. Aufl.** 1905. 2 M.

75. Reichsgesetz über die **Konsulargerichtsbarkeit.** Von Dr. jur. **A. F. Vorwerk,** Rechtsanwalt in Schanghai. 2. Ausgabe, mit dem Schutzgebietsgesetz und der Ausführungsverordnung, betr. die Rechtsverhältnisse in den Schutzgebieten. 1908. 2 M.

76. **Die Rechtshilfe im Verkehr mit den ordentlichen Gerichten nach deutschem Reichsrecht.** Von Landrichter Dr. **A. Friedländer.** 1906. 1 M. 80 Pf.

77. **Das Reichserbschaftssteuergesetz.** Vom 3. Juni 1906. Von **Ulrich Hoffmann,** Rechnungsrat im Königl. Preuß. Finanzministerium. **2. Aufl.** mit Nachtrag, enth. die Bestimmungen v. 3. Juli 1913. **1911. 5 M.**

78. **Zigarettensteuergesetz.** Vom 15. Juli 1909. Von Dr. **Cuno,** Regierungsassessor. **2. Aufl.** in Vorbereitung.

79. **Die Militärpensionsgesetze** vom 31. Mai 1906 nebst Ausführungsbestimmungen. Zum Gebrauch für Heer, Marine und Schutztruppe von Dr. jur. **A. Romen,** Wirklicher Geheimer Kriegsrat.
   a) I. Teil: Offizierpensionsgesetz. 1907. 3 M. 50 Pf.
   b) II. Teil: Mannschaftsversorgungsgesetz. 1908. 3 M. 50 Pf.

80. Reichsgesetzgebung über **gerichtliche Registerführung.** Von **Otto Lindemann, Geh.** Justizrat. 1906. 3 M.

81. Gesetz, betr. **Urheberrecht an Werken der bildenden Künste und der Photographie.** Von Dr. **Ludwig Fuld**, Rechtsanwalt. 1907. 1 M.

82. **Reichsbeamtengesetz** in der Fassung vom 18. Mai 1907 und seine Ergänzungen von Geheimrat Professor Dr. **Adolf Arndt.** 1908. 3 M.

83. Reichsgesetz über **den Versicherungsvertrag** nebst Einführungsgesetz. Von Dr. **Paul Hager** und Dr. **E. Bruck. 3. vermehrte und verbesserte Auflage.** 1913. 6 M.

84. **Sammlung kleinerer privatrechtlicher Reichsgesetze** von Oberlandesgerichtsrat **Georg Müller.** 1908. 6 M. 50 Pf.

85. **Scheckgesetz** mit Einleitung usw. Von Prof. Dr. **Max Apt. 5. Aufl.** Mit Postscheckordnung vom 6. Nov. 1908 und im Anhang „Besteuerung des Schecks". 1909. 2 M.

86. **Die Auslieferungsverträge des Deutschen Reiches** von Landrichter **A. Cohn.** 1908. 4 M.

87. Gesetz zum **Schutz der Warenbezeichnungen.** Von Geh. Reg.-Rat, Mitglied des Patentamts Dr. **Freund** und Rechtsanwalt **Magnus. 5. Aufl.** 1909. 3 M. 50 Pf.

88. **Vereinsgesetz** vom 19. April 1908. Von Dr. jur. **A. Romen,** Wirkl. Geh. **Kriegsrat. 3. Aufl.** 1912. 2 M. 50 Pf.

89. **Vogelschutzgesetz** vom 30. Mai 1908 nebst den das Flugwild betr. Bestimmungen der Preußischen Jagdordnung von Dr. jur. **Leo von Boxberger.** 1908. 1 M.

90. Die Haager Abkommen über das **Internationale Privatrecht.** Von Dr. **G. A. E. Bogeng.** 1908. 2 M. 20 Pf.

91. **Eisenbahn-Verkehrsordnung** vom 23. Dez. 1908. Mit Ausführungsbestimmungen. Von Regierungsrat Dr. **Ernst Blume.** 1909. 2 M. 50 Pf.

92. Gesetz, betr. den **Verkehr mit Kraftfahrzeugen.** Von Amtsgerichtsrat **R. Kirchner. 3. Aufl.** 1915. 4 M.

93. Gesetz **über die Sicherung der Bauforderungen** von Justizrat Dr. **E. Harnier. 3. Aufl.** 1912. 1 M. 60 Pf.

94. **Haftpflicht der Reichs- und Staats-Beamten** von Dr. **H. Delius. 2. Aufl.** 1909. Mit Nachtrag, enth. das Gesetz über die Haftung des Reichs für seine Beamten vom 22. Mai 1910. 3 M. 50 Pf.

95. Die Berner Uebereinkunft über **internationales Urheberrecht** von Geh. Ob.-Reg.-Rat Dr. **Herm. Dungs.** 1910. 1 M.

96. **Branntweinsteuergesetz** vom 15. Juli 1909. Unter Berücksichtigung der für das Reich erlassenen Ausführungsbestimmungen. Von Geh. Reg.-Rat **Johs. Ray,** vortrag. Rat im Reichsschatzamt. 1910. 3 M. 50 Pf. **Neue Aufl.** bearbeitet von Reg.-Ass. Dr. **K. Kniebe** im Druck.

97. **Schutzgebietsgesetz** nebst Verord. betr. die Rechtsverhältnisse in den Schutzgebieten, dem Gesetz über die Konsulargerichtsbarkeit sowie den Ausführungsbest. Von **Johs. Gerstmeyer,** Wirkl. Legationsrat und vortrag. Rat im Reichskolonialamt. 1910. 3 M.

98. **Sechs Haager Abkommen** über **Internationales Privatrecht.** Von Geh. Ob.-Reg.-Rat Dr. **Herm. Dungs.** 1910 1 M. 50 Pf.

99. **Die Abkommen der Haager Friedenskonferenz.** Von Dr. jur. **Hans Wehberg.** 1910. 3 M.

100. Gesetz über den **Absatz von Kalisalzen.** Von Geh. Bergrat **Carl Voelkel.** 1910. 2 M. 40 Pf.

101. **Zuwachssteuergesetz** vom 14. Februar 1911. Von Dr. **W. Cuno,** Geheimer Regierungsrat im Reichsschatzamt. 1911. 3 M. 60 Pf.

102. **Urheberrecht an Mustern und Modellen** u. Ges. betr. Schutz v. Gebrauchsmustern von Reg.-Rat **Johs. Neuberg,** Mitgl. d. **K.** Patentamts. 1911. 2 M. 40 Pf.

103. **Reichs-Viehseuchengesetz** vom 26. Juni 1909 nebst Ausführungsvorschriften u. dem preuß. Ausführungsgesetz. Von Landrat Dr. **Walter v. Hippel. 2. Aufl.** 1912. 4 M. 50 Pf.

104. **Versicherungsgesetz** für Angestellte vom 20. Dez. 1911. Von Rechtsanwalt **O. Bernstein** und Dr. **J. Kupferberg. 2. Aufl.** 1912. 3 M. 50 Pf.

105. **Das Geldwesen in den deutschen Schutzgebieten.** Von **W. Hintze,** Geheimer expedierender Sekretär im Reichskolonialamt. 1912. 2 M.

106—109. **Reichs-Versicherungsordnung nebst Einführungsgesetz:** Herausgegeben unter Mitwirkung von Dr. **F. Caspar,** Wirkl. Geh. Rat, Direktor im Reichsamt d. Innern und **A. Spielhagen,** Geh. Ob.-Reg.-Rat, vortr. Rat im Reichsamt d. Innern. 4 Bände.

106. Erstes, fünftes und sechstes Buch. **Gemeinsame Vorschriften. — Beziehungen der Versicherungsträger zu einander und zu anderen Verpflichteten. — Verfahren.** Bearbeitet von Dr. **K. Lippmann,** Reg.-Rat im Reichsversicherungsamt, Professor, Geh. Reg.-Rat Dr. **L. Laß** und Geh. Reg.-Rat **H. Siefart,** vortrag. Räte im Reichsamt des Innern 1913. 6 M.

107. Zweites Buch. **Krankenversicherung.** Von Geh. Reg.-Rat **H. Siefart,** vortrag. Rat im Reichsamt des Innern. Im Druck.

108. Drittes Buch. **Unfallversicherung.** Von Geh. Reg.-Rat **A. Radtke,** Senatsvorsitzender im Reichsversicherungsamt. 1913. 8 M.

109. Viertes Buch. **Invaliden- und Hinterbliebenenversicherung.** Bearbeitet von Geh. Ober-Regierungs-Rat **B. Jaup,** vortragender Rat im Reichsamt des Innern und **H. Follmann,** Geh. Reg.-Rat im Reichsversicherungsamt. 1912. 4 M.

110. **Wehrbeitragsgesetz** mit Ausführungsbestimmungen. Von Geheimem Ober-Finanzrat **A. Fernow. 2. Aufl.** 1913. 2 M.

111. **Reichs- und Staatsangehörigkeitsgesetz.** Vom 22. Juli 1913. Von Dr. **R. Romen,** Wirklichem Geheimen Kriegsrat. 1913. 2 M. 20 Pf.

112. **Kaufmannsgerichtsgesetz** und die anzuwendenden Bestimmungen des Gewerbegerichtsgesetzes unter besonderer Berücksichtigung der Literatur und Rechtsprechung. Von Magistratsrat Dr. **H. Depène,** Vorsitzender des Kaufmannsgerichts Berlin. 1914. 2 M. 60 Pf.

113. **Postscheckgesetz.** Von Oberpostinspektor **J. Weiland.** 1914. 1 M. 50 Pf.

113a. **Postscheckordnung** mit Ausführungsbestimmungen. Von Oberpostinspektor **J. Weiland.** 1914. 1 M. 50 Pf.

114. **Waffengebrauch und Festnahmerecht des Militärs.** Von Dr. **A. Romen,** Wirkl. Geh. Kriegsrat und Dr. **C. Rissom,** Kriegsgerichtsrat. 1914. 2 M.

115. **Das vertragliche Wettbewerbsverbot (Konkurrenzklausel).** Nebst Kommentar zum Gesetz vom 10. Juni 1914. Von Rechtsanwalt Dr. **G. Baum.** 1914. 3 M.

116. **Kriegs-Zivil- und Finanzgesetze** vom 4. August 1914 und den dazu erlassenen Verordnungen und Bekanntmachungen. **3. Aufl.** 1915. 2 M. 40 Pf.

117. **Darlehnskassengesetz** von **Salomon** und **Bud.** 1915. 2 M.

118. **Militärhinterbliebenengesetz** von **Reh.** 1915. 2 M. 50 Pf.

119. **Kriegsleistungsgesetz** von **Heilberg** und **Schäffer.** 1915. 3 M.

In Vorbereitung:

Besitzsteuergesetz (Vermögenszuwachssteuergesetz). Von Geheimem Ober-Finanzrat **A. Fernow.**

Guttentagsche Sammlung

Preußischer Gesetze.

Textausgaben mit Anmerkungen. Taschenformat.

---

1. Die **Verfassungs-Urkunde für den Preußischen Staat.** Mit Einleitung, vollständigem **Kommentar.** Von Prof. Dr. **Adolf Arndt. 7. Aufl.** 1911. **4 M.**

2. Preußische **Beamten-Gesetzgebung.** Enthaltend die wichtigsten Beamtengesetze in Preußen. Von **C. Pfafferoth. 4., neubearb. Aufl.** 1905. Mit Anhang: Abänderung vom 27. Mai 1907. 2 M.

3. **Die Aufnahme des Notteſtaments** durch die bestellten Urkundspersonen. Anweisung mit Musterbeispielen und Abriß des Erbrechts von Amtsgerichtsrat **C. Kurtz.** 1904. 1 M. 50 Pf.

4. **Gebührenordnung** für **Notare** vom 25. Juli 1910. **4. Aufl.** bearbeitet von Justizrat **Rausnitz.** 1910. 2 M. 20 Pf.

5. Gesetz vom **24. April 1854 (betr. die außerehel. Schwängerung).** Von Dr. **Schulze.** 1873. 75 Pf.
   Gültiges Recht siehe: Reichsgesetze Nr. 58.

6. Die Preuß. **Ausführungsgesetze und Verordnungen zu den Reichs-Justizgesetzen.** Von **R. Sydow.** Siehe Seite 24, B u s ch - E y l a u, Ausführungsgesetze.

7. Allg. **Gerichtsordnung** und Preuß. **Konkursordnung.** Von **F. Vierhaus.** Vergriffen.

8. **Vormundschaftsordnung.** Von **F. Schultzenstein.**
   Gültiges Recht siehe: Reichsgesetze Nr. 47.

9. Die Preußische **Grundbuchgesetzgebung.** Von Prof. Dr. **Fischer.** Vergriffen. Siehe: Reichsgesetze Nr. 42.

10. **Einkommensteuergesetz.** Von **A. Fernow**, Geh. Ober-Finanzrat. 8. **Aufl.** 1913. 5 M.

11. **Gewerbesteuergesetz.** Von **A. Fernow**, Geh. Ober-Finanzrat. **6., vermehrte Aufl.** 1915. 4 M. 50 Pf.

12. **Allgemeines Berggesetz.** Mit seinen Novellen und Nebengesetzen. 3. **Aufl.**, bearbeitet von den Oberbergräten **Schlüter** und **Hense.** 1913. 7 M. 50 Pf.

13. **Ergänzungssteuergesetz** (V e r m ö g e n s s t e u e r g e s e t z). Von **A. Fernow**, Geh. Ober-Finanzrat. **5. Aufl.** 1914. 4 M.

14. **Kommunalabgabengesetz.** Vom 14. Juli 1893 und Gesetz wegen Aufhebung direkter Staatssteuern. Von Dr. **F. Adickes**, Oberbürgermeister. **5. Aufl.** Bearbeitet von Stadtrat Dr. **Woell.** 1911. 2 M. 40 Pf.

15. Die **Kreisordnungen** für den Preußischen Staat. Von **O. Kolisch**, Landgerichtsrat. 1894. 4 M.

16. **Konzessionierung gewerblicher Anlagen.** Preuß. Ausführungs-Anweisung zu §§ 16 u. ff. der Gewerbe-Ordnung. Von Dr. **W. v. Rüdiger**, Geh. Regierungs- u. Gewerberat **2. Aufl.** 1901. 2 M.

17. Preußisches **Gerichtskostengesetz.** Vom 25. Juli 1910. Mit **Kostentabellen.** Von Dr. **P. Siméon, Kammergerichtsrat. 7. Aufl.** 1913. 4 M.

18. Preußisches **Stempelsteuergesetz** vom 30. Juni 1909. Mit sämtlichen Ausführungsbestimmungen. Von **P. Loeck**, Geh. Regierungsrat. 8. **Aufl.** von Regierungsrat **W. Seyffarth.** 8 M.

19. Das **Jagdscheingesetz.** Von **F. Kunze**, Wirklichem Geh. Ober-Regierungsrat. **2. Aufl.** 1899. 2 M.

20. Die **preußischen Erbschaftssteuergesetze.** Von **U. Hoffmann**, Rechnungsrat im **Königl.** preuß. Finanzministerium. 1905. 4 M.

(**Reichs**-Erbschaftssteuergesetz s. Reichsgesetze Nr. 77).

21. Gesetz **über die Handelskammern.** Von **F. Lusensky**, Geh. Regierungsrat. **2. Aufl.** 1909. 3 M.

22. Gesetz, betr. **Anstellung und Versorgung der Kommunalbeamten.** Von Dr. **W. Ledermann. 2. Auflage.** Bearbeitet von Dr. **Ludwig Brühl.** 1914. 2 M. 20 Pf.

23. **Ausführungsgesetz zum Bürgerlichen Gesetzbuche.** Von Kammergerichtsrat Dr. **P. Siméon. 3. Aufl.** 1914. 2,20 M.

24. Die **Hinterlegungsordnung** nebst Ausführungsbestimmungen. Von Regierungsrat Dr. **Georg Bartels. 2. Aufl.** 1908. 2 M.

—, Gesetz vom 21. April 1913 s. Nr. 53.

25. **Preußische Kommunalbeamtengesetzgebung.** Von Magistrats-Assessor Dr. **Fr. Kremski**, Berlin. 1901. 3 M.

26. Gesetze **über das Diensteinkommen der Lehrer und Lehrerinnen, Ruhegehalt und Fürsorge für Hinterbliebene.** Tabelle zur Berechnung der Ruhegehalts-, Witwen- und Waisenbezüge. Von Dr. **Ed. Cremer**, Beigeordneter. 1900. 2 M. 40 Pf.

27. **Gesetz, betreffend die Warenhaussteuer.** Von Geh. Ober-Finanzrat Dr. **G. Strutz.** 1900. 1 M. 20 Pf.

28. **Gesetz über die Fürsorgeerziehung Minderjähriger.** Von Landgerichtsdirektor Dr. **P. F. Aschrott. 2. umgearbeitete Aufl.** 1907. 2 M. 80 Pf.

29. Gesetz, betr. **die ärztlichen Ehrengerichte, das Umlagerecht und die Kassen der Aerztekammern.** Von Amtsgerichtsrat Dr. **F. Fidler.** 1901. 1 M. 50 Pf.

30. **Das Preußische Staatsschuldbuch** und **Reichsschuldbuch.** Von Wirkl. Geh. Ober-Finanzrat **J. Mücke.** 1902. 2 M.

31a. **Die geltenden Preußischen Gesindeordnungen.** Herausgegeben in zwei Bänden von **Stephan Gerhard,** Rechtsanwalt in Berlin.

Band I: Gesindeordnung für die altpreußischen Provinzen vom 8. Nov. 1810, bearbeitet mit ausführlichen Erläuterungen unter Berücksichtigung der Ergänzungsgesetze, der Rechtsverhältnisse der Stellenvermittler und der Reichsversicherungsordnung, sowie die Gesindeordnungen für Neuvorpommern und Rügen und für die Rheinprovinz. **2. Aufl.** 1914. 3 M.

31b. **Band II:** Gesindeordnungen für Hannover, Schleswig-Holstein, Hessen-Nassau und den Regierungsbezirk Hohenzollern. 2 M. 50 Pf.

Siehe **auch** Seite 25: **Ratgeber** von **Grieben.**

32. **Die Städteordnung für die sechs östlichen Provinzen** Preußens vom 30. Mai 1853. Von Stadtrat Dr. **Walter Ledermann** u. Magistratsrat Dr. **Ludwig Brühl. 2. Aufl.** 1913. 7 M. 50 Pf.

33. **Rentenguts- und Anerbenrechts-Gesetzgebung in Preußen.** Von Landgerichtsrat **M. Peltasohn** und Rechtsanwalt **Bruno Peltasohn.** 1903. 3 M.

34. Sammlung der wichtigsten **preußischen Strafgesetze** nebst Anhang: Gesetz betr. polizeiliche Strafverfügungen vom 23. April 1883. Von **Otto Lindemann**, Geheimen Justizrat. 1912. **2. Aufl.** 3 M. 50 Pf.

35. **Geschäftsordnung für Gerichtsvollzieher.** Von **Emil Exner.** 1904. 3 M. 50 Pf.

36. **Polizeiverordnungen in Preußen.** Von **Otto Lindemann**, Geheimen Justizrat. 1912. **2. Aufl.** 2 M. 50 Pf.

37. Gesetz über die **Enteignung von Grundeigentum** vom 11. Juni 1874. Von Oberlandesgerichtsrat **O. Meyer. 2. Aufl.** 1911. 2 M. 25 Pf.

38. **Kreis- und Provinzial-Abgabengesetz.** Vom 23. April 1906. Von **Fr. Schmidt**, Gemeindevorsteher. 1906. 1 M. 25 Pf.

39. Gesetz, betr. die **Unterhaltung der öffentl. Volksschulen.** Von Dr. **A. Marcks**, Regierungsrat. 1906. 2 M.

40. **Verwaltungsstrafverfahren** bei Zuwiderhandlungen gegen die Zollgesetze und indirekte Reichs- und Landesabgaben. Von Dr. **Richard Katzenstein.** 1907. 3 M. 60 Pf.

41. Die **preußischen Jagdpolizeigesetze.** Von **Fr. Kunze**, Wirkl. Geh. Oberregierungsrat und **R. Kühnemann**, Rechtsanwalt. **2. Aufl.** 1907. 3 M. 60 Pf.

42. Die Gesetzgebung über die **Allgemeine Landesverwaltung** und über die **Zuständigkeit der Verwaltungs- und Verwaltungsgerichtsbehörden.** Von Rechtsanwalt Dr. **Karl Friedrichs.** 1908. 3 M.

43. Gesetz betr. die **Zulassung einer Verschuldungsgrenze** für land- und forstwirtschaftlich benutzte Grundstücke. Von Dr. jur. **R. Leweck**, **Syndikus.** 1908. 2 M. 40 Pf.

44. **Quellenschutzgesetz** nebst den Ausführungsbestimmungen von **Carl Voelkel**, Geheimer Bergrat. 1909. 1 M.

45. **Rechtsverhältnisse der Juden in Preußen** von Dr. jur. **Max Kollenscher**, Rechtsanwalt. 1910. 2 M. 40 Pf.

46. **Austritt aus der Landeskirche** vom 14. Mai 1873. Von Gerichtsassessor **Hrch. Chr. Caro.** 1911. 2 M. 40 Pf.

47. Gesetz, betr. die **Feuerbestattung** von Amtsgerichtsrat Dr. **W. Lohmann.** 1911. 1 M. 50 Pf.

48. **Zweckverbandsgesetz für Groß Berlin** vom 19. Juli 1911 nebst Abdruck des allgemeinen Zweckverbandsgesetzes. Von Magistratsräten Dr. **Ludw. Brühl**, Dr. **Kurt Gordan** und Stadtrat Dr. **Walter Ledermann** in Berlin. 1912. 4 M.

49. **Gesetze gegen die Verunstaltung landschaftlich hervorragender Gegenden** mit Ausführungsanweisungen. Von Regierungsrat **Otto Goldschmidt.** 1912. 2 M. 50 Pf.

50. **Gesetz, betr. die Anlegung und Veränderung von Straßen und Plätzen in Städten und ländlichen Ortschaften** von Oberlandesgerichtsrat **O. Meyer.** 1912. 3 M.

51. **Das preußische Disziplinargesetz für die nichtrichterlichen Beamten** nebst dem Disziplinargesetze für die Privatdozenten. Von Regierungsrat Dr. **Eugen v. Dultzig.** 4 M. 50 Pf.

52. **Preußisches Wassergesetz** v. 7. April 1913 von Rechtsanwalt **Georg Wulff** und Rechtsanwalt **Ferd. Herold.** 1913. 5 M.

53. **Hinterlegungsordnung** v. 21. April 1913. Von **Hagemann**, Landrichter. 2 M. 25 Pf.

54. Gesetz, betr. die **Anlegung von Sparkassenbeständen in Inhaberpapieren** nebst Ausführungsverordnung vom 8. Mai 1913. Kommentar von Rechtsanwalt **Herbert Döhring.** 2 M.

Guttentagsche Sammlung
von Textausgaben mit Sachregister ohne Anmerkungen.

Taschenformat, elegant in Leinen gebunden.

Zivilprozeßordnung mit **Gerichtsverfassungsgesetz** und **Einführungsgesetzen.** Neueste Fassung. 2 M.

Konkursordnung mit **Einführungsgesetz. 2. Aufl.** 1915. 1 M.

Bürgerliches Gesetzbuch nebst **Einführungsgesetz.** 10. Abdruck. 2 M. 50 Pf.

Handelsgesetzbuch nebst **Einführungsgesetz** und **Seerecht.** 8. Abdruck. 1910. 1 M. 80 Pf.

Reichsversicherungsordnung von 1911 (Kranken-, Unfall-, Invaliden- u. Hinterbliebenenversicher.). 20—30 Tausend. 2 M.

Militärstrafgerichtsordnung nebst **Einführungsgesetz.** 1 M. 50 Pf.

Militär-Strafgesetzbuch. 2. Aufl. 1916. 1 M. 20 Pf.

Wechselordnung mit Anhang: **Wechselprozeß und Ausführungsanweisung.** 1908. 1 M.

Die Preußischen Ausführungsgesetze zum Bürgerlichen Gesetzbuche und Nebengesetze. 5. Aufl. 1 M. 80 Pf.

Reichsfinanzgesetze von 1909 einschließlich der **Reichsstempelgesetze** und des **Erbschaftssteuergesetzes.** 1909. 2 M.

Zuwachssteuergesetz vom 14. Februar 1911. 80 Pf. **Ausführungsbestimmungen** dazu 60 Pf.

Versicherungsgesetz für Angestellte vom 20. Dez. 1911. 1 M. 25 Pf.

Strafgesetzbuch. Mit ausführl. Sachregister. 1912. 1 M. 20 Pf.

Strafprozeßordnung. 2. Aufl. 1915. 1 M. 50 Pf.

Wehrbeitrag und **Besitzsteuer.** Mit ausführl. Sachregister. 1913. 1 M.

Kriegsgewinnsteuer. 60 Pf.

Die Preußischen Ausführungsgesetze, Verordnungen und ministeriellen Verfügungen zu dem Bürgerlichen Gesetzbuche und den Reichs-Justizgesetzen nebst anderen zugehörigen Gesetzen. Von **L. Busch. 2. Aufl.** von Landrichter **O. Eylau.** 8°. Preis geb. 4 M. 50 Pf.

Preußische Bürgerliche Gesetzsammlung. Sammlung der noch geltenden Landesgesetze privatrechtlichen Inhalts. Herausgegeben von den Gerichtsassessoren **D. Fischer** und Dr. **F. Schroeder.** 8°. 2 Bände Preis geb. in ganz Leinen 20 M.

Erster Band: **Das Allgemeine Landrecht mit den Einführungs-Patenten.** Preis 6 M.

Zweiter Band: **Gesetze von 1778—1902.** Preis 14 M.

Kommentar zum Stellenvermittlergesetz vom 2. Juni 1910 unter besonderer Berücksichtigung des zivilrechtlichen Gesetzesinhaltes mit den Ausführungsbestimmungen für **Preußen, Bayern, Sachsen** von **M. K. Samter,** Amtsgerichtsrat. 1912. Gr.-8°. Preis 4 M., geb. 5 M.

Die Gerichtspraxis. Herausgegeben von Kammergerichtsrat Dr. **Ernst Pape** in Verbindung mit Amtsrichter **E. Armstroff,** Berlin-Lichterfelde, Staatsanwalt Dr. **E. Falk,** Berlin, Kammergerichtsrat **M. Gfrörer,** Berlin, Amtsrichter **Wilh. Häuseler,** Berlin-Weißensee, Amtsgerichtsrat **Georg Krause,** Berlin-Tempelhof, Amtsgerichtsrat **L. Levy,** Charlottenburg, Landrichter Dr. **Max Nadler,** Berlin, Amtsgerichtsrat **H. Riefenstahl,** Berlin. 1914. Gr. 8°. Geb. 18 M. 50 Pf.

Prozeßrechtlicher Schutz der Kriegszeit. Ein Kommentar zum Gesetz vom 4. August 1914, betr. den Schutz der infolge des Krieges an der Wahrnehmung ihrer Rechte behinderten Personen von Landrichter a. D. Dr. **Sieskind. 2. Aufl.** 1915. Preis geb. 3 M.

Schlagwort-Register.

R. = Nummer der Sammlung Deutscher Reichsgesetze.
P. = Nummer der Sammlung Preußischer Gesetze.
S. = Seite.

Schlagwort-Register. (R. = Reichsgesetz, P. = preuß. Gesetz.)

Schlagwort-Register. (R. = Reichsgesetz, P. = preuß. Gesetz.)

Schlagwort-Register. (R. = Reichsgesetz, P. = preuß. Gesetz.)

Schlagwort-Register. (R. = Reichsgesetz, P. = preuß. Gesetz.)

Nr. 1. I. 1916. 5 000.

FSC
www.fsc.org
MIX
Papier | Fördert gute Waldnutzung
FSC® C083411

Kolibri 360 GmbH
Ferdinand-Jühlke-Straße 7
99095 Erfurt, Deutschland
produktsicherheit@kolibri360.de